"十二五"职业教育国家规划教材修订版

高等职业教育
"岗课赛证"融通新形态一体化教材

U0736876

XUEQIAN ERTONG JIANKANG JIAOYU

学前儿童健康教育

（第五版）

主编　高庆春　马春玲

中国教育出版传媒集团
高等教育出版社·北京

内容提要

　　本书是"十二五"职业教育国家规划教材修订版，高等职业教育"岗课赛证"融通新形态一体化教材。

　　全书共分五个单元，包括学前儿童健康和健康教育概述、学前儿童健康教育活动设计、学前儿童身体保健教育、学前儿童心理健康教育、学前儿童体育。

　　本书以培养高素质幼儿教师为目标，岗（典型职业岗位知识、技能）、课（专业课程内容）、赛（幼儿教师技能赛项）、证（幼儿园教师资格证考试内容）一体化，简化了理论知识，强化了实践教学环节，突出了实践能力的培养。本书编写体例新颖，结构清晰，形式活泼，配套资源丰富，以新形态一体化的形式呈现，既便于学生在教师指导下学习，又有利于学生自学。

　　本书可作为高等职业教育专科、本科学前教育、早期教育、婴幼儿托育服务与管理专业的教材，也可供幼儿园教师等学前教育工作者参考。

　　本书配套建设有数字课程，开发制作了微课、教学课件等数字化资源，获取方式详见"郑重声明"页的资源服务提示。

图书在版编目（CIP）数据

学前儿童健康教育 / 高庆春，马春玲主编 . -- 5 版 .
北京：高等教育出版社，2024.11. -- ISBN 978-7-04
-062314-7

Ⅰ . G613.3

中国国家版本馆CIP数据核字第2024YG9039号

策划编辑	赵清梅	责任编辑	赵清梅	封面设计	王 鹏	版式设计	徐艳妮
责任绘图	于 博	责任校对	胡美萍	责任印制	刘思涵		

出版发行	高等教育出版社	网　址	http://www.hep.edu.cn
社　址	北京市西城区德外大街4号		http://www.hep.com.cn
邮政编码	100120	网上订购	http://www.hepmall.com.cn
印　刷	三河市骏杰印刷有限公司		http://www.hepmall.com
开　本	787 mm×1092 mm　1/16		http://www.hepmall.cn
印　张	12.5	版　次	2011 年 5 月第 1 版
字　数	270 千字		2024 年 11 月第 5 版
购书热线	010-58581118	印　次	2024 年 11 月第 1 次印刷
咨询电话	400-810-0598	定　价	35.60 元

第五版前言

本次教材修订工作认真贯彻党的二十大精神，落实立德树人根本任务，将价值观塑造、能力提升、人格养成贯穿于教材建设过程中；紧密结合《"十四五"学前教育发展提升行动计划》《学前教育专业师范生教师职业能力标准（试行）》《幼儿园保育教育质量评估指南》等文件精神，深化"三教"改革，推进"岗课赛证"综合育人，提升教育质量。在保留第四版教材主体内容和特色的基础上，本次修订主要做了如下工作。

一是落实立德树人根本任务，结合单元内容与特点实施课程思政，融入中华传统体育文化、体育精神、职业精神，传播全民健康理念，树立全民健身意识。

二是注重学前儿童体能发展教育，在教材中融入幼儿足球活动、民间传统体育游戏，传播安吉游戏的理念。

三是增加全国职业院校技能大赛的内容，将幼儿教育技能赛项的相关内容和任务转化为教材内容与实践项目。

四是吸收国内外专家、学者及同行在学前儿童健康领域实践与研究的最新成果，对单元中的相关内容、案例等进行更新。

本教材单元一由齐齐哈尔高等师范专科学校高庆春、青岛幼儿师范高等专科学校王晓娟编写，单元二由高庆春、黑龙江幼儿师范高等专科学校周文华编写，单元三、单元四由齐齐哈尔高等师范专科学校马春玲编写，单元五由高庆春、运城幼儿师范高等专科学校尚玉芳编写。本书配套二维码资源由高庆春、齐齐哈尔高等师范专科学校翟秀华、马春玲制作完成，高庆春负责全书统稿。齐齐哈尔市第一幼儿园、山东潍坊博苑教育实验幼儿园的园长和骨干教师参与教材中案例和配套资源的建设。

本教材编写中参考并借鉴了诸多专家、学者及同行的研究成果，在此一并表示感谢。

由于编者的水平和能力有限，书中难免存在不妥之处，望读者多加批评指正。

编　者
2024 年 3 月

第一版前言

学前教育是国民教育体系的重要组成部分,是国家教育制度的起始阶段,关系到幼儿的身心健康和终身发展。教育部颁布的《幼儿园教育指导纲要(试行)》(以下简称《纲要》)明确指出,幼儿园教育是全面的、启蒙性的教育,要根据教育目标,选择和组织对幼儿最有价值又最贴近实际生活的部分构成教育内容,使幼儿得到良好的发展。

《纲要》颁布实施 10 年以来,我国的学前教育已发展到一个崭新的阶段。2010 年《国家中长期教育改革和发展规划纲要(2010—2020 年)》(以下简称《规划纲要》)明确提出了"优先发展、育人为本、改革创新、促进公平、提高质量"的工作方针;提出了"坚持以人为本、全面实施素质教育。坚持德育为先、坚持能力为重、坚持全面发展"的战略主题。《规划纲要》在发展任务中要求"基本普及学前教育""积极发展学前教育"。学前教育专业肩负着为学前教育机构培养优秀教师的重任。为了适应快速发展的学前教育事业,满足社会对学前教育的需求和期盼,高职高专学前教育的改革和发展需不断创新,课程改革、教材建设是重要保证。

高职高专学前教育专业的培养目标是高素质强技能的应用型人才,其中五大领域教学法课程是实现专业培养目标的核心课程,也是保证学生能够快速适应岗位要求、实现"零距离"上岗的关键课程,学生的专业知识和职业技能必须经过悉心培养和严格训练才能掌握,因此五大领域课程的教学质量直接关系到人才培养的水平,其教材的编写是学前教育教学改革的重要环节。

本套教材是在长期课题研究和实践的基础上编写的,以学前教育理论为依据,以教育教学改革成果为基础,以学前教育实际工作要求为目标,注重人才培养目标和学前教育专业特点的有机结合。全套教材在编写过程中吸收了国内外学前教育领域的先进理念和创新方法,体现出内容新颖、针对性强等特色。书中的理论知识以阐述基本问题为主,以够用、实用为度;专业技能根据实际需要,尽量做到内容全面、要求明确、指导具体、便于操作,以方便学生在学习过程中理论联系实际,融"教、学、做"为一体。全套教材在内容和体例的编排上力求有一定的变革和创新,改变了传统章和节的结构,以"单元"的模式编写,每个单元设有"学习目标""基础理论""案例评析""实践活动""拓展练习"五部分,既有理论阐述,又有实例作证,既保证了知识学习的系统性,又有利于技能训练的操作性。

作为学前教育五大领域之一的健康教育,《学前儿童健康教育》主要包括:学前儿童健康和健康教育概述、学前儿童健康教育活动设计与实施、学前儿童身体保健教育、学前儿童心理健康教育、学前儿童体育。

本书由齐齐哈尔高等师范专科学校高庆春、翟秀华负责单元一(健康教育评价除外)、单元三的编写;黑龙江幼儿师范高等专科学校周文华负责单元二的编写;四川幼儿师范高等专科学校刘洪负责单元四的编写;运城幼儿师范高等专科学校梁周全、巩惠香、尚玉芳负责单元五的编写;鞍山师范学院高等职业技术学院王晓娟负责单元一中健康教育评价部分的编写。高庆春负责全书的统稿工作。《家庭教育》杂志社朱李平总编辑负责审稿工作。

多家幼儿园和幼儿教育机构为本书的编写提供了案例。本书借鉴了国内许多专家、学者及同行的研究成果、观点和资料。在此一并表示感谢。

由于编者的水平和能力有限,书中难免存在不妥之处,望读者多加批评指正。

编 者
2011 年 1 月

目录

二维码链接的资源目录

学前儿童健康和健康教育概述

学习目标

知识目标

- 了解学前儿童健康及健康教育的内涵。
- 知道学前儿童健康的标志、特征及影响因素。
- 能运用所学知识，分析影响学前儿童健康的因素。

能力目标

- 掌握学前儿童健康教育的目标、模式及评价方法。
- 能结合学前儿童健康教育实际进行科学分析与评价。

素质目标

- 树立正确的健康观，关注学前儿童健康。
- 尊重学前儿童个体差异，乐于从事学前儿童健康教育。

基础理论

《幼儿园教育指导纲要（试行）》（以下简称《纲要》）中指出，"幼儿园教育是基础教育的重要组成部分，是我国学校教育和终身教育的奠基阶段。""幼儿园必须把保护幼儿的生命和促进幼儿的健康放在工作的首位。树立正确的健康观念，在重视幼儿身体健康的同时，要高度重视幼儿的心理健康。"幼儿园五大领域（健康、语言、社会、科学、艺术）的教育内容应相互渗透，从不同的角度促进幼儿情感、态度、能力、知识、技能等方面的发展。"健康领域的活动要充分尊重幼儿生长发育的规律""要根据幼儿的特点组织生动有趣、形式多样的活动，吸引幼儿主动参与。"我国2012年颁布的《3—6岁儿童学习与发展指南》（以下简称《指南》）中指出："健康是指人在身体、心理和社会适应方面的良好状态。幼儿阶段是儿童身体发育和机能发展极为迅速的时期，也是形成安全感和乐观态度的重要阶段。发育良好的身体、愉快的情绪、强健的体质、协调的动作、良好的生活习惯和基本生活能力是幼儿身心健康的重要标志，是其他领域学习与发展的基础。"

一　学前儿童健康

（一）学前儿童健康的内涵

健康是个体实现生命价值的基本潜能。随着现代医学模式的改变，健康的含义也发生了相应的改变。联合国世界卫生组织给健康下了这样的定义：健康是指身体、心理和社会适应的健全状态。1989年，世界卫生组织又将健康的概念调整为：健康应包括身体健康、心理健康、社会适应良好和道德健康。

学前儿童健康是指幼儿各个器官生长发育正常，能较好地抵抗各种疾病；性格开朗，情绪乐观，无心理障碍，对环境有较快的适应能力。

身体健康是指幼儿各个器官与系统发育正常，具有一定的抵御疾病的能力。身体健康是学前儿童健康的基础。

心理健康是指幼儿人格发展正常，具有强烈的求知欲，情绪稳定，无任何心理障碍。良好的心理状态是保证健康的基本条件。

社会适应良好是指幼儿自我意识发展正常，乐于交往，具有初步的规则意识和互助、合作、分享的品质，对环境有较好的适应能力。

道德健康是指幼儿能够按照社会道德行为规范准则约束自己，并支配自己的思想和行为，有辨别真与伪、善与恶、美与丑、荣与辱的是非观念和能力。

（二）学前儿童健康的标志

学前儿童健康是一个动态的过程，只有及时了解、准确评价幼儿的健康状态，才能积极地改进和完善学前儿童健康教育工作。《指南》中指出："发育良好的身体、愉快的情绪、强健的体质、协调的动作、良好的生活习惯和基本生活能力是幼儿身心健康的重要标志。"

1. 身体健康

（1）生长发育良好

身高、体重、头围、胸围等各项体格发育指标、生理机能指标和生化指标符合健康标准。食欲良好、睡眠好、精力较充沛等。

（2）机体对内外界环境有一定的适应能力

幼儿具有一定的抵抗疾病的能力，较少得病；对冷热等环境的变化具有适应能力；能适应多种体位（摆动、旋转等）的变化。

（3）体能发展良好

幼儿的活动能力发展正常，各种基本动作（抬头、翻身、坐、爬、站立、走、跑）适时出现；肌肉较有力，身体动作较平稳、准确、灵敏和协调；手、眼的协调能力发展良好等。

2．心理健康

（1）动作发展正常

动作发展与脑的形态及功能的发育密切相关，幼儿躯体大动作和手指精细动作的发展水平处于正常范围是心理健康的基本条件。

（2）认知发展正常

一定的认知能力是幼儿生活与学习的重要条件。幼儿阶段是认知发展极为迅速的时期，应避免因各种原因造成的脑损伤或不适宜的环境刺激，防止幼儿产生不健康的心理。

（3）情绪健康，反应适度

情绪健康是心理健康的重要组成部分，积极的情绪状态可以提高幼儿活动的效率。同时，积极的情绪状态反映了中枢神经系统功能的协调性，亦表明个体的身心处于良好的平衡状态。幼儿的情绪具有很大的冲动性和易变性。随着年龄的增长，情绪的自我调节能力有所增强，稳定性逐渐提高，并开始学习合理地发泄消极的情绪。

（4）人际关系融洽

幼儿之间的交往是维持心理健康的重要条件，也是获得心理健康的必要途径。心理健康的幼儿乐于与人交往，能与同伴合作，在游戏中能够谦让待人。

（5）性格特征良好

性格是个性最核心、最本质的表现，它反映在对客观现实的稳定态度和习惯化了的行为方式中。心理健康的幼儿，一般具有热情、勇敢、自信、主动、合作等性格特征。

（6）没有严重的心理卫生问题

幼儿发育不完善，极易产生心理问题。幼儿不健康的心理往往以各种行为方式表现出来，如吮吸手指、遗尿、口吃、多动等。心理健康的幼儿应没有严重的或复杂的心理卫生问题。

📖 延伸阅读

体育游戏对幼儿心理健康的影响[①]

1．体育游戏对幼儿情绪发展的影响。幼儿情绪情感随着教育的影响而不断发展。总体来讲，幼儿情绪情感主要朝着社会化、丰富化和深刻化、自我调节化的趋势发展。根据一定任务设计的体育游戏，需要幼儿通过自身的努力来完成，幼儿在此过程中能体验挑战、自信、成功、愉悦等情感，这对幼儿情绪情感的发展具有非常重要的促进作用。

2．体育游戏对幼儿性格发展的影响。幼儿期是性格初步形成的时期，这一时期，幼儿

---

① 王英．试论体育游戏对幼儿心理健康的影响［J］．南昌师范学院学报，2020，41（05）：83-86.

的性格表现出易受外在情境制约、具有可塑性、性格分化不明显等特点。交往合作类的体育游戏需要幼儿主动选择自己的小组伙伴，经常更换合作对象，可促进幼儿独立性和主动性的发展。在游戏过程中，幼儿不自觉地受到同伴的影响，逐渐表现出积极、乐观、独立、自主的性格特点。在体育游戏中，幼儿需要克服一定的困难以完成任务，这样能很好地发展幼儿对自己身体的控制能力，提升幼儿的自信心。

3. 体育游戏对幼儿社会适应的影响。体育游戏可明显改善幼儿的社会适应能力。以胯下传球游戏为例，游戏规则为幼儿须在听到教师发出的指令后，用双手将球从胯下传送给后一名幼儿，后一名幼儿如前一名幼儿一样向后传球，直至传送给最后一名幼儿。幼儿需要尽快投入游戏中，并能较好地遵守游戏规则，以保证游戏的顺利开展，从而产生愉快的体验。

4. 体育游戏对幼儿交往的影响。幼儿喜欢彼此交往、一起玩耍，是因为他们能和其他幼儿分享共同的兴趣爱好和愉快情绪，他们在与其他幼儿一起玩时能参与更多更复杂更具冒险性的活动，获得双倍的自信。而借助体育游戏来促进幼儿的交往是非常重要的一种手段。体育游戏可促进幼儿交往行为的发展。如在抛接球游戏中，如果不小心用力把球抛出去砸到对面的幼儿，就要跟对方道歉，否则，会被其他幼儿拒绝一起合作游戏。

为使体育游戏对幼儿情绪、性格发展、社会适应、交往等方面具有更积极的影响，幼儿园体育游戏教学时要注意：一是要丰富和拓展体育游戏的内容，既要注重基本动作的训练，又要优化组合基本动作与技能，促进幼儿身心全面发展；二是要采取多样化的体育游戏形式，既要有幼儿个体活动形式的游戏，又要有集体合作与竞赛性的游戏，让幼儿在积极愉快的游戏体验中，学会合作与交往；三是要选择难度适中的体育游戏，游戏过程中要充分保证幼儿的安全，让幼儿在体育游戏中充分挑战自我，获得成就感，提升自信心。

3. 社会性发展良好

良好的社会性是幼儿智力发展的基础，是幼儿终身发展的需要。幼儿社会性是指幼儿在生物特性的基础上，在与环境作用的过程中，掌握社会规范，形成社会技能，学习社会角色，获得社会性需要、态度、价值等，发展社会性行为，并以独特的个性与他人相互交往、相互影响，适应周围社会环境，在由自然人发展为社会人的社会化过程中所形成的心理特性。幼儿良好的社会性发展表现如下。

① 社会适应能力较强，能较快地融入集体生活。

② 人际关系良好，乐于与人交往并具有较好的人际交往能力。幼儿在与他人的交往过程中，学习共享、互助、平等与友爱，能够满足自身的心理需要，使心理健康得以维持和发展。

③ 自我意识发展良好，具有一定的自我调控能力，能主动应对各种压力，以保持自己与环境之间及自身内在的平衡。

（三）学前儿童健康的基本特性

1. 身心健康

学前儿童健康主要包含身体和心理两个层面。虽然世界卫生组织有关健康的定义包含四个层面，但幼儿道德发展水平十分有限，身体与心理健康是判断其健康状况的主要标志，并且二者密切相关。

2. 身体器官组织构造正常、生理功能良好

学前儿童健康首先指身体器官组织构造正常，生理功能良好并能有效抵抗疾病。幼儿生理组织和构造的完整是身心良好发展的物质基础，生理上的严重缺陷有可能导致幼儿某些方面的发育障碍或生活学习中的不便，而机体抵抗力的增强有助于抵御变化多样的外界致病因子的侵袭。

3. 智力发展正常

智力发展正常是学前儿童心理健康的重要前提。正常的智力水平是幼儿生活、学习、交往等的基本条件。幼儿阶段是智力发展极为迅速的时期，幼儿在社会生活中通过不断地认知与学习体会真挚的情感，培养基本的意志品质，获得良好个性的发展。

4. 情绪反应适度、社会适应能力良好

情绪反应适度、社会适应能力良好是学前儿童心理健康的重要标志。幼儿阶段是社会性发展的关键期，幼儿的自我意识、交往、人际关系和对社会环境的认识与适应是幼儿社会健康应当关注的重点。良好的社会适应能力主要表现为能较快地适应托幼机构的新环境、新生活，没有过多的消极情绪，自我调节情绪的能力随着年龄的增长而不断增强。

5. 身体发育及心理发展均呈上升趋势

幼儿的身体发育、心理及社会性发展均沿着幼稚—成熟—完善的方向逐步发展，倘若某一阶段的身心状况呈现下降趋势或较长时间的停滞不前都应视为非健康。

幼儿身心发展水平存在个体差异，但总体发展水平必须保持在正常范围内，与同龄幼儿的发展水平接近。幼儿的健康需要成人的关心和教育，也需要幼儿的自我努力。

（四）影响学前儿童健康的因素

随着社会的进步，医学、生物学、心理学、社会学等众多学科的发展，以及各种检测手段的科学化和精确化，人类对生命本质的认识越来越深刻，影响人类健康的因素亦得以明朗化。

1. 生物学因素

生物学因素主要包括遗传、病原微生物及个人生物学特征等。现代医学研究发现，目前已知的因遗传因素直接引起的人类遗传缺陷或疾病不断增多，占人类各种疾病的比例也不断增加，如高血压、糖尿病等。各种病原微生物，如细菌、病毒、真菌等在人体内的生存与繁殖也会引发新陈代谢紊乱、生理功能障碍，导致罹患各种疾病。个人的年龄、性别等生物学特征对人的健康也有着重要的影响，在相同的环境下，不同个体的健康状态存在明显的个体差异。

生物学因素

2. 环境因素

环境是以人类为主体的外部世界，是人类赖以生存和发展的基本条件。环

境因素也是影响学前儿童健康的重要因素，包括自然环境与社会环境。

（1）自然环境

自然环境即直接或间接影响人类生活、生产的一切自然形成的物质、能量的总体。自然环境中的空气、阳光、水源、气候及食物等，给人类提供了基本的生活条件。良好的自然环境能维持幼儿正常的生命活动和健康的发展，也会为他们提供各种精神条件，使他们清醒愉悦、积极向上。如充足的阳光可以促进血液循环，使幼儿心情愉悦，同时，紫外线的照射有助于维生素D的产生，可预防佝偻病。然而，人类的活动使各种物理的、化学的、生物的因素干预了大气、水及土壤环境，这些影响超过了环境的自净力，甚至破坏了生态平衡，造成了环境污染，从而影响了人体的健康。

（2）社会环境

幼儿作为社会的成员，其身心发展必然受到错综复杂的社会因素的影响。在社会意识层面，受到道德观念、风俗习惯、文化信仰等因素的影响；在社会组织层面，受到幼儿园、家庭、社区等因素的影响。不同的社会为人们提供的生活环境和生活条件不同，特别是社会经济和政治发展水平，是影响健康的最主要的社会因素。对幼儿健康影响较大的社会环境主要有家庭、托幼机构和社区。

📖 **延伸阅读**

幼儿道德认知发展与心理健康教育[①]

幼儿期是道德认知形成与发展的重要时期。幼儿所接受的善恶是非观念将会深刻影响成年后的道德行为表现。根据科尔伯格道德认知发展理论，幼儿期的道德认知主要表现为前习俗水平的第一阶段，即"以惩罚与服从为导向"。此时，他们认为规则由权威制定，必须对其无条件服从；而行为好坏由所得结果确定，得到赞扬就是好的，受到批评惩罚就是坏的。它具有表面化及自我中心特点。首先是表面化。一方面，幼儿在进行道德判断时容易受到个体的外在形象影响，这与其思维认知水平仍处在具体形象阶段不无关系。例如，幼儿容易将"高大"与权威联系在一起，并认为"高大"权威对象所制定的规则就是对的。另一方面，幼儿往往会忽视行为的意图而将结果的好坏视为更加重要。与故意偷拿东西而导致打碎一个杯子相比，无意间打碎更多杯子在幼儿眼中是过失更重的行为。尽管后来有一些研究者对此质疑，但多数学者同意年幼儿童比年长儿童更看重行为后果而非深层次的意图。其次，幼儿的道德认知表现出自我中心特点，他们不考虑他人的利益或无法区分出行为者与他人利益之间的区别，只从自己的立场与观点去认识事物，而不能从客观的、他人的角度去认识事物。此时，最典型的表现即为"快乐的损人者"现象。当他们的意愿得到满足后就会产生愉悦感，而无法得到满足则会产生生气、愤怒等情绪，因而，他们的某些"损人"行为会不顾对方的利益，仅以自己的愉悦感作为驱动。

---

① 俞国良.大中小幼心理健康教育一体化：道德认知视角.国家教育行政学院学报.2020（12）：5.

　　基于道德认知视角，幼儿心理健康教育的重点是培养正确的自我意识、人际交往规则意识，帮助幼儿有序地进行生活适应。第一，家长和教师应重视幼儿的自我意识，避免对幼儿做出道德"审判"。由于此时幼儿的道德认知具有自我中心的特点，无法将社会普遍伦理道德原则内化，来自教师和家长的不恰当评价很可能导致其自我评价能力降低，自尊发展滞后，从而形成负面自我认同。因而家长和教师应在尊重幼儿自我中心特点的同时，逐步培养幼儿正确的自我意识，帮助其自尊自信、自我认同与自我效能感的建立。第二，家校要同心协力，培养幼儿的规则意识，包括人际交往的规则意识、情绪情感宣泄的规则意识等。一方面，家长和教师应尊重幼儿道德认知发展规律，通过树立权威这一方式，使幼儿能够正确识别道德行为的优劣，初步建立起有关善与恶、对与错、是与非的价值观念；另一方面，通过设立鼓励性或禁止性的道德规则、社会规范，及时对幼儿的不良道德认知及行为加以制止，并对良好道德认知及行为予以肯定、强化，以此来培育健康道德认知和被社会所赞扬的规则意识。第三，帮助幼儿有序地进行生活适应。在家庭和学校中，家长和教师应主动培养幼儿的社会交往能力，同时创设良好的道德认知培育环境，不断促使他们对道德现象进行思考，逐步学会沟通、合作与分享，以此来增强幼儿的生活适应能力，并协助幼儿的道德认知发展向下一个阶段迈进。

3. 生活方式

　　生活方式是影响人类健康的极其重要的因素。德弗（Dever，1976）对美国佐治亚州居民的 13 大死因做了研究，结果表明：对人类死亡影响最大的因素有 4 种，即医疗保健因素、环境因素、人类生物学因素和生活方式因素。这4 种影响因素所占百分比依次为：10.3%、17.6%、23.2% 及 48.9%。生活方式因素之所以对美国人的健康影响更大，是因为美国人生活方式的选择余地更大。其实随着社会的发展，经济水平的提高，人们的生活方式也发生了较大的变化。著名教育专家巴德斯（Bates）和温德尔（Winder）认为，生活方式根植于个体的价值观、态度及信念中，动之于行为。生活方式是个体采取的日常行为和养成的生活习惯的总体表现，受到风俗习惯、文化信仰、个性特点及经济条件的制约，对人类的健康具有长期性影响。

生活方式

　　幼儿应养成经常参加体育锻炼、生活有规律、保持个人清洁卫生、平衡膳食并按时进餐、注意安全、积极配合健康检查、适度的情绪表达及关心环境卫生等良好的生活方式，以促进身心健康。

4. 医疗卫生服务

　　医疗卫生服务是指社会卫生机构和专业人员为了防治疾病，增进健康，运用卫生资源和各种医疗手段，有目的、有计划地向个人、群体和社会提供必要的社会服务的活动过程。随着社会的发展与经济水平的提高，社会的医疗卫生服务逐步完善，医疗机构日益健全，卫生资源投入逐步增加，卫生服务网络的覆盖面越来越广泛，医疗卫生服务质量的提高有效地保障了广大人民群众的卫生条件和健康水平。

　　为有效促进幼儿身心健康发展，成人应为幼儿提供合理均衡的营养，保证

充足的睡眠和适宜的锻炼，满足幼儿生长发育的需要；创设温馨的人际环境，让幼儿充分感受到亲情和关爱，形成积极稳定的情绪情感；帮助幼儿养成良好的生活与卫生习惯，提高自我保护能力，形成使其终身受益的生活能力和文明生活方式。

二　学前儿童健康教育

（一）学前儿童健康教育的内涵与意义

1. 内涵

不同时代及不同国家的经济、文化、卫生法规、保健要求的差异导致人们对健康教育的理解不同，但总体而言可以达成以下共识。

① 健康教育是一个以教育为中心的过程，是一种主体性教育。

② 健康教育以人的身心健康作为教育的终极目标。

③ 健康教育的焦点在于促进健康知识与个人实际行为之间的联系与统一。

④ 健康教育重视个人行为的改变及影响个人行为形成、改变的各种因素。

⑤ 健康教育需要社会行动和行政干预。采取社会行动和行政干预是推动健康教育的良策。

健康教育是一门传播健康知识和技术、研究个体和群体行为、预防疾病、消除危险因素、促进健康的科学。学前儿童健康教育是根据幼儿身心发展的特点，以提高幼儿的健康认识、改善幼儿的健康态度、培养幼儿的健康行为、维护和促进学前儿童健康为核心目标而开展的有组织、有计划、有目的

图 1-1　快乐学习

的一系列教育活动，它的关键是使幼儿形成健康的行为（图 1-1）。

2. 意义

学前儿童健康教育对幼儿的发展具有独特的价值。

（1）促进幼儿身心发展

促进幼儿身心发展是学前儿童健康教育的最直接目的。幼儿的器官、系统发育不完善，自我保护意识和对疾病的抵抗能力较弱，对环境的变化非常敏感，容易受到各种伤害，而健康知识与日常生活密切相关。幼儿对身体充满好奇，也喜欢参加健康活动，根据幼儿身体发育的特点及规律，实施前瞻性的健康教育，如合乎时代要求的安全知识与保护、生活习惯、饮食营养及身体锻炼等诸多方面的教育，创设适宜的教育环境，制定科学合理的生活制度与卫生保健制度等，有利于幼儿身心发展。

（2）为幼儿的未来奠定良好的基础

幼儿阶段是身心发展的关键期，学前儿童健康教育是终身健康教育的基础阶段。幼儿阶段的健康不仅能提高幼儿的生命质量，而且此时形成的健康的生

活信念和生活方式对提高他们一生的生活和生命质量都至关重要。

（3）是对幼儿进行全面素质教育的重要组成部分

学前儿童健康教育对幼儿的道德发展有着积极的影响，如遗传病和传染病的患者或携带者，对自身或他人的健康均有一定的影响，即任何一个独立个体的健康既有利于其自身又有利于他人，因而，健康教育有助于维护道德准则，提高道德水准。培养幼儿的健康行为，本质上即是培养幼儿的文明行为、遵守社会公德的行为、与他人友好相处的行为、对自身和他人负责任的行为。

学前儿童健康教育还能促进幼儿的审美发展。美国知名社会学教授约翰·奥尼尔认为，我们总是自觉或不自觉地对事物的外观感兴趣，对人尤其如此。身体美是健康的自然美的具体表现，所以学前儿童健康教育是在为幼儿打造美的身体。学前儿童健康教育除了有助于幼儿感知和体验身体美之外，还为幼儿打造美的心理。在学前儿童健康教育过程中，改变不良习惯、学习自我服务技能等需要意志努力，幼儿会表现出意志美；关心公共环境卫生、讲究秩序，幼儿会表现出责任美、公德美；与同伴相处和谐，幼儿会感受到情感美。

（4）促进幼儿体能发展

学前儿童健康教育能够促进幼儿体能发展。体能奠基在幼时，幼儿体能发展在国家体能顶层战略中（《"健康中国 2030"规划纲要》）有着非常重要的意义。幼儿体能的提升，不仅可以促进幼儿体质的增强、运动能力的提升，而且影响着幼儿个体应对自然环境变化的适应能力、注意力、勇敢坚毅的性情、团结互助的品质等。近年来，学前教育领域涌起了安吉游戏和利津游戏学习的热潮。研究者发现，这两地教育机构有一个极其突出又十分相似的特征，那就是幼儿都有充分的富有挑战的、游戏化的体能发展机会，幼儿的自信心、创造性和合作精神在这些活动中充分表现，成为"文明其精神，野蛮其体魄"的例证。

📖 **延伸阅读**

做"四有"好老师[①]

"每个人心目中都有自己好老师的形象。做好老师，是每一个老师应该认真思考和探索的问题，也是每一个老师的理想和追求。我想，好老师没有统一的模式，可以各有千秋、各显身手，但有一些共同的、必不可少的特质。"

"第一，做好老师，要有理想信念。陶行知先生说，教师是'千教万教，教人求真'，学生是'千学万学，学做真人'。老师肩负着培养下一代的重要责任。正确理想信念是教书育

———————
① 资源选自：习近平. 做党和人民满意的好老师——同北京师范大学师生代表座谈时的讲话. 人民网－人民日报.

人、播种未来的指路明灯。""好老师心中要有国家和民族，要明确意识到肩负的国家使命和社会责任。"

"第二，做好老师，要有道德情操。老师的人格力量和人格魅力是成功教育的重要条件。'师也者，教之以事而喻诸德者也。'老师对学生的影响，离不开老师的学识和能力，更离不开老师为人处世、于国于民、于公于私所持的价值观。""师德是深厚的知识修养和文化品位的体现。师德需要教育培养，更需要老师自我修养。"

"第三，做好老师，要有扎实学识。老师自古就被称为'智者'。俗话说，前人强不如后人强，家庭如此，国家、民族更是如此。只有我们的孩子们学好知识了、学好本领了、懂得更多了，他们才能更强，我们的国家、民族才能更强。"

"第四，做好老师，要有仁爱之心。教育是一门'仁而爱人'的事业，爱是教育的灵魂，没有爱就没有教育。好老师应该是仁师，没有爱心的人不可能成为好老师。高尔基说：'谁爱孩子，孩子就爱谁。只有爱孩子的人，他才可以教育孩子。'教育风格可以各显身手，但爱是永恒的主题。""有人说，好老师的眼神应该是慈爱、友善、温情的，透着智慧、透着真情。""有爱才有责任。好老师应该懂得，选择当老师就选择了责任，就要尽到教书育人、立德树人的责任，并把这种责任体现到平凡、普通、细微的教学管理之中。"

（二）学前儿童健康教育的目标与确定依据

1. 学前儿童健康教育的目标
（1）学前儿童健康教育的总目标

学前儿童健康教育的总目标是确定年龄阶段目标及具体活动目标的依据，是学前儿童健康教育的最终目标，它对幼儿的身心保健起到规范作用。

《纲要》明确指出学前儿童健康教育的目标是：① 身体健康，在集体生活中情绪安定、愉快；② 生活、卫生习惯良好，有基本的生活自理能力；③ 知道必要的安全保健常识，学习保护自己；④ 喜欢参加体育活动，动作协调、灵活。

学前儿童健康教育目标的具体内容表现在：① 建立良好的师生、同伴关系，让幼儿在集体生活中感到温暖，心情愉快，形成安全感、依赖感；② 与家长配合，根据幼儿的需要建立科学的生活常规，培养幼儿良好的饮食、睡眠、盥洗、排泄等生活习惯和生活自理能力；③ 教育幼儿爱清洁、讲卫生，注意保持个人和生活场所的整洁和卫生；④ 密切结合幼儿的生活进行安全、营养和保健教育，提高幼儿的自我保护意识和能力；⑤ 开展丰富多彩的户外游戏和体育活动，培养幼儿参加体育活动的兴趣和习惯，增强体质，提高对环境的适应能力；⑥ 用幼儿感兴趣的方式发展基本动作，提高动作的协调性、灵活性；⑦ 在体育活动中，培养幼儿坚强、勇敢、不怕困难的意志品质和主动、乐观、合作的态度。

学前儿童健康教育的总目标体现了三个方面的价值取向。第一，身心和谐。学前儿童健康应包括身体健康和心理健康两个方面。幼儿的身体健康以发育健全、具备基本的生活自理能力为主要特征，幼儿的心理健康以情绪愉快、适应集体生活为主要特征。幼儿的身体健康与心理健康是密不可分的两个方面，只有身心和谐发展才能真正促进身心的健康。第二，保护与锻炼并重。学前儿童健康教育既重视幼儿掌握必要的保健知识，提高保护自身的能力，又强调通过体育活动提高幼儿身体素质。其中了解必要的安全保健知识并提高相应技能是保健教育的主要目标，培养对体育活动的兴趣、增强动作的协调性和灵活性是体育锻炼的主要目标。第三，健康行为的形成与健康态度的转变并重。改善幼儿的健康态度，培养幼儿的健康行为是学前儿童健康教育的重点，其中幼儿健康行为的形成是学前儿童健康教育的核心目标。

（2）学前儿童健康教育目标的层次

学前儿童健康教育的目标是使幼儿的身心发展达到预期的健康水平，目标的层次分类可按时间、内容及年龄进行。

按实现目标需要的时间分类。学前儿童健康教育的目标分为终极目标、单元目标和教育活动目标。终极目标也称为总目标，是幼儿在幼儿园生活的几年中所期待实现的目标。单元目标通常是指学期目标、月目标及周目标等，是指幼儿园在某一时间段内围绕某一活动主题进行的一系列活动所应达到的目标。教育活动目标是指针对具体的一次教育活动内容而制定的活动目标，是教师在实施学前儿童健康教育过程中对总目标的具体化，比较强调操作的可行性与有效性。

按教育活动内容分类。健康教育的内容包括日常健康行为教育、饮食营养教育、身体生长发育教育、安全生活教育、心理健康教育及体育活动教育等。不同的教育内容有其相应的教育活动目标。

按幼儿年龄分类。教育活动目标按幼儿年龄分为小班教育目标、中班教育目标及大班教育目标。年龄阶段目标是对总目标的细化，是制定具体活动目标的直接依据。教师应以不同年龄阶段幼儿的身心发展特点为依据确定不同层次的健康教育目标，保证目标的适宜性和发展性。

2. 学前儿童健康教育目标确定的依据

（1）幼儿身心发展的特点及规律是确定学前儿童健康教育的根本依据

学前儿童健康教育的目标首先依赖于学前儿童身心发展的特点及规律，只有立足于学前儿童健康发展的适宜目标才有实践与实现的可能。《幼儿园工作规程》中指出：幼儿园教育应当"遵循幼儿身心发展规律，符合幼儿年龄特点，注重个体差异，因人施教，引导幼儿个性健康发展"。同一年龄阶段的幼儿，由于遗传、性别、环境等因素的影响，其身心发展也各有其特点，会表现出一定的个体差异。制定目标时应深入研究学前儿童健康教育理论与实践，借鉴国内外教育经验，探索学前儿童健康教育的一般性与特殊性，从而制定出切实可行、具有时代特征的教育目标。

（2）学前教育和健康教育的总目标是确定学前儿童健康教育目标的直接依据

学前儿童健康教育的目标必须既遵循学前教育的总目标，又遵循健康教育的总目标。学前儿童健康教育目标有助于学前教育和健康教育总目标的整体实现，学前儿童健康教育是学前教育和健康教育的具体内容。

（3）社会发展与要求是确定学前儿童健康教育目标的重要依据

当人们认识到生存环境与自身息息相关时，健康教育的目标就会既关注主体自身的身心和谐又关注主体与环境的关系和谐。因此，社会发展与要求是确定学前儿童健康教育目标的重要依据。

社会环境对人的思想、行为具有潜移默化的影响。幼儿的接受能力（尤其模仿能力）较强，所以，幼儿接触过的事物，诸如生活环境中的危险物品，不良刺激，以及电视、图书等大众传播媒介，盲目攀比的复杂心态等会潜移默化地影响幼儿的心灵。所以，学前儿童健康教育要积极适应现代社会发展需要，适时调整健康教育的目标及内容，以促进幼儿身体、心理素质的和谐发展。

（三）学前儿童健康教育的基本模式

学前儿童健康教育旨在提高幼儿身心健康水平，其研究的核心问题为学前儿童健康。立足于不同层次、不同角度，学前儿童健康教育有不同的模式。

1. 健康教育的知、信、行模式

知、信、行模式是英国健康教育委员会主任柯斯特提出的。知是学习、接受有关健康信息的过程；信是相信所传播的信息并且形成一种信念；行就是将已知的、相信的东西付诸行动。

知是基础。幼儿的健康态度、信念的确立及健康行为和习惯的养成，是建立在正确的健康知识基础上的，接收的信息、掌握的知识越多，幼儿态度和行为的倾向性就越显著。

信是动力。幼儿对待健康和卫生的态度，是促使其将健康和卫生科学知识转化为行为和习惯的动力，是健康教育取得良好社会效益的前提。

行是目标。学前儿童健康教育的关键就是通过健康教育活动使幼儿形成各种有益的健康行为，自觉抵制各种不健康行为的影响，并能运用已学会的保健技能保护和增强自身和他人身心健康，提高自身的生长发育水平，预防各种疾病的发生，提高个人及全民族的健康和素质水平。

为了达到上述目标，就要使接收信息者知和信。从知、信再到行，三者之间只存在因果关系，不存在必然性。从知识到行为往往是一个复杂的过程。知识、态度转变为行为所需的时间和困难程度不同。知识的转变比较容易；态度的转变涉及情感问题，不仅较为困难，而且历时也长。幼儿的生活经验非常有限，认知水平受大脑发育的限制，常常会出现一知半解、似懂非懂的现象，势必会影响幼儿的健康。幼儿认知发展水平与幼儿健康水平之间存在着更为复杂的联系，例如，有时幼儿虽然已经认识到刀会弄伤身体，但仍然会因玩锐利的刀而损伤身体；又如，在教师进行过不要用脏手揉眼睛的教育后，幼儿反而比以前更加"关注"眼睛，会更多地触摸眼睛等。幼儿在掌握了一定的健康知识或信息后，仍会经常出现言行不一的现象，或者知而不行，或者知而不信。教育工作者需要针对幼儿的特殊性，从更为复杂的视角分析原因，制定并实施切实可行的教育方案，其中要特别注重养成教育与情感教育。

所谓健康教育中的养成教育，即寓教育于幼儿的各项生活活动之中，经过有利于健康的反复实践，使幼儿在潜移默化、自然熏陶之中养成健康的行为习惯的一种教育方法。通过反复训练养成健康的行为习惯，可以反过来使幼儿从小就讲卫生、注重健康、关心并愿意学习关于健康和卫生的有关知识，形成良好的健康行为习惯。如幼儿园开展喝牛奶的教育活动，除了宣传牛奶的营养价值外，还应组织幼儿每天喝牛奶，从而使幼儿养成喝牛奶的习惯。

情感教育包括情感教学与情感培养两个层面。情感教学是教师借助一定的教学手段激发、调动和满足幼儿的情感需要，积极促进教学活动的全过程。情感教学可以改变幼儿在健康教育过程中情绪情感活动的性质，变消极状态为积极状态，使幼儿全身心地投入健康教育活动中去，使幼儿处于自觉能动的积极状态。情感培养即通过一定的教育教学手段，使幼儿产生有利于健康的各种情感，并形成良好情感品质的过程。幼儿对健康知识的理解能力有所不同，可能会影响健康行为的形成，所以，教育工作者应采取各种策略和方法，激发幼儿的学习积极性，改善幼儿的健康态度及价值观念。

2. 健康教育的生理—心理—社会模式

此模式根据健康的三维观念确定。在进行生理健康教育、心理健康教育和社会适应教育的过程中，既要注意教育内容的适应性、可行性和独立性，还要注意教育内容的渗透性、交叉性和综合性。

3. 健康教育的显性课程与隐性课程相结合模式

显性课程是为实现一定的教育目标而正式列入幼儿园健康教育课程规划的有关学科及有目的、有计划、有组织的课外活动。它是通过健康、社会、常识及其他教学活动，游戏和户外活动，生活基本活动等形式进行健康教育。

隐性课程不在课程规划中反映，但对幼儿的知识、情感、信念、意志、行为和价值观等起着潜移默化的作用。隐性课程可分为创设健康环境和提供健康服务。

健康环境包括物质环境和精神环境。物质环境包括幼儿园的建筑和设备、卫生、采光、通风、取暖、绿化、墙面及相关教具布置等，精神环境包括人际关系（同伴关系、师幼关系、亲子关系）、文化环境等。良好的健康环境可使幼儿在美好、和谐、健康的环境中成长，从而促进幼儿的身心健康。

健康服务是指幼儿园为了保证幼儿的健康而提供的一系列保健措施和活动。如健康检查、生长发育评价、身心疾病防治、心理咨询、预防接种、营养餐的供给等，皆是学前儿童健康教育不可缺少的部分。此外，学前儿童健康服务还包括健康和健康教育管理，主要指建立学前儿童健康和健康教育管理机构、配备人员、筹措经费、规划设备、制定规章制度、检查评价学前儿童健康和健康教育情况等。

4. 健康教育的家庭—幼儿园—社会三位一体的模式

（1）家庭健康教育

家庭健康教育是非正规的、缺乏组织性的教育。父母、家庭对幼儿健康发

健康教育的隐性课程

展有着至关重要的影响，是初级社会化的过程。幼儿模仿其父母的行为，内化他们的价值观，并通过父母的奖励得到加强。同时，父母运用训导、反复实践等外部强化的方式，塑造了幼儿各种各样的行为和对事物的不同态度。

（2）幼儿园健康教育

幼儿园健康教育属于次级社会化过程，它在塑造幼儿各种健康行为的同时，也使幼儿树立起对自己行为负责的价值观。当然，当幼儿园的各种价值观同初级社会化的价值观一致时，两种社会化的效果会得到加强，反之，则容易出现"文化冲突"现象，从而削弱幼儿园教育的效果。

（3）社会健康教育

社会健康教育是除了家庭、幼儿园之外的教育机构或团体开展的健康教育。社会健康教育是一项涉及面广、影响因素多、工作量大的社会教育工作，包括各级专业健康教育机构、各级医疗卫生机构、各级宣传和新闻部门、各级文化和娱乐部门、社区居委会及各类社会团体等。

专业健康教育机构是向全社会实施健康教育的职能部门。这些机构组织社会各方面力量积极开展健康教育活动，建立健康教育网络，组织编写、出版和制作各种卫生宣传资料，利用各种形式展开宣传，并对健康教育专业人员予以业务技术培训和指导，对健康教育效果予以评价。各级医疗卫生机构实施的健康教育具有其他部门和场合所不具备的优势。医务人员的专业知识和技术特长为开展健康教育提供了有利条件。大众传播具有传播信息快、覆盖面广、权威性强及易于接受等特点，利用电视、广播、报刊及网络等大众传播媒介开展健康教育会产生显著的教育效果。儿童游乐场、影剧院等文化娱乐场所也是健康教育的重要阵地。

家庭、幼儿园、社会在学前儿童健康教育中各自发挥着不同的作用，三者相互协调、相互补充，使家庭、幼儿园、社会健康教育一体化，从而产生协同效果。

三 学前儿童健康教育评价

《纲要》中指出："教育评价是幼儿园教育工作的重要组成部分，是了解教育的适宜性、有效性，调整和改进工作，促进每一个幼儿发展，提高教育质量的必要手段。"

（一）学前儿童健康教育评价的内涵

1. 教育评价的内涵

教育评价是根据一定的教育价值或教育目标，运用可行的科学手段，通过系统地收集信息资料和分析整理，对教育活动、教育过程和教育结果进行价值判断，从而不断自我完善和为教育决策提供依据的过程。现代教育评价的本质特征，是对教育活动、教育过程和教育结果进行价值判断，而教育价值观则是教育评价思想的核心，对教育评价起着决定性作用。

2. 学前儿童健康教育评价的内涵

学前儿童健康教育评价是指对学前儿童健康教育实施过程及其效果的全面审核，包括对幼儿发展状况与健康状况的评价、对学前儿童健康教育活动的评价、对教师的评价、对卫生保健工作状况的评价等。

学前儿童健康教育评价有利于了解学前儿童健康教育计划是否符合学前儿童健康发展的需要，是否明确了幼儿的主要健康问题。它可以检验是否激发了幼儿学习健康知识的积极性，是否促进了幼儿态度和行为的改变，是否达到了预期目的；它还可以为改进教育设计方案提供依据。

3. 学前儿童健康教育评价的价值取向

学前儿童健康教育评价要注重发展性评价，即以促进幼儿的发展为目的，关注幼儿发展过程中的表现，诊断幼儿的发展状况并提出合理化建议。

发展性评价的主要功能是促进评价主体和评价对象的发展，它体现了主体取向的评价理念。同时，发展性评价又非常注重对教学过程和评价对象成长过程中有关信息资料的收集和汇总，体现了过程取向的评价理念。

（1）评价功能侧重发展

传统的学前教育评价虽然没有像中小学那样给幼儿排名次，但是同样存在给幼儿贴标签的现象。只有少数"优秀者"才能得到教师的欣赏和重视，才能体验成功的快乐，而大多数幼儿成了失败者，成了传统评价的牺牲品。新的幼儿发展性评价强调发挥评价"促进发展"的功能，强调评价不是教学过程结束后的鉴别、筛选工具，而是在教学过程中促进幼儿发展的有效手段。发展性评价承认幼儿个体之间的发展差异，但是评价的目的不是要确定个体在群体中的位置，致使评价对象之间的差异明确化、扩大化，而是要根据这些差异判断个体存在的问题与不足，找出适合评价对象发展的教育方法，促进个体在现有基础上获得实实在在的发展。总之，突出评价的发展性功能是幼儿发展性评价的核心理念。为了实现"促进发展"这一功能，要对评价的对象、主体、内容、方法、结果等做出相应的调整。

（2）评价对象过程化

传统的教育评价重在甄别，因此只关注教学活动的结果，很少关注教学活动的过程。幼儿发展性评价倡导的是以促进发展为目的的过程性评价，认为只关注结果的终结性评价也仅仅是对过去的关注，不利于促进幼儿现在和将来的发展。发展性评价是一个过程，它不仅发生在教育教学活动之后，同时也贯穿于教育教学活动的每一个环节。促进发展的评价不仅需要终结性的结果评价，更需要形成性的过程评价，应该通过关注"过程"来促进"结果"的提高。

（3）评价主体多元化

传统教育评价中的评价主体比较单一，一般由本班教师负责评价，缺乏家长的参与，也缺少幼儿的自评、互评和他评。评价标准和信息来源都比较单一，评价结果很容易出现片面、主观等问题，难以保证评价结果的客观性和公正性。发展性评价强调教师、家长和幼儿都应该参与评价，通过追求评价主体的多元化实现评价主体与评价对象之间的沟通、理解和有效互动，使评价的信息来源更丰富，评价结果更全面、真实。

（4）评价内容全面化、综合化

传统学前教育评价侧重于评价幼儿某一方面的能力，如很多量表和测验工具都是针对幼儿的某一方面发展内容设定的。发展性评价则强调对幼儿发展的所有方面做出综合评价，体现了主体取向评价的思想和理念，对幼儿的全面发展具有导向和调控作用。

《指南》中指出：要"关注幼儿学习与发展的整体性"。因此，在对幼儿进行健康评价时，要关注幼儿身心全面协调发展，关注幼儿身心状况、动作发展、生活习惯与生活能力这三方面的整体情况，促进幼儿身心全面协调发展。

（5）评价方法多样化

传统教育评价大多采用量化评价、分数评价，用数字来表示幼儿的发展状况。发展性评价则强调量化评价与质性评价相结合，强调运用质的分析和评价方式对量的评价结果进行整合，从而保证评价结果的客观性和有效性。如记录和收集能够反映幼儿成长与进步的事件、作品及成人对幼儿发展过程所做的描述性记录等资料，在综合分析评定的基础上提出促进幼儿发展的具体建议和指导策略。

（6）评价结果侧重发展状态的改进

传统教育评价关注的是评价结果的准确性、科学性、公正性和客观性。发展性评价则强调对幼儿原有发展状态的改进作用，强调针对新起点选择适宜的教育方法和恰当的教育指导策略，促使评价对象在更高水平上获得发展。

📖 **延伸阅读**

学前儿童健康教育评价的分类

从不同的角度，用不同的标准，可以将学前儿童健康教育评价划分为不同的类型。

1. 按评价涉及的范围分类

（1）宏观评价

这是以学前儿童健康教育整个领域或涉及宏观决策方面的学前儿童健康教育问题为对象的教育评价。比如，对学前儿童健康教育的总目标、国家或地方的学前儿童保健制度、特定历史时期的学前儿童健康教育的发展状况等做出的评价。

（2）中观评价

这是以幼儿园健康教育的开展为对象进行的教育评价。比如，对幼儿园健康教育条件的评价，对健康教学工作的评价，对日常健康教育水平的评价，对教师是否重视健康教育、能否胜任健康教育的评价等。

（3）微观评价

这是以幼儿身心的健康发展为对象的教育评价，往往针对发展的某一方面予以评价。比如，对幼儿身高、体重、血色素、心肺功能等生理指标的评价，对幼儿动作发展、言语发展、情感发展等心理指标的评价等。

2. 按评价的基准分类

（1）相对评价

这是在评价对象的集合总体中选取一个或若干个对象作为基准，然后将其余评价对象与基准加以比较，也可以是用某种方法将所有评价对象排列成先后顺序的评价。比如，进餐时，有的幼儿吃得快或吃得多或吃得干净，而有的幼儿则吃得慢或吃得少或吃得不太干净，这里的快与慢、多与少、干净与不太干净都是因人而异的相对评价。

（2）绝对评价

这是在评价对象的集合之外确定一个客观的标准，将评价对象与这个客观标准加以比较并做出价值判断。比如，对幼儿身高、体重，血色素、心跳频率等反映幼儿生长发育及生理功能的指标评价就是绝对评价，其中的评价标准都有相应的科学规定。

（3）个体内差异评价

这是将评价对象的过去和现在加以比较，或者将某一个对象的若干侧面相比较的评价方法。比如，评价一个幼儿园的健康教育水平，可以从学前儿童健康行为的形成、健康知识的掌握及健康态度的改善等方面加以评定。例如，对某一幼儿的评价结果显示，其健康知识得分偏高、健康态度得分居中、健康行为得分偏低，这样启发教师和家长需要在后两方面加强教育。

幼儿园健康教育评价应将相对评价、绝对评价及个体内差异评价结合起来使用。

3. 按评价的功能及运行的时间分类

（1）诊断性评价

诊断性评价又称前期评价，是在开展健康教育活动之前进行的预测性评价，或者对评价对象的发展基础和条件的测定。比如，在制订健康教育计划前，要对幼儿发展状况、健康需求及兴趣有所了解，否则无法确定健康教育的内容及重点。

（2）形成性评价

形成性评价又称中期评价，是在健康教育活动中针对活动效果而进行的持续性评价，目的在于及时获取反馈信息，适时调整教育进程、方法、手段，以达成教育目标。比如，幼儿的健康知识是否在健康教育干预后产生有利的改变，这是对健康教育效果的即时评价，根据即时评价结果考虑是否继续实施计划或修改计划。

（3）总结性评价

总结性评价又称终期评价，是在健康教育计划实施后对其终极结果所做的评价，它以预先设定的健康教育目标为依据，判断评价对象达成目标的实际水平，包括是否进一步解决了幼儿的健康问题，提高了幼儿的生活质量等。总结性评价既是最终的评价结果，也是制订新的健康教育计划的依据。

4. 按评价对象的复杂程度分类

（1）单项评价

这是指对健康教育某一方面的评价，比如，对健康教育活动的组织水平、日常健康教育的水平、幼儿生长发育的水平、幼儿园膳食管理制度等的评价。

（2）综合评价

这是指对学前儿童健康教育的全面评价，评价范围可以涉及一个国家、一个地区或某一幼儿园。

5. 按评价指标是否可以被量化分类

（1）定量评价

这是指在学前儿童健康教育评价中采用数学方法进行定量计算或数字描述的评价。比如，每年"六一"国际儿童节前后，幼儿园要对幼儿进行身体检查，从而对幼儿的生长发育进行定量评价，其中，身高、体重、头围、胸围、皮下脂肪厚度、坐高、心跳频率、血色素等都是以数字表述的。

（2）定性评价

这是指对不便量化的评价内容，采用定性的方法做出价值判断。比如，在学前儿童健康教育评价中使用的生长发育五等级评价法、对学前儿童生活自理能力的评语等都属于定性评价。

在具体实施学前儿童健康教育评价时，应注意定性评价与定量评价相结合。

6. 按参与评价的主体分类

（1）自我评价

这是指评价主体参照一定的指标，对自己的健康教育工作做出的价值判断。教师平时要不断进行自我反思和总结，以提高教育教学水平。

（2）他人评价

这是指来自外部的评价。比如，上级业务指导人员、其他教师观摩健康教育活动后的评价等。外部评价一般较为慎重，有时需要较多的人力和物力。

（二）学前儿童健康教育评价的原则

1. 实效性原则

注重实际效果是学前儿童健康教育评价的最大特点。对学前儿童健康教育实际效果的评价侧重两个方面：一是幼儿知识、态度、行为习惯方面的变化；二是幼儿生长发育水平、身心健康状况、疾病的控制情况等。

2. 方向性原则

这是指确定健康教育评价目的、构建健康教育评价指标体系及进行评价活动，要与健康教育总目标相一致，要与党和国家的教育方针、政策和法律法规中的规定相一致。健康教育总目标是评价的依据和出发点，而总目标本身总是要体现为一定的方向性的，总目标的正确与否，取决于所引导的方向是否正确。因此，健康教育评价必须保证正确的方向。从总体上说，评价的方向性体现在学前儿童健康教育要符合国家既定的教育方针，符合《纲要》的总目标。从具体要求上说，对健康教育各个环节的评定、考核，要体现相应的目标要求，体现目标要求的方向与走向。

3. 发展性原则

学前儿童健康教育评价的目的不仅仅是鉴定幼儿园健康教育的水平，更重要的是促进学前儿童健康教育质量的不断提高和幼儿的发展。依据目标，重视评价过程，充分发挥教育评价的反馈调节功能，及时发现成绩和不足，并对存在的问题做出适当调整和改进，以不断改进健康教育活动。

4. 客观性原则

学前儿童健康教育评价的客观性原则是指评价时必须把握健康教育的客观规律，实事求是，以客观事实为依据，从客观实际出发获取真实信息，依据科学的标准，对健康教育活动的过程和结果进行分析和判断。贯彻客观性原则，要求评价主体确定的评价指标必须符合评价目的的要求，反映评价对象的本质特征，评价标准要合理；评价主体要正确理解和把握评价标准，克服主观随意性和感情因素的影响；评价方法要与评价内容的性质相适应，要多种方法相结合，使所收集的评价信息更为全面准确，所得出的评价结论更为客观可靠。

5. 定量评价和定性评价相结合的原则

要使学前儿童健康教育评价尽量客观、科学，就必须对学前儿童健康教育状况进行定量分析。但是教育现象异常复杂，有的可以定量测量，有的只能定性描述，有的需要先定性再定量，有的可以直接定性，所以必须将定量评价与定性评价结合起来，科学有效地对健康教育做出评价。

6. 评价与指导相结合的原则

在学前儿童健康教育评价中，评价与指导应是相结合的，有对什么问题的评价就有对什么问题的指导。从评价到指导、从再评价到再指导，在循环中促进学前儿童健康教育质量的不断提高。

7. 尊重幼儿发展的个体差异原则

对幼儿进行健康评价要尊重幼儿的个体差异，不能搞"一刀切"。《指南》中指出"幼儿的发展是一个持续、渐进的过程，同时也表现出一定的阶段性特征。每个幼儿在沿着相似进程发展的过程中，各自的发展速度和到达某一水平的时间不完全相同。要充分理解和尊重幼儿发展进程中的个别差异，支持和引导他们从原有水平向更高水平发展，按照自身的速度和方式到达《指南》所呈现的发展'阶梯'，切忌用一把'尺子'衡量所有幼儿。"

（三）学前儿童健康教育评价的内容

1. 对学前儿童健康教育活动的评价

（1）对活动目标的评价

① 对活动目标定位的适宜性、全面性进行评价。活动目标定位的适宜性是指活动目标应建立在了解本班幼儿现状的基础上。活动目标定位的全面性是指活动目标应该包括知识、情感、能力三个维度，活动目标的定位要在面面俱到中做到重点突出，同一条目标可以包含几个维度的内容。要防止活动目标的片面性，尤其要避免只重知识和技能，而忽略情感、社会性和实际能力的倾向。活动目标的难度要适中，数量要合适。

② 对活动目标的表述进行评价。活动目标的表述应该清晰、准确，具有可操作性。目标表述的行为主体应该一致。目标表述应突出幼儿的主体地位，应该是发展性的。

活动目标

③ 对活动目标达成度进行评价。活动结束时要逐条对照活动目标检查其是否都实现了。对活动目标达成度的评价是一个比较困难的过程，因为它涉及教育活动的及时效应和发展的潜在性问题的关系。也就是说如果我们过于注重及时效应，可能会使幼儿失去个性多方面发展的机会。活动目标的评价要从长远考虑，也就是要以培养幼儿能够终身受益的品质为其终极目标。

（2）对活动准备的评价

对活动准备可以从以下三个方面进行评价：活动材料的投放及利用，知识经验的准备，学习情境的创设。

① 活动材料的投放及利用。活动材料是教育意图的物质载体，它本身的特性及由这些特性所规定的活动方式往往决定着幼儿可能获得什么样的学习经验、获得哪些方面的发展。幼儿园的活动材料，应多选用日常生活中的各种物品、当地的自然资源和安全的废旧材料，这样可以让幼儿学会珍惜和利用资源。活动材料的利用率要高，活动材料的种类和数量要丰富，力争做到幼儿人手一套，这样有利于幼儿独立操作和自主学习。

② 知识经验的准备。经验即经历、体验，泛指由实践得来的知识或技能，它是人在实践中通过直接接触外界而获得的对各种事物的初步认识。教师准确地找到新的"经验点"，即把握幼儿的"最近发展区"，是活动成功的关键所在。而要找准新的经验点，就要求教师在进行新的教育教学活动前必须了解幼儿先期已经掌握了哪些与本活动相关的知识技能，具备了哪些能力。教师可以采用"任务分析"的方法来分析并了解幼儿的经验准备情况。如认识常见的交通安全标志的设计就应考虑幼儿已有的经验准备。

③ 学习情境的创设。幼儿的学习兴趣与学习愿望总是在一定的情境中发生的。适宜的情境能够引发幼儿参与活动的兴趣（图1-2）。在教育活动设计中，教师可以根据教育内容、幼儿的年龄和生活经验，并借鉴一些常见的生活事件，去创设一个个生动而真实的、可亲身体验的、科学而有效的模拟生活情境，让幼儿与情境中的人物、事物、事件相互作用，从而建立起连接教学与生活的桥梁。如在"我是环保小卫士"的健康活动中，教师出示了被污染的环境这一场景，激发了幼儿讨论的兴趣。

学习情境的创设原则

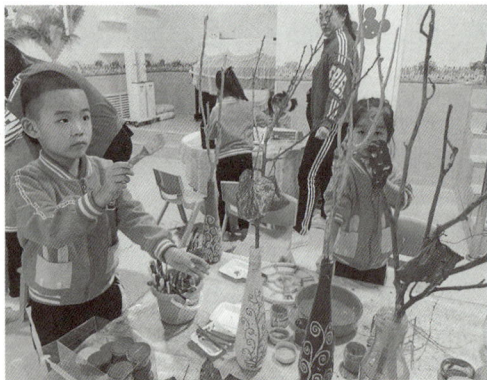

图1-2　引发活动兴趣的情境

（3）对活动内容的评价

对活动内容的评价主要应关注活动内容是否既适合幼儿的现有水平，又有一定的挑战性；既符合幼儿的现实需要，又有利于其长远发展；既贴近幼儿的生活来选择幼儿感兴趣的事物和问题，又有助于拓展幼儿的经验和视野。

对活动内容的评价就是要了解活动内容是否能调动幼儿学习的积极性，活动内容、要求能否兼顾群体需要和个体差异，使每个幼儿都得到发展、都有成就感。也就是活动内容是否有助于培养和谐发展的幼儿，是否有助于满足幼儿的多种需要。

对活动内容的评价要考虑在活动内容选择中和活动过程中出现的有价值的信息，以及能否把这些意外的有价值的信息纳入活动中，这是评价活动内容的一个很重要的指标。

对活动内容的量的判定，是指活动内容是否有超载现象，活动内容中是否提前涉及属于其他发展层次的内容，活动内容是否能在有效的教学时间内完成。

对活动内容的质的判定，就是要对活动内容进行分析，了解这些内容对促进幼儿发展的作用和价值。要尽可能使选择的活动内容实现多种价值，即既要关注认知的价值，也要关注情感的需要。

对活动内容的整合性判定，就是要考虑活动领域内的整合、领域之间的整合、超领域的整合。活动内容的处理应突出重点，详略得当，所涉及的内容应正确、科学。

（4）对活动过程的评价

① 关注幼儿的学习特点和认识规律。教育活动的组织要考虑幼儿的学习特点和认识规律，各领域的内容要有机联系、相互渗透，要注重组织和实施过程中的综合性、趣味性、活动性，寓教育于生活、游戏之中。

② 能否科学、合理地安排和组织。在时间安排方面，是否有相对的稳定性与灵活性，是否既有利于形成秩序，又能满足幼儿的合理需要，照顾到个体差异。

教师在活动组织实施中的角色和地位如何，幼儿是否有适当的自主选择和自由活动时间。

在活动组织过程中是否存在时间浪费现象和消极等待现象。观察和评定集体行动和过渡环节，有助于判断这种现象是否存在。

注意活动开展的层次性和条理性，基本遵循由易到难、循序渐进的原则。

③ 在活动过程中，教师的态度是怎样的。教师能否随时关注幼儿的需要并以关怀、接纳、尊重的态度与幼儿交往。教师是否能关注幼儿在活动中的表现和反应，敏感地察觉他们的需要，及时以适当的方式应答，形成合作探究式的师幼互动。教师能否耐心倾听，努力理解幼儿的想法与感受，支持、鼓励他们大胆探究与表达。

④ 组织活动的方式方法。活动是否以游戏为教学的主要手段，是否注重游戏的教育性。教学方法、手段、形式的选择和使用，是否符合内容需要和幼儿实际。教师能否因人施教、分类指导，是否善于处理偶发事件。

⑤ 活动结果是否具有发展性。教育活动能否在不同程度上促进幼儿的身心发展，是否有利于学前儿童健康行为的养成。

（5）对活动延伸的评价

活动结束后，首先要评价教师是否想到了还需要进行活动延伸，再评价教师使用的活动延伸的方法是否具有可操作性，是否能对幼儿的长期发展起到积极的作用。

（6）对活动反思的评价

经验一般来自两个方面：一是感觉，二是反思（反省）。反思是以自己的活动为对象而反观自照，是面向自身的思维活动和心理活动。

活动反思就是教师以已经展开的活动为思考对象，对活动的目标、内容、组织、评价等环节及由此产生的结果进行审视和分析的过程。

对活动的反思可以从以下三个方面进行。

① 对活动设计的反思。活动设计是活动的蓝本，是对活动的整体规划和预设，它勾勒出了活动的效益取向。在设计活动方案时，教师对当前的活动内容，幼儿已有的知识经验，活动目标、重点与难点，如何依据幼儿已有的认知水平设计活动过程，如何突出重点和突破难点，幼儿在活动中可能会出现哪些情况及如何处理这些情况，设计哪些练习或游戏以巩固新知识，如何评价幼儿的活动效果等，都已经有了一定的思考和预设。对活动设计的反思就是对这些思考和预设是否与活动的实际进程具有适切性进行的比较和反思，目的是找出成功和不足之处及其原因，从而有效地改进活动。

② 对活动过程的反思。应评价教师是否从这些方面进行活动反思：各活动环节的时间分配是否合理，活动重点和难点的处理情况如何；提问的有效性如何，问题是否恰时恰点，幼儿是否有充分的思考机会；活动内容是否科学准确，是否关注到幼儿的个性差异，幼儿活动是否高质高效；教育方法的选择是否恰当，教师的语言、行为是否符合教育教学规律，是否关注幼儿的反应；游戏和练习是否适当，师幼互动情况如何。

③ 对活动效果的反思。对活动效果的反思是指在活动结束后，教师对整个活动所取得的成效的价值判断，包括幼儿所获得的发展和教师自己的价值感受两个方面。活动是否达到了预期的目标，幼儿知识、情感和行为是否产生了预期的变化，是活动效果反思的重点。

📖 **延伸阅读**

学前儿童健康教育活动评价表举例（表1-1）。

表1-1　学前儿童健康教育活动评价表

班　　级：＿＿＿＿＿＿

活动名称：＿＿＿＿＿＿　　　　　　　教师：＿＿＿＿＿＿

评价对象	一级指标	二级指标	评价分值	实际得分
教师	活动目标	1. 活动目标明确，符合幼儿的年龄特点、已有经验和发展需要，能体现领域活动的特征 2. 有机整合情感、态度、能力、知识、技能等方面的发展要求 3. 目标达成度高	10	

续表

评价对象	一级指标	二级指标	评价分值	实际得分
教师	活动准备	1. 活动材料的投放及利用率 2. 知识经验的准备 3. 学习情境的创设	5	
	活动内容	1. 贴近幼儿的生活，既符合幼儿的现有水平，又体现一定的挑战性，有助于拓展幼儿的经验和视野，开发幼儿的潜能 2. 善于利用和开发教育资源，活动容量合理，突出重点，体现学科性、可行性	15	
	活动过程	1. 能以亲和的态度和灵活的活动形式建构安全、平等、温馨、丰富的学习环境 2. 提供充分的活动时间和适宜的活动空间、设施、材料，有效引发幼儿与环境、材料的积极互动 3. 教学基本功扎实，教学语言生动活泼、简洁流畅，富有启发性和感染性，有利于激发幼儿主动学习的兴趣和热情 4. 教学思路清晰，环节分明，张弛有度，能恰当地运用多元化的教学方法和手段，采用适宜的指导策略，形成有效的师幼、幼幼互动 5. 关注幼儿在活动中的表现和反应，能灵活调整活动的进程与指导策略，尊重幼儿的个体差异，实施因人而异的个别辅导	40	
幼儿	活动态度	轻松、愉快、积极、有序、乐于参与活动。情绪稳定，有安全感	5	
	活动表现	1. 对学习内容、活动环境、活动材料、活动方式有兴趣，会利用环境资源进行学习 2. 能主动、积极、专注而投入地参与探究、操作、讨论、表述等活动流程 3. 愿意与同伴分享经验、意见和感受，有需要时会与同伴合作	10	
	活动成效	1. 活动中有自信的表现和成就感 2. 获得与活动内容相关的新经验和新体验，在经验、能力和智慧等方面有所发展 3. 有属于个体的新收获	5	
综合		1. 对《纲要》的把握 2. 儿童观的体现 3. 创新教学的能力	10	
简析				

表 1-1 根据网络资料整理。

2. 对学前儿童发展的评价

（1）对学前儿童目标达成的评价

① 健康知识。对学前儿童健康知识水平的评价，通常采用前后对照测试

的方法。考虑到幼儿认知水平的特点，一般通过口头测试来了解他们掌握健康知识的情况。

② 健康态度。对幼儿健康态度的评价，主要是指对幼儿执行和保持健康行为的态度所进行的评价。

③ 健康行为。对幼儿健康行为的评价，主要是指对幼儿良好的生活、卫生、品德、行为习惯等的形成等做出的评价。

（2）对幼儿活动参与度的评价

记录幼儿在活动中的表现，依次评价幼儿参与活动的程度、注意力集中程度、情绪愉悦表现、活动的持续性、接受活动的挑战性等。当这些指标呈现较好的倾向时，可以认为幼儿正积极主动地投入活动中，这是幼儿参与活动的理想状态。反之，则认为幼儿在消极、被动地参与，甚至不参与活动。

（3）对幼儿的生长发育指标达成情况的评价

《指南》中指出，"健康是人在身体、心理和社会适应方面的良好状态。"健康领域从幼儿身心状况、动作发展、生活习惯与生活能力三个方面，着重强调了三点：一是幼儿积极、健康的身心状况不仅是身体健康，也包括心理健康；二是身体动作和手的精细动作发展；三是具有良好的生活与卫生习惯、基本的生活自理能力和自我保护能力。建议要为幼儿提供合理均衡的营养、充足的睡眠、适宜的锻炼和有规律的生活，让幼儿充分感受到亲情和关爱，保持愉快的情绪，形成安全感和信赖感。反对成人过度保护和包办代替，养成幼儿过于依赖的不良习惯。由此，对幼儿生长发育指标达成的评价，也应包含这三项内容。

📖 **延伸阅读**

《指南》健康领域发展目标及典型表现

（一）身心状况

目标 1 具有健康的体态

3—4 岁	4—5 岁	5—6 岁
1. 身高和体重适宜。（参考标准：男孩身高 94.9~111.7 cm，体重127~212 kg；女孩身高 94.1~111.3 cm，体重 12.3~21.5 kg）	1. 身高和体重适宜。（参考标准：男孩身高 100.7~119.2 cm，体重14.1~24.2 kg；女孩身高 99.9~118.9 cm，体重 13.7~24.9 kg）	1. 身高和体重适宜。（参考标准：男孩身高 106.1~125.8 cm，体重15.9~27.1 kg；女孩身高 104.9~125.4 cm，体重 15.3~27.8 kg）
2. 在提醒下，能自然坐直、站直	2. 在提醒下，能保持正确的站、坐和行走姿势	2. 经常保持正确的站、坐和行走姿势

目标 2　情绪安定愉快

3—4 岁	4—5 岁	5—6 岁
1. 情绪比较稳定，很少因一点小事哭闹不止 2. 有比较强烈的情绪反应时，能在成人的安抚下逐渐平静下来	1. 经常保持愉快的情绪，不高兴时能较快缓解 2. 有比较强烈的情绪反应时，能在成人的提醒下逐渐平静下来 3. 愿意把自己的情绪告诉亲近的人，一起分享快乐或求得安慰	1. 经常保持愉快的情绪。知道引起自己某种情绪的原因，并努力化解 2. 表达情绪的方式比较适度，不乱发脾气 3. 能随着活动的需要转换情绪和注意

目标 3　具有一定的适应能力

3—4 岁	4—5 岁	5—6 岁
1. 能在较热或较冷的户外环境中活动 2. 换新环境时情绪能较快稳定，睡眠、饮食基本正常 3. 在帮助下能较快适应集体生活	1. 能在较热或较冷的户外环境中连续活动半小时左右 2. 换新环境时较少出现身体不适 3. 能较快适应人际环境中发生的变化。如换了新老师能较快适应	1. 能在较热或较冷的户外环境中连续活动半小时以上 2. 天气变化时较少感冒，能适应车、船等交通工具造成的轻微颠簸 3. 能较快融入新的人际关系环境。如换了新的幼儿园或班能较快适应

（二）动作发展

目标 1　具有一定的平衡能力，动作协调、灵敏

3—4 岁	4—5 岁	5—6 岁
1. 能沿地面直线或在较窄的低矮物体上走一段距离 2. 能双脚灵活交替上下楼梯 3. 能身体平稳地双脚连续向前跳 4. 四散跑时能躲避他人的碰撞 5. 能双手向上抛球	1. 能在较窄的低矮物体上平稳地走一段距离 2. 能以匍匐、膝盖悬空等多种方式钻爬 3. 能助跑跨跳过一定距离，或助跑跨跳过一定高度的物体 4. 能与他人玩追逐、躲闪跑的游戏 5. 能连续自抛自接球	1. 能在斜坡、荡桥和有一定间隔的物体上较平稳地行走 2. 能以手脚并用的方式安全地爬攀登架、网等 3. 能连续跳绳 4. 能躲避他人滚过来的球或扔过来的沙包 5. 能连续拍球

目标 2　具有一定的力量和耐力

3—4 岁	4—5 岁	5—6 岁
1. 能双手抓杠悬空吊起 10 s 左右 2. 能单手将沙包向前投掷 2 m 左右 3. 能单脚连续向前跳 2 m 左右 4. 能快跑 15 m 左右 5. 能行走 1 km 左右（途中可适当停歇）	1. 能双手抓杠悬空吊起 15 s 左右 2. 能单手将沙包向前投掷 4 m 左右 3. 能单脚连续向前跳 5 m 左右 4. 能快跑 20 m 左右 5. 能连续走 1.5 km 左右（途中可适当停歇）	1. 能双手抓杠悬空吊起 20 s 左右 2. 能单手将沙包向前投掷 5 m 左右 3. 能单脚连续向前跳 8 m 左右 4. 能快跑 25 m 左右 5. 能连续行走 1.5 km 以上（途中可适当停歇）

目标 3　手的动作灵活协调

3—4 岁	4—5 岁	5—6 岁
1. 能用笔涂涂画画 2. 能熟练地用勺子吃饭 3. 能用剪刀沿直线剪，边线基本吻合	1. 能沿边线较直地画出简单图形，或能边线基本对齐地折纸 2. 能用筷子吃饭 3. 能沿轮廓线剪出由直线构成的简单图形，边线吻合	1. 能根据需要画出图形，线条基本平滑 2. 能熟练使用筷子 3. 能沿轮廓线剪出由曲线构成的简单图形，边线吻合且平滑 4. 能使用简单的劳动工具或用具

（三）生活习惯与生活能力

目标 1　具有良好的生活与卫生习惯

3—4 岁	4—5 岁	5—6 岁
1. 在提醒下，按时睡觉和起床，并能坚持午睡 2. 喜欢参加体育活动 3. 在引导下，不偏食、挑食。喜欢吃瓜果、蔬菜等新鲜食品 4. 愿意饮用白开水，不贪喝饮料 5. 不用脏手揉眼睛，连续看电视等不超过 15 min 6. 在提醒下，每天早晚刷牙、饭前便后洗手	1. 每天按时睡觉和起床，并能坚持午睡 2. 喜欢参加体育活动 3. 不偏食、挑食，不暴饮暴食。喜欢吃瓜果、蔬菜等新鲜食品 4. 常喝白开水，不贪喝饮料 5. 知道保护眼睛，不在过强或过暗的地方看书，连续看电视等不超过 20 min 6. 每天早晚刷牙、饭前便后洗手，方法基本正确	1. 养成每天按时睡觉和起床的习惯 2. 能主动参加体育活动 3. 吃东西时细嚼慢咽 4. 主动饮用白开水，不贪喝饮料 5. 主动保护眼睛。不在光线过强或过暗的地方看书，连续看电视等不超过 30 min 6. 每天早晚主动刷牙，饭前便后主动洗手，方法正确

目标2　具有基本的生活自理能力

3—4岁	4—5岁	5—6岁
1. 在帮助下能穿脱衣服或鞋袜 2. 能将玩具和图书放回原处	1. 能自己穿脱衣服、鞋袜、扣纽扣 2. 能整理自己的物品	1. 能知道根据冷热增减衣服 2. 会自己系鞋带 3. 能按类别整理好自己的物品

目标3　具备基本的安全知识和自我保护能力

3—4岁	4—5岁	5—6岁
1. 不吃陌生人给的东西，不跟陌生人走 2. 在提醒下能注意安全，不做危险的事 3. 在公共场所走失时，能向警察或有关人员说出自己和家长的名字、电话号码等简单信息	1. 知道在公共场合不远离成人的视线单独活动 2. 认识常见的安全标志，能遵守安全规则 3. 运动时能主动躲避危险 4. 知道简单的求助方式	1. 未经大人允许不给陌生人开门 2. 能自觉遵守基本的安全规则和交通规则 3. 运动时能注意安全，不给他人造成危险 4. 知道一些基本的防灾知识

选自《3—6岁儿童学习与发展指南》，教育部2012年9月。

对《指南》健康领域发展目标与典型表现的理解

《指南》把健康领域按照幼儿发展的最重要最基本的方面分成了身心状况、动作发展、生活习惯与生活能力三个子领域，并提出了学习与发展目标，指明了幼儿学习与发展的方向，提出了对幼儿的合理期望，列举了各年龄段幼儿在该目标下普遍的、重要的、具有关键意义的若干表现，即典型表现。正确理解《指南》目标下的各年龄段典型表现对实施《指南》具有重要意义。

"典型表现"选择了某年龄段幼儿在目标方面的比较常见的、易被观察到的一般性表现，是大多数幼儿可能表现出来的比较重要的，甚至是具有关键意义的若干表现，因此，它在一定程度上反映了这一年龄段幼儿群体大致的发展趋势、发展水平、发展速度和行为特点。

"典型表现"对3—4岁、4—5岁、5—6岁三个年龄段末期幼儿应该知道什么、能做什么，大致可以达到什么发展水平提出了合理期望，指明了幼儿学习与发展的具体方向。

"典型表现"是观察、了解幼儿的参照，帮助教师与家长了解和把握幼儿在目标方面的发展状况。如果通过观察或者其他途径，发现幼儿在某方面的发展与《指南》的描述有差距，就需要全面、认真地分析幼儿该发展现状形成的原因，反思教育，积极地采取有针对性的方法帮助幼儿发展。

"典型表现"不能被视为这一年龄段每一个幼儿在发展中必然表现出的特点。

一般性、普遍性，不排除个别性、特殊性；典型性、代表性，不能包揽幼儿表现的丰富性、多样性。"典型表现"考虑了我国文化的特点，选择了在我们的社会生活环境里常见的行为特点。

由于幼儿发展的"个别差异",某年龄段的表现可能出现在其他年龄段。如果幼儿行为特点或能力表现与《指南》不完全一致,不能简单轻率地对幼儿发展的好坏下判断。应进一步细致地观察幼儿的表现,深入地了解其特点,看看是否有其他个性化表现。如果幼儿有自己的特点,即使《指南》中没有列出,也应当尊重"个别差异",给予其肯定与重视。

幼儿各年龄段的典型表现不是标尺,不是目标的分解;目标不是"准则",是方向指引,是期望,是了解幼儿的参照。

资料来源:"国培计划(2012)"农村幼儿园骨干教师培训,高庆春提供。

3. 对教师的评价

(1)对教师素质的评价

《幼儿园教师专业标准(试行)》指出"幼儿园教师是履行幼儿园教育教学工作职责的专业人员,需要经过严格的培养与培训,具有良好的职业道德,掌握系统的专业知识和专业技能。"

① 专业理念与师德。专业理念与师德包括职业理解与认识、对幼儿的态度与行为、幼儿保育和教育的态度与行为、个人修养与行为四方面。教师要对幼儿有爱,对专业认真,并能在活动中致力于幼儿道德养成的示范与引导。

② 专业知识。专业知识包括幼儿发展知识、幼儿保育和教育知识、通识性知识三方面。具体指向有:学科知识、将学科知识转化为适当的教学活动所需的学科教学法知识、课堂管理与组织的一般教学法知识、课程知识、学习者的知识、教师个人的实践知识。

③ 专业能力。专业能力包括环境的创设与利用、一日生活的组织与保育、游戏活动的支持与引导、教育活动的计划与实施、激励与评价、沟通与合作、反思与发展七项能力。

就激励与评价幼儿来看,教师要关注幼儿日常表现,及时发现和赏识每个幼儿的点滴进步,注重激发和保护幼儿的积极性、自信心;有效运用观察、谈话、家园联系、作品分析等多种方法,客观、全面地了解和评价幼儿;有效运用评价结果,指导下一步教育活动的开展。

同时,教师要关注自身的实践,设计与解决问题,寻求自我改进之道。

(2)对教师工作过程的评价

对教师工作过程的评价包括教师与幼儿的互动情况怎样,教师是否充分发挥了主导作用,教师是否为幼儿的整体发展创设了丰富、和谐的环境,教师是否有效利用了可利用的教育资源,教师是否给每个幼儿平等地表现和发展的机会,教育活动是否既符合大多数幼儿的需要又兼顾了幼儿的个别差异,是否在活动中尽量进行个性化地教育和评价,教师是否能引导幼儿主动、快乐地参与活动,是否能发现幼儿的发展潜能。

4. 对卫生保健工作状况的评价

(1)对制度建设的常规评价

对制度建设的常规评价包括制度建设是否齐全,执行是否有力。如是否有学年、学期卫生保健工作计划（例如，月重点）；是否建设有相关卫生保健制度；各种资料是否齐全，记录是否完整、清楚、准确（例如，出勤登记表、传染病登记表、疾病登记表等）；对资料是否进行统计和科学分析，并以此为依据做好卫生保健工作（例如，体格发育评价、膳食评价等）；保健室建设情况如何；是否定期检查计划、制度落实情况，是否有记录，有总结；是否落实岗位责任制，卫生保健工作是否职责明确，责任到人。

（2）对卫生消毒常规的评价

对卫生消毒常规的评价包括对通风换气常规、环境卫生常规、个人卫生常规（包括幼儿良好的个人卫生和工作人员的个人卫生常规）、炊事卫生常规、清洗消毒常规等的评价。

（3）对健康检查常规的评价

对健康检查常规的评价包括对新生入园体检制度、幼儿定期体检制度、坚持晨检和全日观察制度、工作人员体检制度的评价。

（4）对生活常规管理的评价

对生活常规管理的评价包括对晨午检常规、饮水常规、如厕常规、洗手常规、进餐（早、午、晚）常规、加点常规、睡眠常规、伙食常规的评价。

（5）对疾病防治常规的评价

对疾病防治常规的评价包括对预防传染病、防治常见病和多发病、加强体弱儿管理等方面的评价。

（6）对安全工作常规的评价

对安全工作常规的评价包括对园舍设施、物品放置、药物管理、环境创设、户外活动、用电安全、消防安全、接送制度、交接班制度、保教人员带班要求、安全教育、外出活动和安全事故报告制度的评价。

（四）学前儿童健康教育评价的方法

学前儿童健康教育评价常用的方法有测验法、问卷法、观察法、访谈法等，一般要根据实际需要选择适宜的评价方法。

1. 测验法

测验法是根据评价内容编制一定的等级量表和标准的试题用以收集评价信息的方法。它主要用于易量化的评价对象和形成性评价，如收集教师教学效果、幼儿掌握知识与技能情况、幼儿各项体能发展状况、幼儿心理发展状况等信息。

2. 问卷法

问卷法是通过对评价对象进行书面调查而获取评价信息的方法，主要适用于对范围广的问题进行大面积调查。调查者可以将问卷直接发给调查对象，也可以将问卷邮寄给调查对象。采用问卷法可以在短时期内获取大量的信息，但编制科学合理的问卷和获取真实的统计结果是一项技术性强、要求高的工作。

3. 观察法

观察法是评价主体根据评价对象的特点和评价指标内涵的要求，有目

图 1-3 自然观察法

的、有计划地在自然状态下（自然观察法）（图 1-3）或控制条件下（实验观察法）观察评价对象并获取评价信息的方法。观察法主要是听和看，可充分利用摄像机、照相机等仪器作为辅助工具。观察法适用面广，收集资料的机会较多，目前主要用于了解评价对象的行为表现、情感改变和意志特点。如通过听课，可以收集教师课堂教学的资料，了解幼儿的活动情况，也可在一定程度上了解教师的备课情况。幼儿生活自理能力的发展状况、同伴交往情况、教师和幼儿在健康教育活动中的表现等都可以用观察法收集资料。

4. 访谈法

访谈法是一种口头调查法，是评价主体按照访谈提纲，通过与评价对象面对面谈话或是以小组座谈会的方式直接收集信息的一种方法。访谈法适用于了解评价对象的心理状态，它不受文字能力的限制。访谈时，可以根据评价对象的心理适应状况，对其进行分类，从而较深入地了解问题。如对幼儿心理发展中的常见问题进行访谈，以便找到问题背后的原因。

5. 小组讨论法

小组讨论法是让幼儿在小组成员面前就某一话题发表自己的看法或与他人一起讨论，评价主体从中了解信息的方法。如欲了解幼儿对健康教育知识的掌握情况，就可以采用此方法。

6. 文献法

文献法是指通过查阅与评价对象有关的材料以收集评价资料的方法。文献内容包括各种文字与数字资料，如教学计划与总结、活动教案、幼儿成长记录袋等。应根据评价内容查阅文献，可以几种文献相互印证，也可与其他收集信息的方法结合使用。

（五）学前儿童健康教育评价的组织与实施

1. 准备阶段

（1）建立评价工作领导小组，负责评价的组织工作

评价主体是评价活动的具体实施者，教学评价的质量在很大程度上取决于评价主体的工作质量。因此，选择评价主体应慎重。首先，评价主体应具有与教学评价内容有关的知识水平和专业背景；其次，评价主体应具备正直、公平、原则性强、仔细认真、尊重他人等优良品质；最后，评价主体除了应具备扎实的评价理论基础知识和丰富的评价工作经验外，还应对学前儿童健康教育教学工作的方方面面都有所了解，具有宽广的知识面，这样才能避免固执己见和认识片面，减少工作中的偏差。

（2）制订评价方案

① 明确评价的目的与指导思想。要制订合理的评价方案，首先要明确评价的目的与指导思想。也就是要解决"为什么评"的问题。学前儿童健康教育评价的目的应定位于改进学前儿童健康教育工作，这样更有利于幼儿全面素质的发展。

② 选择并确定评价内容、对象。选择评价的内容与对象就是解决"评什么"的问题。对学前儿童健康教育的评价包括四个方面，即对学前儿童健康教育活动的评价、对幼儿发展的评价、对教师的评价和对幼儿园卫生保健工作的评价。要根据评价的目的选择相应的评价内容与对象。

③ 建立评价指标体系，选择适宜的评价方法。这一环节解决"怎么评"的问题。评价指标体系的建立与否关系着评价是否客观，是否切合实际，关系着评价是否能顺利进行，是否能做出科学、准确的价值判断，关系着评价是否能发挥其作用。它是评价工作成败的关键，也是评价工作中难度最大的一道工序。制定评价指标体系就是把评价目标具体化，使评价目标变成能够测量的具体指标和尺度。首先应确定一级指标，然后将一级指标分解成二级指标，再将二级指标分解成三级指标，使每个上级指标都包括一个下级指标群，每一个下级指标都是其上级指标的具体化，从而构成合理的教学评价指标体系。

④ 确定评价主体及主客体相互关系。这一环节解决"谁来评"的问题。按照评价主体来分，可以有自我评价和他人评价两个类别。要根据评价内容和评价对象来确定评价主体及主客体之间的关系。

2. 实施阶段

实施正式评价，收集有关的资料和信息。收集信息是评价实施阶段的重要环节。获取信息的质量（可靠性和有效性）取决于收集信息的方法和过程。获取收集信息的方法主要有观察法、测验法、问卷法、访谈法和文献资料收集法等。对收集来的事实材料进行处理，如统计分析，归类总结，集体研讨等，然后对所得结果做出正确的解释、分析，撰写评价报告。评价报告是对本次评价过程与评价结果的总结。评价报告应包括：评价目的；评价组织、机构及评价人员构成；制订评价方案的指导思想及主要依据；评价实施过程，包括评价时间安排、评价准备阶段的工作与效果、实施阶段信息收集的情况；评价结果，要分述各项指标的评价结果，再写综合性结论；评价对象对评价的意见；本次健康教育教学活动评价的总结。

3. 结果分析处理阶段

全面总结评价，找到工作的成绩和存在的问题，共同分析问题产生的根源，并根据分析结果提出改进工作的意见和建议。

案例评析

案例　从高处往下跳（中班）①

活动目标

1. 学习寻找合适的地方，并脚从高处往下跳，懂得从高处跳落的自我保护方法。
2. 尝试用椅子搭高跳，培养勇于挑战困难的品质。

活动准备

不同高度的椅子、桌子若干，幼儿穿合脚的球鞋，垫子若干，音乐。

活动过程

一、准备活动：听音乐做热身运动

师：小朋友到老师身边来，找个合适的位置，让我们一起来活动活动身体吧！教师带领幼儿做鸟飞、蹲站、膝盖绕圈、脚腕运动、轻跳等动作。

二、尝试从椅子上往下跳

1. 引导幼儿想出多种跳的方法。

师：现在我们要用椅子来练习跳的本领，请你试试看你能怎么跳。带上你的椅子选择一个合适的地方去跳跳吧。

师：你是怎么跳的？介绍一下你的好方法。（个别幼儿展示，教师重点讲解方法。）

讲评某一幼儿动作：他好在什么地方？他的脚是怎样的？落地时声音怎么样？（双脚并拢、轻轻地跳落、脚尖着地。）

师：有这么多种跳的方法，今天我们就练习其中的一种，双脚并拢从高处往下跳。（老师边说边跳。）好，再去合适的地方练习一下吧。

幼儿一起学习正确的方法，再次分散练习。

教师巡回指导：提醒幼儿双脚轻轻落地，只练习一种方法。

2. 鼓励幼儿搭高椅子跳。

幼儿自由练习。教师个别指导保护，纠正不正确的姿势，提醒幼儿注意安全，鼓励胆小的幼儿大胆练习。

（1）鼓励幼儿从高椅子上往下跳。

师：小朋友们，老师给你们准备了高低不同的椅子，请你再去试试看。这次要求不但脚尖轻轻着地，还要稳稳落地。好，去试试吧。

指导语：你落地时真稳，像体操运动员一样。你跳得不错，落地时还要再稳一点。

（2）引导幼儿搭高往下跳。

师：有没有信心向更难处挑战？请你想想怎样增加点高度？马上请一个小朋友去搭（这

---

① 本案例根据网络资料整理。

么高啊，真有点危险。大家想想要怎么保护他呀？想想看这么高还需要谁的保护？）勇敢的孩子们让我们再去试试吧。

三、结束活动

放松运动：刚才我们玩得很累了，现在我们来做做放松运动。你觉得刚才哪里比较累了？来，放松一下，让我们来动动手，动动脚，动动腰吧。

1. 谈谈挑战高度的感受。

你刚才从这么高的地方跳下来有什么感觉？

2. 谈谈保护的方法。

小结：也许小朋友们觉得从这么高的地方跳下来很刺激，但是这个活动有点危险，要注意保护自己，也要保护别人。今天我们所有的小朋友都很勇敢，挑战了不同的难度。下次如果你还要玩这个游戏的话，一定要有大人和垫子的保护。

现在让我们去教室里喝点水，擦擦汗，休息一下吧。

活动评析

1. 评活动目标。在幼儿园经常可以发现有幼儿从高处往下跳，所以幼儿对向下跳并不陌生。但中班幼儿还不能很好地掌握落地的动作，不会很好地保护自己，动作还不够熟练和巩固，在复杂的条件下动作易变形，从而出现有些幼儿落地时脸、身体、膝盖着地的现象，影响了跳的安全性。教师将活动目标设定为"学习寻找合适的地方，并脚从高处往下跳，懂得从高处跳落的自我保护方法"，符合幼儿的年龄特点，难度适中，既考虑了幼儿的现有水平，又有所发展。

从目标全面性角度来讲，教师不仅对技能目标进行了表述，还注意到幼儿情感态度和意志品质的培养，如"培养幼儿勇于挑战困难的品质"。

目标表述清晰准确，可操作性强。

活动目标的表述角度统一，都为发展目标。通过此次活动，幼儿基本掌握了从高处往下跳的动作技能，目标的达成度高。

2. 评活动准备。本次活动的物质准备包括不同高度的大椅子若干把，从这点上看，教师充分考虑到幼儿的个体差异性，为幼儿创设了不同高度的目标，由易到难，逐层深入，为不同水平的幼儿提供了均等的活动机会。在活动中，材料的利用率高。

3. 评活动过程。活动过程各环节安排得科学合理。开始部分的热身运动是开展体育锻炼必不可少的环节。教师让幼儿在音乐声中做韵律操，使幼儿的身体各个关节得到舒展，肌肉得以放松，为活动的安全开展提供了生理上的准备。教师还鼓励幼儿尝试从不同高度往下跳，着重练习并脚跳的方法。在此基础上对幼儿提出更高层次的要求，尝试合作搭高跳。整个活动由易到难，由浅入深，逐层深入。活动结束部分，教师带领幼儿做各种放松的动作，也是动静交替，让幼儿从先前紧张的情绪中平静下来，并对活动进行评价，整个过程考虑到了幼儿的运动负荷，激缓结合。

在活动中，幼儿有充分的自由活动机会和时间。幼儿自由探索从高处往下跳的技能和方法，充分发挥了自主性，活动中幼儿参与度高。

在活动中，教师鼓励幼儿尝试用椅子、桌子搭高跳。当高度达到一定程度时，幼儿会害怕，教师在活动中及时鼓励，并提醒幼儿保持正确姿势。同时教师根据幼儿的年龄特点，空中平衡能力、落地缓冲能力和落地点的弹性和柔软程度来帮助幼儿确定向下跳的高度，为幼儿创设不同高度的目标，由易到难，逐层深入，使活动呈现出挑战性和活动性。整个活动寓教育于实际操作和游戏中。

赛场直击

一、单项选择题

1.《幼儿园教育指导纲要（试行）》指出"幼儿园必须把保护幼儿的（　　　）和促进幼儿的（　　　）放在工作的首位。"

  A. 生命　安全 B. 生命　健康 C. 安全　健康 D. 健康　生命

2. 在幼儿园五大领域中，哪一个领域是幼儿成长的基础？（　　　）

  A. 健康领域 B. 语言领域 C. 艺术领域 D. 社会领域

3. 下列不属于健康领域活动内容的是（　　　）。

  A. 安全保障 B. 饮食营养 C. 人体保护尝试 D. 品德行为

4. 关于健康的含义错误的是（　　　）。

  A. 身体没有疾病就是健康   B. 健康包括心理健康

  C. 健康包括生理健康   D. 健康包括社会适应能力完好

5.《托儿所幼儿园卫生保健工作规范》规定，托幼园所工作人员接受健康检查的频率是（　　　）。

  A. 每月一次 B. 半年一次 C. 每年一次 D. 三年一次

二、视频分析

视频1：大班 户外游戏

视频2：中班 爬梯子

任务要求：任选一个视频，运用所学知识，进行活动分析。

（选自2021年国赛真题）

大班 户外游戏

中班 爬梯子

国考聚焦

一、真题及典型例题

（一）单选题

1. 下列对健康概念的表述，正确的是（　　　）。

  A. 身体健康及良好的社会适应能力 B. 心理健康及良好的环境适应能力

C. 身心健康及良好的环境适应能力　　D. 身心健康及良好的社会适应能力

2. 智力发展正常、情绪健康、反应适度、乐于与人交往、人际关系融洽、行为和谐统一、性格特征良好等是幼儿（　　）的特征。

A. 生理健康　　　B. 身体健康　　　C. 心理健康　　　D. 身心健康

3. 幼儿健康领域的活动要（　　）幼儿生长发育的规律，严禁以任何名义进行有损幼儿健康的比赛、表演或训练等。

A. 发扬　　　　B. 结合　　　　C. 充分尊重　　　D. 关注爱护

4. 评价幼儿生长发育最重要的指标是（　　）。

A. 体重和头围　　B. 头围和胸围　　C. 身高和胸围　　D. 身高和体重

5. 关于学前儿童健康教育评价的内容，下面说法不确切的是（　　）。

A. 对儿童健康教育活动的评价　　　B. 对儿童健康发展的评价

C. 对卫生保健工作状况的评价　　　D. 对社区环境的评价

参考答案

（二）简答题

1. 简述幼儿园健康教育的总目标。
2. 简述学前儿童健康的标志。

二、拓展练习

项目一　对学前儿童健康教育活动目标的表述进行分析

实训目标

能够对学前儿童健康教育活动目标表述的合理性进行分析，找出不足之处并改正。

内容与要求

1. 通过小组课堂模拟实践，分析组内同学活动设计中的目标表述，找出优点与不足，提出改进建议。

2. 对下面的两个活动目标进行分析。

（1）活动名称：小豆子的旅行

活动目标：

① 让幼儿了解各消化器官的功能和食物在人体内消化吸收的过程；

② 学习简单的自我保护方法；

③ 培养幼儿良好的习惯。

（2）活动名称：小动物开车

活动目标：

① 练习在指定范围内四散跑，并学会互相不碰撞；

② 培养幼儿遵守交通规则的意识。

项目二　对学前儿童健康教育活动进行评价

实训目标

能够对学前儿童健康教育活动进行评价，分析优缺点，并提出合理化建议。

内容与要求

观摩幼儿园健康教育活动，了解在各年龄班健康教育活动中教师使用的方法和途径，并对活动做出评价。参与幼儿园健康教育教学活动的组织，找出优点与不足，提出改进建议。

延伸阅读

安吉游戏

安吉游戏发源于浙江省安吉县，是安吉幼儿园游戏教育的简称。安吉游戏是以自发、开放、户外、运动为特征的综合性游戏，它把游戏的自主权还给幼儿，让幼儿在自主、自由的真游戏中获得经验、形成想法、表达见解、完善规则、不断挑战，从而挖掘自身最大的潜能。安吉游戏已开始在全国推广并得到世界学前教育领域的广泛关注与探索。

一、安吉游戏好在哪里

安吉游戏是以"让游戏点亮儿童的生命"为信念的一场游戏革命。安吉幼儿园发挥地域特点，充分利用自然资源，巧计游戏物理环境，赋予幼儿游戏自主权。幼儿在自主游戏中不仅玩出了乡村里的幸福童年，而且体能、认识、情感和社会性等得到了全面的发展。教师放手幼儿游戏，游戏中怎么玩、和谁玩、玩什么，这些都由幼儿自己决定，幼儿可以自由地选择独立或是团队游戏，教师只作为观察分析者，发现幼儿在自主游戏中的创造、想象、探究、合作等表现。游戏过程充满了爱、喜悦、冒险、反思与投入。

二、向安吉游戏学什么

安吉游戏把游戏的权利还给幼儿，让幼儿自由、自主、自觉地开展游戏，体现"游戏是儿童的基本活动"的科学理念。安吉游戏转变了教师角色，幼儿游戏过程中让教师"管住手、闭上嘴、睁开眼、竖起耳，发现儿童"。教师在充分信任幼儿、解放幼儿的过程中让幼儿实现自我发展。教师把幼儿在游戏中遇到的问题、获得的发展，自然生成为他们的课程，适时助力幼儿的发展。安吉游戏亲密了教师与家长的关系，教师经常用视频和照片与家长分享幼儿的游戏故事，并让家长亲自观察幼儿的游戏，同时向家长解释游戏中幼儿的表现和发展。家长目睹了教师对幼儿的欣赏和尊重，不仅理解了游戏对幼儿发展的价值，也看到了学前教育的专业性所在，反过来促使家长对教师更加尊重和支持。

三、专家对安吉游戏怎么说

幼教专家华爱华教授认为：安吉游戏中最显著、最值得借鉴的价值在于教师放手孩子、把游戏还给孩子，这真正契合了《幼儿园教育指导纲要（试行）》中提出的"以游戏为基本活动"。

游戏专委会主任、南京师范大学教授邱学青指出："安吉游戏让人感到亲切，时常唤起我们对儿时游戏的记忆。"

美国西部教育儿童与家庭研究中心主任曼焦尼博士指出：表面上安吉游戏中有安全风险，其实孩子是循序渐进一步一步成功的，因此孩子们每天都有新鲜感，每天都想挑战，这种环境下培养的孩子一定是富有创新的、智慧的和勇敢的人。

哥伦比亚大学师范学院副教授尹黑尼博士认为：安吉游戏中孩子有充分的想象力和强大的自我，不是被动接受，而是主宰自我，其中的专注与快乐、冒险与挑战、尊重与被爱是其他游戏无法比拟的。

　　美国宾夕法尼亚大学客座教授贝利博士说，她连续两年先后四次走进安吉，起草了《安吉游戏国际推广计划》，根据此计划，美国、加拿大、澳大利亚和新西兰等国12位学前教育与游戏专家组成了专家委员会，负责向国际早期教育联盟、国际游戏联盟和各自国家推介。

单元二
学前儿童健康教育活动设计

学习目标

知识目标

- 了解学前儿童健康教育活动的特点。
- 掌握学前儿童健康教育活动设计的原则、要求及基本流程。

能力目标

- 能设计和组织学前儿童健康教育活动。
- 能运用相关理论指导学前儿童健康教育活动实践。

素质目标

- 坚持"幼儿为本"的教育理念,具有强烈的职业光荣感、使命感和社会责任感。
- 树立正确的从教理念,具备自我学习意识、创新意识和反思意识。

基础理论

学前儿童健康教育是健康教育的基础。《纲要》指出:"幼儿园的教育活动,是教师以多种形式有目的、有计划地引导幼儿生动、活泼、主动活动的教育过程。""教育活动的组织与实施过程是教师创造性地开展工作的过程。"教师要根据幼儿的身心发展规律和学前儿童健康教育活动的目标要求和特点,灵活地设计与实施学前儿童健康教育活动。

一 学前儿童健康教育活动的特点

（一）情感体验和习惯养成性

学前儿童健康教育是根据幼儿身心发展的特点，有目的、有计划、有组织地开展的以提高幼儿的健康认识、改善幼儿的健康态度、培养幼儿的健康行为、维护和促进幼儿的健康为核心目标的一系列教育活动。

学前儿童健康教育受幼儿的认知水平、理解能力等的限制，虽然教师也重视教育幼儿掌握必要的健康知识，以提高其健康认识，但是，学前儿童健康教育并不以传授知识为主要任务，而是更强调改善幼儿的健康态度、培养幼儿的健康行为，即注重健康教育中的情感体验和习惯养成。

学前儿童健康教育中的情感体验就是根据幼儿的特点，采取相应措施，运用一定的教育教学手段，激发幼儿的健康情感，使其乐意、自愿接受健康和卫生知识，改变不正确的健康和卫生态度，形成良好的情感品质。例如，幼儿知道蔬菜有营养，能补充人体需要的维生素，但多数幼儿仍然不喜欢吃蔬菜。如果只是空洞地说教蔬菜如何有营养、要多吃蔬菜，幼儿会感到枯燥无味，教育效果也不会好。教师可以根据幼儿身心发展和学习的特点，组织丰富多彩的活动，采取诸如看动画、做游戏、动手操作等活动形式，使幼儿能在轻松愉快的气氛中受到感染，从而产生喜爱蔬菜和喜欢吃蔬菜的情感和意识。

著名幼教专家陈鹤琴说过："人类的动作十之八九是习惯，而这种习惯又大部分是在幼年养成的。所以，幼年时代，应当特别注重习惯的养成。"学前儿童健康行为的养成是学前儿童健康教育的核心目标。学前儿童健康教育中的习惯养成就是要使幼儿养成良好的生活习惯、卫生习惯和品德行为习惯。健康行为一旦发展成为健康习惯便能形成一种无形的力量，约束个体的行为，使个体"不知不觉"地执行并完成。学前儿童健康教育活动就是教师创造一定的条件和环境，让幼儿有机会进行各种健康实践活动，在教学活动中，教师要让幼儿反复练习一些生活技能、健康行为，以加深理解，形成稳定的动作和行为习惯。如在"合理饮食"活动中，让幼儿自己搭配营养自助餐（图2-1），养成不挑食的好习惯；在"爱护小眼睛"活动中，大家一同来练习握笔和书写的姿势，学习保护眼睛的方法；在"学习的好习惯"活动中，让幼儿互相学习整理书包、收拾学具的方法，通过群体练习、参与，从改变群体行为习惯入手，加速形成健康行为。

图2-1　幼儿自己搭配自助餐

健康教育活动中幼儿的自主参与

　　幼儿是活动的主体，教师只有尊重主体、认识主体、热爱主体，使幼儿发挥应有的主体性，幼儿才有可能主动、积极、创造性地活动。为此，在健康教育活动中，教师应该尝试运用多种形式、多种方法，努力将抽象的概念转化为幼儿可以理解的、具体的知识，通过活动使幼儿了解和关注自己的身体情况，帮助幼儿积累有关健康的经验，包括动作经验、知识经验和生活经验，建立有益于健康的行为，调节和提升幼儿的行为能力，使幼儿主动参与健康教育活动，获得自主的发展。

　　教师要重视以直观、具体的形象调动幼儿的情感体验，引发幼儿主动参与。幼儿阶段以具体形象思维为主，年龄越小的幼儿，越需要具体形象的支持。对抽象的科学常识，教师应该采取游戏或具体化的形式，帮助幼儿更好地感知和理解，同时也能激发幼儿参与活动的积极性，促使幼儿自主发展。如在对小班幼儿进行"多喝水的好处"的活动时，教师首先拿来两盆小花请幼儿观察，一盆土壤湿润，小花长得非常好，另一盆土壤干裂，小花干枯。有的幼儿伤心地说："小花真可怜！"教师接着提问："小朋友口渴时会怎么样？"幼儿回答"难受、嘴干干的……"教师引导幼儿自己说出要多喝水身体才能长得好。最后教师带着幼儿每人种了一盆小花，幼儿在每天喝水的时间，除了要自己多喝水，也要给小花浇一点水。

　　在中班幼儿进行"喝白开水和饮料哪个好"的活动时，教师特意在一次户外活动后为幼儿准备了白开水和饮料，让幼儿自己选择想喝的东西。当时，所有幼儿都选择了喝饮料，喝过后教师询问幼儿的感受。有的幼儿带着很不舒服的表情说："不行不行，我的嘴黏黏的！""我的嗓子干干的！"有的幼儿用手指着自己的胸前说："我这里不舒服。"等等。教师说："你们再喝些白开水试试。"一大杯白开水喝下去，不少幼儿由衷地说："真舒服啊！"在幼儿亲身感受了喝白开水与饮料的不同后，教师又通过几个可操作的、直观具体的小实验带领幼儿认识了白开水与饮料在颜色、成分、作用等方面的不同。通过这一系列活动，幼儿逐渐养成了主动喝白开水的好习惯。

　　在大班幼儿进行"胖与瘦"的活动时，教师首先让幼儿观看了胖人与瘦人的生活照片和视频资料，直观地展示出过胖和过瘦给人生活带来的困扰。随后教师为全班幼儿测量体重，并根据记录绘制出大幅的"幼儿体重标准表"（正常范围为绿色、高于正常范围为红色、低于正常范围为黄色），请幼儿将自己的名字卡片放在相应颜色的体重表格内，使幼儿很清晰地看到自己的身体状况。之后，教师又组织幼儿讨论"为什么小朋友的名字有的在绿色上、有的在红色或黄色上？为什么有的小朋友胖，有的小朋友瘦？"（请幼儿寻找原因：偏食、吃得少、吃得多……）接下来，教师带领幼儿认识并了解幼儿园的食谱，使幼儿明白食物要搭配吃才有营养，而且进食量要适当。最后，教师组织幼儿和厨房师傅一起制作自助餐。教师惊喜地发现，幼儿已经不再只选自己爱吃的食物了，而是开始有意识地考虑食物搭配，部分超重幼儿也开始注意进食量了。借着这次活动的良好效果，教师又延伸出了一些相关的活动。如请幼儿周末与父母一起制订"家庭食谱"，做到营养搭配；日常生活中提醒幼儿坚持调整自己的饮食习惯；每过一个月后进行一次体重测量，并绘制成表格，让幼儿看到自己体重的变化情况等。

（二）环境的渗透性

　　幼儿是在特定的环境中成长的。《纲要》指出："环境是重要的教育资源，应通过环境的创设和利用，有效地促进幼儿的发展"；"幼儿园应为幼儿提供健康、丰富的生活和活动环境，满足他们多方面发展的需要，使他们在快乐的童年生活中获得有益于身心发展的经验"。学前儿童健康教育活动的开展，在很大程度上是通过创设和利用幼儿园的环境资源（图2-2），渗透健康教育理念，使幼儿在美好、和谐、健康的环境中潜移默化地感受生活、提高健康认识、养成健康习惯的。

图2-2　徐州公园巷幼儿园环境创设

　　首先，通过创设丰富多彩的物质环境渗透健康理念。例如，营造安静的进餐环境、整洁活泼的活动室、宁静温馨的寝室、生动有趣的创造角等。教师还可以根据幼儿的年龄特点，积极引导幼儿动手装饰、布置墙饰，对幼儿良好健康习惯的养成进行潜移默化的熏陶。如在幼儿园每层楼梯旁边的墙上贴交通标志；在活动室的墙面上画以健康教育内容为主的画，如"请把门关紧！""我能做！"等，用这些画来提醒幼儿，自然而然地促使其养成良好的生活习惯等。

　　其次，构建宽松和谐的心理环境。《纲要》指出："教师的态度和管理方式应有助于形成安全、温馨的心理环境；言行举止应成为幼儿学习的良好榜样。"教师应"以关怀、接纳、尊重的态度与幼儿交往"。幼儿园通过构建健康的心理环境、创设宽松和谐的班级氛围、平等融洽的师幼关系和互帮互助的家园关系，使幼儿情绪安定、心情愉快、心理健康。

（三）教育内容的全面性

　　《纲要》明确指出："幼儿园必须把保护幼儿的生命和促进幼儿的健康放在工作的首位。树立正确的健康观念，在重视幼儿身体健康的同时，要高度重视幼儿的心理健康。"

　　世界卫生组织认为：健康应包括躯体健康、心理健康、社会适应良好和道德健康。学前儿童健康教育就是要通过多种多样的手段，有计划、有目的、有组织地使幼儿掌握健康知识，养成有益于个人、集体和社会的健康生活方式、行为方式，促进幼儿身心健康、道德健康和社会适应能力的全面发展。尤其要注意培养幼儿良好的心理素质和社会适应能力，而不单纯是促进幼儿的身体健康。

（四）健康教育的生活性

　　陈鹤琴认为："儿童离不开生活，生活离不开健康教育；儿童的生活是丰富多彩的，健康教育也应把握时机。"学前儿童健康教育就是生活教育，渗透在幼儿的日常生活中，具有生活性。

在日常生活中应及时对幼儿进行健康教育。例如，小班幼儿刚入园时不会正确如厕，教师就可以在幼儿如厕时及时教给幼儿如厕的方法；幼儿在玩耍时碰伤了头，教师就可以边帮助幼儿处理伤口，边讲解伤口的急救方法，边提醒幼儿以后应该特别注意防止类似危险发生，及时进行安全教育。学前儿童健康教育就是要在盥洗、进餐、清洁、锻炼、游戏等日常生活的每一个环节中渗透健康教育理念，通过培养幼儿良好的生活行为习惯来促进幼儿的健康发展。例如，进餐时要安静，不大声说话、谈笑，避免食物进入气管；洗手时注意随手关紧水龙头；睡眠时保持正确的姿势，不蒙头；锻炼时注意不能剧烈运动；游戏时不乱跑，避免摔伤，不把一些小玩具塞入鼻内、口内等。

日常生活中的健康教育还能使学前儿童健康教育活动得以延伸，有利于巩固幼儿的健康行为。例如，在开展了"营养快车"的主题活动后，可以将午餐环节设置成小型的"自助餐"形式，为幼儿提供自主选择与搭配食物的实践机会，鼓励幼儿尝试并练习怎样合理地选择食物。这既能激发幼儿的积极性和食欲，又能促使幼儿将所学的有关知识应用于生活之中，并逐渐形成健康的行为和习惯。

（五）活动的参与性

《纲要》指出："教师直接指导的活动和间接指导的活动相结合，保证幼儿每天有适当的自主选择和自由活动时间。教师直接指导的集体活动要保证幼儿的积极参与，避免时间的隐性浪费。""关注幼儿在活动中的表现和反应，敏感地察觉他们的需要，及时以适当的方式应答，形成合作探究式的师生互动。"

学前儿童健康教育活动是教师和幼儿的双边活动，要以教师和幼儿的共同参与为前提。一方面，要求教师平等地参与；另一方面，要求所有的幼儿都充分地参加。教师在活动中起主导作用，要精心设计，充分准备，为每个幼儿创造机会，启发调动幼儿的积极性、主动性、创造性，激发幼儿的活动兴趣，使他们自觉、主动地参与到健康教育活动中来。特别是那些平时不大引人注意的幼儿，教师更要把他们作为关注的对象，给予他们活动和表现的机会，保证他们的参与。

学前儿童健康教育是一项系统工程，它有赖于幼儿园、家庭和社会的共同参与。在开展健康教育时，应让家长认识其重要性（图2-3），使他们积极主动地配合教师，督促培养幼儿各方面的习惯和能力。

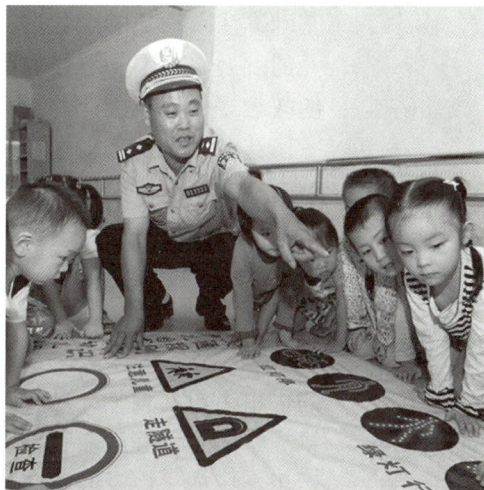

图2-3　家长参与交通安全教育

（六）教育效果评价的过程性

学前儿童健康教育活动以游戏为基本方式。

学习不是幼儿的主要任务，教育的目的在于激发幼儿学习的兴趣，培养他们的良好学习习惯。因此，对学前儿童健康教育活动教育效果的评价，不能只注意结果，更要重视过程，重视幼儿身心的发展过程。要从幼儿日常行为表现、生长发育、营养、健康状况等方面评价教育效果。例如，对"洗洗小手讲卫生"活动（活动目标：① 知道洗手的重要性；② 掌握洗手的正确方法；③ 养成清洁卫生的好习惯）评价的指标就可设定为：幼儿能说出应该什么时候洗手；幼儿在没有帮助的情况下能自己正确地洗手；幼儿能自觉、主动地洗手。

二 学前儿童健康教育活动设计的原则

学前儿童健康教育活动的设计需要遵循如下原则。

（一）系统性原则

学前儿童健康教育活动设计是一项系统工程，它需要教师根据幼儿的特点和发展确定健康教育活动的主题，设计活动目标，选择活动内容、教育活动形式、方法，考虑教育活动需做的准备和活动过程的安排、教育活动效果的评价与反馈等。教师设计学前儿童健康教育活动需将教学活动涉及的诸要素进行有序、优化、合理地安排，形成教育活动方案。

（二）程序性原则

为了让准备进行的健康教育活动能有序进行，教师必须根据幼儿认识的规律、知识的逻辑顺序和教育活动规律，设计好教育活动的程序，让健康教育活动有序地一环扣一环地进行，进而循序渐进地促进幼儿的健康发展。

首先，在设计某一活动时，应适应幼儿的发展水平。提出的教育目标既不可任意拔高，也不能盲目滞后。健康教育内容应以幼儿身心发展的成熟程度为基础，注重幼儿的经验准备。有时，健康教育本身的知识结构和学习规律与幼儿的发展水平不一致，教师就要努力把握幼儿发展的规律，把握健康教育内在的教学规律，使设计的教育活动次序符合幼儿的认知规律。

其次，对内容丰富的同一主题的活动，可以按幼儿发展的顺序，设计成系列活动在三个年龄段分别进行，但要注意各年龄段侧重点和分量的分配，以便活动能够按幼儿发展的顺序不断深化，螺旋式上升。

（三）经济性原则

学前儿童健康教育活动的设计，要充分考虑活动的效率，努力追求以最少的付出（包括教师，幼儿，幼儿园财力、物力等的付出）来获得最佳的教育效果。学前儿童健康教育活动设计要充分挖掘生活中各种教育资源，并注重合理运用。比如，广泛收集各种废旧材料，与幼儿一起制作玩教具，调动家长的积

经济性原则

极性，共同对幼儿进行健康教育等。

（四）可行性原则

学前儿童健康教育活动的顺利开展，需要许多主客观条件来保证。教师必须根据实际具备的和经过努力可以具备的条件来设计教育活动，使学前儿童健康教育活动有开展和取得预期成果的可能。

首先，要考虑教师本人的知识、能力等素质。

其次，要注意本班幼儿的知识、经验、能力基础。

再次，要充分考虑幼儿园具备的相应教育资源情况。

最后，要考虑活动的开展需要家庭、社会的哪些配合与支持，努力争取到他们的帮助。

（五）主体活动性原则

在学前儿童健康教育活动中，教师只是活动的"外因"，幼儿才是活动的主体，是"内因"，是顺利开展活动的决定性因素。因此，学前儿童健康教育活动设计应该体现幼儿的主体性，其主体性又是在活动中表现出来的。

① 教师应该根据幼儿的兴趣和身心发展特点来设计目标，编排内容，选择方式方法，精心设计活动过程，将教师的教转化为幼儿的学，变"要我学"为"我要学""我爱学"。

② 教师要设计更多幼儿自主活动的内容并给予充分活动的时间，为幼儿提供丰富的操作材料，创造幼儿与同伴、教师交往的机会。

③ 教师要设计对幼儿自主活动的必要指导，以鼓励幼儿的积极性、主动性和创造性。

（六）发展性原则

一切的教育都必须以促进幼儿的发展为最终目标。发展性原则要求学前儿童健康教育活动要使每一个幼儿在原有基础上得到最大程度的发展。

苏联心理学家维果斯基认为："只有走在发展前面的教学才是好的教学"，否则"只是充当发展的尾巴"。这就是说，教学不应当跟在发展的后面。

① 学前儿童健康教育活动目标的设计、内容的选择要有一定的难度，要略高于幼儿的现有发展水平，只有幼儿付出一定的努力才能实现。

② 要树立终身可持续发展的观念。学前儿童健康教育不仅要促进幼儿现实的发展，更要为幼儿的终身发展负责。健康教育活动的设计要有利于培养幼儿积极主动的学习态度、强烈的学习兴趣、与环境有效互动的能力、责任感、自信心等终身可持续发展的基本素质。

（七）趣味性原则

幼儿的活动带有情绪色彩。幼儿之所以进行某一活动，大多数是由于对此活动感兴趣。教师为幼儿设计的健康教育活动应是幼儿具有自发兴趣的，或者经过教师的努力，幼儿能感兴趣的活动。在设计活动时，教师应该努力使健康教育活动的每个环节充满趣味，以引起幼儿浓厚的学习兴趣，激发幼儿强烈的学习欲望，使幼儿在愉快的气氛中，带着愉悦的心情，全身心地投入活动中。

① 在设计健康教育活动时，教师应该选择符合幼儿特点、幼儿感兴趣的内容，以引起幼儿对活动的直接兴趣。

② 在设计健康教育活动时，教师要根据幼儿的特点和实际需要，灵活选择活动的方式和方法，恰当地运用直观手段和电化手段，以培养幼儿对活动的间接兴趣。

③ 以游戏的形式开展健康教育活动。游戏是幼儿喜爱的自主性活动，是幼儿自愿参加的活动。幼儿在游戏活动中能满足需要，获得愉悦的情绪。游戏探究也是幼儿的一种特殊的学习方式。把学前儿童健康教育寓于游戏活动中，有利于增进活动的趣味性。

（八）创造性原则

幼儿阶段是个体极富创造力的时期，开发和培养幼儿的创造力，是学前教育的重要任务，当然也是学前儿童健康教育的目标之一。《纲要》也要求教师要"创造性地开展工作"。

1. 教师要树立创造的信念

教师在开展健康教育活动时，不依靠老规矩、老经验、老办法，要勇于开拓，大胆尝试，根据社会的发展和幼儿的变化，创新健康教育活动的内容、形式和方法，探索创造性的健康教育活动模式。

2. 激发、保护、发展幼儿的创造性

① 教师应该以自己对工作的创新态度和创新精神影响幼儿，激发他们的创造性。

② 教师要本着以幼儿为主体的教育理念，真心地爱护幼儿，充分尊重幼儿的思想、情感、意志和行为方式，多用启发、诱导、鼓励的方法和幼儿互动，共同创设宽松、民主、平等、和谐的精神环境来保护和发展幼儿的创造性，使幼儿能在轻松愉快的气氛中充分地表现自己。

培养儿童创造力应注意的问题

（九）整合性原则

《纲要》要求："教育活动内容的组织应充分考虑幼儿的学习特点和认识规律，各领域的内容要有机联系，相互渗透，注重综合性、趣味性、活动性，寓教育于生活、游戏之中。"学前教育以3—6岁幼儿为教育对象，幼儿的身心发展特点和学习特点决定了学前教育必须是整体性的教育，学前教育需要高度地整合。

在设计健康教育活动时，教师应该具有整合的观念，不可人为地割裂有益于幼儿发展的整体性经验。

1. 活动内容的整合

健康领域内部整合：可以将学前儿童身体保健内容与心理健康内容加以整

合，将身体保健内容与安全教育内容加以整合，将安全教育内容与体育锻炼内容加以整合等。

健康领域与其他领域内容整合：与科学领域内容整合，如在认识自己的身体时，激发幼儿探究身体奥秘的科学精神；与语言领域内容整合，如开展语言活动，能有效地促进幼儿交往能力的提高和健全人格的形成；与社会领域内容整合，能增进幼儿的自信心、自尊心；与艺术领域内容整合，如画画时，要保持正确姿势，唱歌时，要注意保护发音器官。

2. 整合幼儿园、家庭、社区力量，共同开展教育

《纲要》指出："幼儿园应与家庭、社区密切合作，与小学相互衔接，综合利用各种教育资源，共同为幼儿的发展创造良好的条件。""家庭是幼儿园重要的合作伙伴。应本着尊重、平等、合作的原则，争取家长的理解、支持和主动参与，并积极支持、帮助家长提高教育能力。""充分利用自然环境和社区的教育资源，扩展幼儿生活和学习的空间。幼儿园同时应为社区的早期教育提供服务。"

学前儿童健康教育活动应该统整幼儿园、家庭、社区各方资源，形成教育合力，共同促进幼儿健康发展。

三　学前儿童健康教育活动设计的基本要求

（一）明确指导思想，细化教育目标

1. 明确指导思想

（1）保教结合

《纲要》指出："幼儿园必须把保护幼儿的生命和促进幼儿的健康放在工作的首位。"《幼儿园教师专业标准（试行）》要求教师要做到"保教结合""帮助幼儿形成良好的行为习惯"。根据《纲要》和《幼儿园教师专业标准（试行）》的要求，学前儿童健康教育必须坚持保教合一的指导思想，针对幼儿年龄小，可塑性强但生活经验和知识经验匮乏，生长发育迅速但不完善，活泼好动但缺乏自我保护意识和能力等特点，在进行学前儿童健康教育活动时，一方面要重视对幼儿传授健康知识和加强健康训练，另一方面更要给予幼儿耐心、细致的保育和保健，做到教中有保，保中有教，保教结合，促进幼儿的健康成长。例如，培养幼儿不挑食的好习惯，就要在讲明各种食物营养的基础上，结合幼儿喜欢色彩鲜艳、形象可爱的食物的特点，将食物做成小动物的形状，用不同颜色的食材搭配做菜，引起幼儿兴趣，从而增进其食欲。在进餐时，教师应语言亲切、态度和蔼，鼓励幼儿吃各种食物，并及时加以表扬，以调动幼儿用餐的积极性。

（2）树立正确的健康观

树立正确的健康观是开展学前儿童健康教育、促进学前儿童健康发展的前提。《纲要》明确要求：要"树立正确的健康观念，在重视幼儿身体健康的同

时，要高度重视幼儿的心理健康"。幼儿的身体健康以发育健全、具备基本的生活自理能力为主要特征；幼儿的心理健康以情绪愉快、适应集体生活为主要特征。学前儿童健康教育活动要坚决贯彻《纲要》中身心并重的健康教育观念，充分认识到身体健康是幼儿身心健全的基础，心理健康是幼儿身心健全的关键。在学前儿童健康教育活动中，不能单纯强调身体健康，也不能片面强调心理健康，要把二者统一起来。

（3）尊重幼儿的主体地位

在学前教育改革中，始终贯穿着这样一种思想——以幼儿为本，强调幼儿在教育活动中的主体地位。《纲要》也再三强调要让幼儿主动活动。皮亚杰说："儿童是自己的哲学家。"教育的第一条件就是要尊重主体、认识主体、热爱主体。只有充分尊重幼儿的主体性，幼儿才有可能主动、积极、创造性地活动。学前儿童健康教育活动既然将促进幼儿的健康作为最直接的目的，那么在教育过程中就要尊重幼儿的情绪情感、兴趣和需要，特别是要尊重他们的个性特征和个别差异，使幼儿不感到压抑或受到伤害。在学前儿童健康教育活动中，要努力为幼儿提供自主、主动活动的机会，减少对幼儿身心的约束，建立民主平等的师幼关系，营造生动活泼、温暖和谐的教育气氛，激发幼儿活动的兴趣，使其获得真正愉快的、幸福的发展。

2. 细化教育目标

促进幼儿的身心健康发展既是学前教育的根本目的，也是学前儿童健康教育的终极目标。《纲要》由此提出四条总目标：第一，身体健康，在集体生活中情绪安定、愉快；第二，生活卫生习惯良好，有基本的生活自理能力；第三，知道必要的安全保健常识，学会保护自己；第四，喜欢参加体育活动，动作协调、灵活。在学前儿童健康教育活动中，还必须通过研究，将这些目标细化，使其具有可操作性。

（1）结合年龄特点细化

在确定学前儿童健康教育活动的目标时，首先要结合本班幼儿的年龄特点、发展水平，细化总目标。尤其在对不同年龄班幼儿进行同一内容的系列活动时，目标的制定更要把握其准确性，做到各系列活动之间既有联系又有区别。例如，对于与饮食与营养有关的内容，在制定目标时基本上可这样定位：小班幼儿认识几种常见营养食物，知道它们对身体有益处；中班幼儿知道身体的生长发育与营养摄入状况有关系，知道常见的富有营养的食品的名称和作用；大班幼儿懂得简单的营养知识，知道营养与健康的关系，初步了解营养不良的症状及矫正方法。

（2）结合具体活动细化

在设计具体健康教育活动时，对目标的确定应该突出活动的重点，要有针对性。例如，在大班的"我的小房间"活动中有这样的目标："知道自己长大了，能做力所能及的事情，会管理自己的物品。"这一目标的确定过于笼统，也适合于其他的身体保健教育活动。如此一来，教师在组织教学的过程中就很难操作了。可以修改如下："能自己整理房间，愿意做力所能及的事。"

📖 **延伸阅读**

学前儿童健康教育活动目标的确定

不同的健康教育活动对幼儿发展的意义不完全相同，即使同一名称的活动，如果目标定位不同，对幼儿发展的意义也会有差异。

例1 活动名称：酸甜的水果（小班）

原定目标：

1. 知道各种水果的名称，喜欢吃水果。

2. 能根据水果的颜色将水果分类。

修改目标：

1. 认识常见水果。

2. 能够自己剥香蕉和橘子，喜欢吃多种水果。

修改理由：原目标1中"知道名称"这一要求太狭隘，实际上幼儿若能真正说出水果的名称便意味着幼儿对水果的形状、颜色、大小等有了整体认知，因此"认识常见水果"比"知道各种水果的名称"要贴切；原目标2的提法司空见惯但不太适宜，因为许多水果的表皮不是单色的，小班幼儿为此常常左右为难，犹豫不决。有时按水果形状（并不标准的几何形状）分类也会出现类似问题，因为"分类"必须以事物的典型特征为线索。

修改价值：只有遵循幼儿心理发展的实际和事物的实际，才能开展有效的教育活动，牵强附会的"领域整合"不足取。

例2 活动名称：蛋宝宝的衣服（中班）

原定目标：

1. 认识各种禽蛋，知道经常吃禽蛋有益于身体健康。

2. 喜欢吃各种有营养的禽蛋。

修改目标：

1. 认识几种常见的禽蛋。

2. 喜欢吃各种有营养的禽蛋，愿意同时吃蛋黄和蛋白。

3. 学习剥蛋壳并用蛋壳拼图。

修改理由：原目标1形同虚设，因为活动中幼儿无法体验吃了禽蛋是否"有益于身体健康"；而"剥蛋壳"不仅为活动预设了操作环节，更重要的是这是幼儿应该掌握的基本生活技能；"用蛋壳拼图"则关注到健康教育领域与美术教育领域之间的整合。

修改价值：避免了幼儿无法亲身体验却要幼儿有所感受时常常出现的说教；体现了学前儿童健康教育是生活教育的理念，提倡幼儿从小做力所能及的事；自然地预设了领域整合内容。

例3 活动名称：食物的旅行（大班）

原定目标：

1. 知道食物所经过器官的名称和顺序。

2. 初步了解消化器官的功能，并能理解"磨""蠕动""进入""送到""排出"等动词用在各消化器官的含义。

3. 能用肢体动作表现食物消化的过程，体验奇妙的乐趣。

修改目标：

1. 初步了解主要消化器官的名称和功能，并能理解"磨""蠕动""排出"等动词的含义。

2. 能随音乐节奏用肢体语言表现食物消化的过程，体验游戏的快乐。

修改理由： 原目标1难度过大，既无实现的可能，也无实现的必要；目标2的修改注意到了健康教育活动对幼儿节奏感的培养。

修改价值： 学前儿童健康教育不是小学生（甚至中学生）健康教育，幼儿的接受程度及教育的必要性是确定教育目标的两个不可或缺的要素；有节奏的肢体语言能让幼儿感受到健康教育原本就是身体美和艺术美的统一。

从以上实例中我们可以看出，学前儿童健康教育有其自身特定的目标体系。修改后的目标就是较为典型的健康教育目标，这些目标是其他任何一个领域的教育目标都无法完全替代的。但是，学前儿童健康教育活动的开展也同时伴随着其他领域的活动，在目标的确定上还要根据活动的主要内容和价值来确定，能与其他领域相互渗透的就不应当割裂（比如，例2、例3），也不能为整合而整合，甚至有意拼凑（比如，例1），学前儿童健康教育是个性鲜明的生活教育，同时它与其他各领域教育的渗透又是本质的、必要的和可行的。

（二）活动准备充分

全面充分的准备是学前儿童健康教育活动成功的基础。全面充分的准备应当体现在各个方面，包括教师的准备、幼儿的准备、环境资源的准备等。

1. 教师的准备

（1）知识、能力方面的准备

《纲要》指出："教师应成为幼儿学习活动的支持者、合作者、引导者。"教师的知识结构、能力水平直接影响其对幼儿学习活动的支持和引导。

首先，教师要有广博的知识。其知识水平可以广而不深，即懂得的知识要多，知识面要宽，以更好地指导幼儿，保护幼儿的求知欲。尤其要积累扎实的幼儿卫生科学知识、营养学知识、安全知识、心理健康知识等，这是对幼儿进行健康教育的前提。在设计学前儿童健康教育活动时，教师要做好自身相关知识结构方面的准备，以准确、科学地向幼儿传播健康知识，解答幼儿提出的意料不到的问题并及时纠正幼儿模糊的、不准确的，甚至错误的认识。比如，要帮助幼儿加强对人体的认识，教师必须掌握相应的知识，充分了解人体各器官、各部位的名称、构造、功能及其需要受到的保护，并且能够深入浅出地表达。

其次，教师要提高自己的能力水平。学前儿童健康教育活动需要与家庭、社会联系，教师应具有组织协调能力、沟通合作能力；学前儿童健康教育活动主题、内容等的选择要符合幼儿的特点和实际，教师需要有观察能力；为合理分配好各年龄段的主题内容侧重点及其分量，教师要有统筹安排活动的能力；

还要有恰当选择学前儿童健康教育活动内容、方法途径的能力，语言表达能力等。

（2）心理准备

首先，教师要调整好自己的心态，以积极、饱满的热情投入教育活动。这样，因受教师的情绪感染，幼儿的积极性、主动性也会被调动起来。

其次，教师要有应对教育活动可能发生变化的心理准备。这有助于教师沉着应对突发事件。

（3）物质资料（玩教具）的准备

幼儿的思维具有具体形象的特点。在学习过程中，幼儿是通过感官认识、辨别事物特性的。教师要为幼儿准备丰富的物质资料（玩教具），让幼儿通过对玩教具的操作使用，将一些抽象的知识变成看得见、摸得着的知识，并且在动手操作的过程中，对活动产生兴趣，轻松愉快地学习知识、增长技能。比如，在"不偏食、不挑食"活动中，教师为幼儿准备了食物图片、模型、实物和炊具、餐具等，让幼儿自己配餐，自己动手制作食物。幼儿在自己动手操作中获取的经验将是终生难忘的。

教师还要准备适当的电化教育设备。学前儿童健康教育涉及许多卫生知识，若将枯燥的知识搬到生动的屏幕上，幼儿的兴趣将倍增，有利于增强健康教育效果。

2. 幼儿的准备

（1）知识经验准备

教育活动必须在幼儿原有知识经验的基础上进行。知识经验是幼儿在具体学习过程中强烈的学习兴趣和探究欲望得以维持的重要保证，也是他们更好地发展的基础。在进行新的健康教育活动前，教师必须了解幼儿先期已经掌握了哪些与本活动相关的知识技能，具备了哪些能力，还有哪些不足，从而通过事先参观、学习等方式帮助幼儿做好相关的知识准备，让幼儿能够在原有基础上建构新的经验。比如，在"端午节"活动中，为了让幼儿在活动中探究多人组成"龙舟"，运用身体的不同部位使"龙舟"向前移动的方法，教师可组织幼儿观看赛龙舟的视频，增加幼儿的感性认识；在"胖与瘦"活动开展前，根据"幼儿体重标准表"为本班幼儿测量体重，丰富幼儿有关标准体重方面的经验，同时，为了达成幼儿"乐意参加各项体育锻炼，体验活动带来的快乐"这一目标，对教师准备的体育用具，幼儿都应该操作过。

学前儿童准备

（2）心理准备

幼儿的心理准备是学前儿童健康教育活动中不可忽视但又经常被忽视的方面。充分的心理准备有助于幼儿集中注意力、珍惜机会。

充分的心理准备能够唤起幼儿的内心期待，激发其情绪，调动幼儿活动的积极性、主动性。比如，在体育活动前，教师通过组织幼儿玩"老鹰捉小鸡""切西瓜"等体育游戏，或观摩他人坑体育游戏，体验协作游戏的乐趣，能激发幼儿主动参与活动的愿望。

充分的心理准备还能减缓紧张、焦虑、害怕等不良情绪，从而减少对幼儿

的伤害。比如，在利用大型器械活动前，教师应讲解活动要领，示范动作，分析活动难点；在日常生活中，渗透打针、吃药的重要性及由此引起的不舒适感觉等。这样，就在活动前给幼儿留下了心理准备的空间，也就缓解了幼儿的不良情绪。

（3）物质准备

学前儿童健康教育活动应提倡师幼共同制作玩教具，这符合幼儿的学习特点，有利于幼儿获得感性经验。此外，幼儿园制作玩教具的活动材料，更多的应该是日常生活中的各种物品、当地的自然资源和安全的废旧材料，以利于培养幼儿珍惜和利用资源的意识，培养幼儿独立操作和自主学习的能力，同时还能节省教师制作教具的时间，最终节约了幼儿园的物质资源。教师还可以请幼儿从家中自带一些废旧材料，如鞋盒、易拉罐、饮料瓶、绳等，鼓励幼儿自己动手制作玩教具。

3. 环境资源的准备

学前儿童健康教育活动的环境资源准备包括两个方面，环境的创设和物质资源的准备。不同主题、不同内容的健康教育活动对环境资源的需求不一样，有些活动需要在幼儿园内开展，有些活动则需要利用幼儿园外的环境。

（1）幼儿园内环境资源的准备

在幼儿园内开展健康教育活动，教师要尽量为幼儿提供便于他们探究、操作的物质资源，保证教育活动的成效。在创设环境时，要力求环境为目标服务，做到安全卫生、经济美观，符合幼儿身心发展特点和发展需要。同时，要吸引幼儿积极参与，在师幼互动合作的过程中，使创设环境的过程成为教育的过程。

（2）幼儿园外环境资源的准备

幼儿园健康教育活动要充分利用园外环境资源的教育作用，如家庭环境、社区环境资源等。在幼儿园外开展活动时，教师对这些环境要有充分的了解和熟悉，以做到合理利用。例如，了解到社区公园有双杠、单杠、吊环、扭腰器、慢跑器等器材，教师就可以利用它们带领幼儿锻炼手臂力量，发展幼儿的平衡力，提高腰部肌肉力量，增强关节的灵活性等；可以带领幼儿参观社区医院，开展"打针我不怕""可恶的病菌""护士阿姨真能干"等健康教育活动；带幼儿到附近菜场买菜，开展"蔬菜分类""我会买菜""营养要均衡"等活动；带幼儿到马路边去观察来来往往的汽车，感知各种各样的汽车，发现红绿灯的作用，让幼儿懂得"红灯停、绿灯行、过马路要走斑马线"。

（三）教育内容全面、科学，可有所侧重

学前儿童健康教育的内容是教师对幼儿传递的主要信息，是幼儿健康认知的原料，也是完成健康教育目标、促进幼儿健康发展的中介。教师所选择的活动内容合适与否，直接影响到健康教育目标的实现程度。

1. 教育内容要全面

学前儿童健康教育的内容涵盖面要广，要全面，应以健康为核心，由身体

保健教育、心理健康教育、体育几部分内容组成。在开展学前儿童健康教育活动时，这几方面内容有各自独特的作用，因此，应保证从各个方面对幼儿进行全面的教育。

2. 教育内容要科学

（1）学前儿童健康教育活动的内容应准确明了，符合科学规律

学前儿童健康教育活动引导幼儿获得的虽然是生活中易懂的、粗浅的、启蒙的健康知识技能，形成的虽然是初步的健康概念，但是，这些知识技能、概念必须是正确的，能够培养幼儿科学的健康意识，发展其健康能力。学前儿童健康教育活动的内容应该避免模糊的、似是而非的，甚至错误的知识和概念。比如，幼儿问教师："为什么要洗手？"教师回答："因为手上有虫子，吃到肚子里肚子会……"

（2）学前儿童健康教育活动的内容要符合幼儿的特点和需要

学前儿童健康教育的内容首先应该符合幼儿的特点，以幼儿可以接受的方式出现。比如，我们要求幼儿"不偏食，不挑食"，实际上要说明"膳食均衡"有利于健康，但我们不能直接对幼儿讲"膳食均衡"的大道理，只能通过介绍各种各样的食物，让幼儿了解到每一种食物的主要特点，从而感受到只有样样食物都吃才会身体健康。其次，要考虑幼儿的需要，与幼儿的生活经验紧密联系。比如，可以根据幼儿中存在的挑食、打人、胆小、尿床等现象，选择相关内容，有的放矢地进行教育。

3. 教育内容要有所侧重

学前儿童健康教育应全面、广泛，但也应有所侧重。

（1）针对不同年龄班有所侧重

首先，不同年龄班应侧重于健康教育的不同方面。小班应侧重于情绪稳定、对物质与心理环境的适应、生活习惯的初步养成方面；中班应侧重于生活自理能力的初步培养、心理环境的良好适应方面；大班应侧重于对生活自理、自我保护能力的培养方面。

其次，不同年龄班对同一主题的内容要求应不一样。比如，针对"保护牙齿"这一内容，小班要求知道正确的刷牙方法，并初步学习刷牙；中班要求掌握正确的刷牙方法，并做到每日早晚刷牙；大班要求知道保护牙齿的方法，具有简单的换牙知识。

（2）针对具体活动有所侧重

学前儿童健康教育活动几个方面的内容有着密切的联系，在进行健康教育活动时，几方面内容相互融合，是一个不可分割的统一体。但是，在某一具体活动中可以有所侧重。比如，在"小手真干净"这一教育活动中，虽然可以进行洗手时不拥挤、注意别滑倒等安全教育，通过手指律动锻炼手的灵活性等，但是活动的侧重点仍是学习正确的洗手方法，养成爱洗手的好习惯。

（四）组织形式灵活多样

《纲要》要求："既要高度重视和满足幼儿受保护、受照顾的需要，又要尊

重和满足他们不断增长的独立要求，避免过度保护和包办代替，鼓励并指导幼儿自理、自立的尝试。"学前儿童健康教育活动是教师以多种形式有目的、有计划地引导幼儿生动、活泼、主动发展的教育过程。学前儿童健康教育活动应根据不同的教育内容，针对幼儿的不同特点，合理地利用各种环境资源，调动幼儿的感官，灵活地运用集体、小组、个别活动的形式，为幼儿提供充分的主动活动的机会，并注重活动的过程，促进每个幼儿在不同程度上的发展。

1. 采取集体教育、小组活动、个别指导相结合的方式

根据参与人数的多少，学前儿童健康教育有集体教育、小组活动、个别指导三种组织形式。这三种组织形式各有其独特的功能和适用范围，也各有利弊。集体教育是一种最经济的组织形式，可以在短时间内同时向全班幼儿提供较多的信息，保证知识的连贯性和条理性，加强幼儿的组织性、纪律性和交往、合作意识，但难以照顾到每个幼儿的需要，幼儿参与活动的积极性弱。小组活动通常可以按幼儿的兴趣、需要分组，允许幼儿按自己的速度和方式去做所需要的事，有利于调动幼儿主动探究、操作的积极性，增进幼儿与同伴、教师的讨论与交流，锻炼幼儿的组织、领导能力，但教师花费的时间和精力较多。个别指导鼓励幼儿在教师的指导下自己寻找和获取知识。教师能较好地照顾每个幼儿的程度、特点和需要，激发幼儿学习的主动性。但不利于培养幼儿的自制性和集体性。并且，教师花费的时间和精力更大。学前儿童健康教育活动应根据活动的目标、内容及有关情况综合运用各种组织形式，以取得最佳的健康教育效果。

2. 健康教学与日常生活中的随机教育相结合

一方面，在学前儿童健康教育活动中，有许多健康教育的内容必须通过健康教学的形式完成。比如，一些幼儿不太容易理解的健康知识、不太容易掌握的或需要系统训练的健康行为技能等，教师只有有计划、有目的、精心地设计组织，才能引导、启发、帮助幼儿理解和掌握。另一方面，健康教育是生活教育，学前儿童健康教育应当渗透于幼儿日常生活的各个环节中。幼儿的日常生活就隐含着健康教育的时机，教师要善于捕捉、抓住机会，对幼儿进行随机教育。因此，学前儿童健康教育既要重视健康教学，也不能轻视日常生活中的随机教育，应该将二者结合起来，共同促进幼儿的健康发展。

3. 重视家园合作，幼儿园与家庭教育相结合

"家庭、幼儿园、社区"三位一体的健康教育有助于幼儿养成健康习惯。在家园合作共育过程中，教师要通过双向互动与家长在健康观念上达成一致，主动寻求家庭的支持与配合，不断优化家庭和社区的健康生活环境。教师要充分利用各方面的健康教育资源。如充分发挥家长资源，在全园各班开展"嘉宾有约"的活动。请作为"乒乓球教练"的爸爸来园给幼儿介绍乒乓球的打法；请作为"瑜伽教练"的妈妈带幼儿尝试练习瑜伽；请作为"体育教师"的家长给幼儿组织体育活动等。通过这一系列活动的开展，幼儿开阔了视野，了解了不同形式、不同种类的运动项目，知道各种各样的体育活动都可以锻炼身体，都可以让身体长得更棒。

（五）教学方法丰富多样

教学方法是开展学前儿童健康教育活动的有效手段，是教师激发幼儿的学习兴趣、有效传递健康教育信息、帮助幼儿理解健康教育内容、促进健康教育活动顺利进行、实现健康教育目标的重要中介。

学前儿童健康教育要根据健康教育的目标、内容，以及幼儿的年龄特点、身心特点和发展水平，灵活选择适当的教学方法，使其具有针对性、多样性和趣味性。

学前儿童健康教育活动一般可以采用游戏法、动作与行为练习法、讨论法、情境表演法、感知体验法、模拟训练法、实验法、讲解示范法等。其中，动作与行为练习法、感知体验法、模拟训练法是基本方法。在进行学前儿童健康教育活动时，要综合运用上述方法，并在实践活动中不断探索和创新方法。

（六）加强活动反思

活动反思就是教师自觉地把自己的实践活动作为认识对象而进行全面深入的冷静思考和总结，从而进入更优化的活动状态，使幼儿得到更充分的发展。活动反思是一种有益的思维活动和再学习活动，教师通过对其设计与组织的活动进行理性观察与矫正，可提高其设计与组织活动的能力。

《幼儿园教师专业标准（试行）》也要求幼儿园教师"主动收集分析相关信息，不断进行反思，改进保教工作""针对保教工作中的现实需要与问题，进行探索和研究"。所以，要重视、加强教师对学前儿童健康教育活动的反思，包括对教学活动设计的反思、对教学过程的反思、对教学效果的反思等，不断提高教师的专业素质。

延伸阅读

游戏活动设计的基本要求

游戏是幼儿园的基本活动形式，游戏活动的设计关系到活动对促进幼儿身心发展的价值，游戏活动的设计要突出游戏活动的特点，明确基本要求。

一、标准上的基本要求

1. 体现正确的儿童观和教育观。教师能够尊重幼儿游戏的权利，允许幼儿自主选择，理解和支持幼儿在游戏中的想法和行为；教师能够珍视幼儿游戏的独特价值，教育目标与内容自然地渗透或生成于游戏；教师能够尊重和理解幼儿的学习方式和特点，关注幼儿的个别差异。

2. 体现幼儿游戏与学习的过程。幼儿能够根据自己的兴趣和需要主动选择游戏，与环境、材料充分互动；幼儿能够在游戏中发现问题，不断尝试用多种方法分析和解决问题，获得有益于身心发展的经验；教师能够观察幼儿的行为，正确解读幼儿游戏的需要、经验和水平。

3. 教师的支持与引导适宜有效。教师在游戏过程中对幼儿的回应与支持适时、适宜、不过度干预；教师用适宜的方式引发和支持幼儿进一步地探究与学习；教师对游戏活动的分析与反思具有针对性，教师的感悟体现自我成长。

二、操作上的基本要求

1. 坚持游戏活动的自主性与开放性，确保活动具有充分的游戏特点，区别于集中教学活动。

2. 游戏活动充满探索乐趣，富有挑战性，对幼儿学习与发展起到支架作用，并能够深刻地植入教与学的目标与任务，体现游戏的价值。游戏活动应体现健康第一的原则，把保护幼儿的生命和促进幼儿的健康放在首位，确保幼儿身体最大程度地免受伤害，确保游戏不会给幼儿留下阴影。

3. 教师放手幼儿游戏，游戏中幼儿在前，教师在后，教师跟随幼儿的节奏和兴趣适宜地介入和支持，为幼儿的自主学习提供实现的平台或渠道。

四　学前儿童健康教育活动设计的基本流程

《幼儿园教师专业标准（试行）》要求教师制订阶段性的教育活动计划和具体活动方案。为了使学前儿童健康教育活动顺利进行，取得良好的活动效果，在开展学前儿童健康教育活动之前，教师需要预先设计学前儿童健康教育活动，制订具体的活动方案。设计活动的基本流程如下。

（一）选择活动内容

《指南》按照幼儿学习与发展的最基本、最重要的内容，将健康领域的内容划分为"身心状况""动作发展""生活习惯与生活能力"三个方面。教师要将它们有计划、有目的、有系统地分解落实到每一次健康教育活动中。

学前儿童健康教育活动内容一般有两个来源：一是从现有的课程中选取，如已经出版的教材、网络和实践过的课程等；二是从本班幼儿的兴趣、爱好和生活经验入手。

教师在选择内容时要考虑以下问题：关于教学内容，幼儿应知道些什么？（分类列举具体的教学内容。）分析哪些教学内容是幼儿已知的，哪些是未知的。已知的用什么方式呈现？培养什么能力、素质？未知的用什么方式呈现？培养什么能力、素质？借助哪些教学手段？

（二）确定活动目标

活动目标是活动的出发点和归宿，不仅指导活动的开展，而且是检验活动效果的重要指标，在活动设计中处于中心位置。

健康教育活动的目标要建立在了解本班幼儿现状的基础上。

1. 活动目标定位的适宜性、全面性

活动目标应该包括情感、能力、知识三个维度，在面面俱到中做到重点突出，同一条目标可以包含几个维度的内容。防止活动目标的片面性，尤其要避免只重知识和技能，而忽略情感、社会性和实际能力的倾向。目标的难度适中，目标的数量合适。

2. 活动目标表述的艺术性

活动目标的表述应该清晰、准确，具有可操作性，目标表述的行为主体应该一致，目标表述应突出幼儿的主体地位，应该是发展目标。如大班活动"我做牙科小医生"的活动目标为"初步了解龋齿形成的原因"。

（三）做好活动准备

为保证活动目标的实现和活动内容的落实，教师和幼儿都要做好充分的准备工作，包括活动材料的投放及利用，知识经验的准备，学习情境的创设等。

（四）确定活动重点与难点

活动重点是本次活动想要达到的主要目标。活动难点是幼儿在活动过程中最有可能遇到的困难或者问题，可以根据活动内容确定一个或者两个。活动难点可以与活动重点一致。

（五）选择适宜的方法

以教师为主的常用教法有：讲解法、演示与示范法、引导启发法、讨论与谈话法、口令信号法等。以幼儿为主的常用学法有：感知体验法、情境表演法、实验法、游戏法、操作法、观察法、参观法、表达法、动作与行为练习法等。教无定法，但要得法，教师应根据活动内容及幼儿的发展特点与需要，确定适合的教法与学法，并综合运用多种教学方法。

（六）设计活动过程

活动过程的设计要注意活动开展的层次性和条理性，基本遵循由易到难、循序渐进的规律。设计时要注重以下方面。

① 考虑幼儿的学习特点和认识规律，注重幼儿的直观感受。

② 各领域的内容要有机联系，相互渗透。

③ 保证幼儿能够有适当的自主选择和自由活动时间。

④ 以游戏为教学的主要手段，注重游戏的教育性。

⑤ 教育活动在不同程度上促进幼儿的身心发展，有利于幼儿健康行为的养成。

（七）设计活动延伸

活动延伸就是针对一个活动，进一步激发幼儿的兴趣，把学习活动引向深入，进一步丰富幼儿的相关知识，提高幼儿的相关技能。好的教育活动不是止

活动延伸

于某一次特定的活动，而是一个长期的、持续的过程，特别是能力、习惯的培养，活动延伸不可缺少。

活动延伸的方法可以是家园共育、领域渗透、环境创设、区角活动等。

案例评析

案例一　红眼喵喵（中班）

设计意图

幼儿园教育
活动：红眼
维尼

眼睛是人体的重要器官，是人类获取信息的重要通道。红眼病是一种传染病，在幼儿园的发病率很高。而红眼病的发病，多与幼儿不注意眼睛卫生、家长也未对幼儿的眼睛卫生给予足够重视有关。所以，幼儿园教师有责任让幼儿对红眼病的发生、预防、治疗等知识有一定的了解，并自觉注意眼睛卫生，减少红眼病的发生。

活动目标

1. 了解喵喵患红眼病的原因，知道红眼病会传染。
2. 学习处理眼睛异物的简单方法。
3. 自觉爱护眼睛，养成讲卫生的好习惯。

活动准备

小花猫的手偶、故事《红眼喵喵》视频、预防红眼病的视频。

活动过程

一、开始部分

讲故事《红眼喵喵》。

出示小花猫的手偶，并播放视频。有一只小花猫叫喵喵，它有一双漂亮的大眼睛。一天，喵喵在草地上玩皮球，突然一阵风吹来，一粒灰沙吹进了喵喵的眼睛里。眼睛真难受，喵喵用手揉，用擦过鼻涕的手帕去擦。揉呀揉，擦呀擦，眼睛越来越疼。妈妈见了说："哎呀！喵喵的眼睛怎么变成小白兔的眼睛了？"没过几天，妈妈的眼睛也红了，又痛又痒，还怕光、流眼泪，真难受呀！

二、基本部分

1. 幼儿讨论：小花猫的眼睛为什么变成小白兔的眼睛了？妈妈的眼睛为什么也红了，而且又痛又痒，还怕光、流眼泪呢？

2. 播放有关预防红眼病的录像，了解红眼病的原因、病症、预防及得了红眼病以后怎么办。

3. 与幼儿一起得出结论。

（1）喵喵的眼睛为什么变红了？（灰沙进了眼，用手揉，用脏手帕擦，就把细菌带进眼睛里，使眼睛发炎、眼球充血变红。）

（2）妈妈的眼睛怎么也红了？（妈妈被喵喵传染了，红眼病是传染病。）

4. 幼儿讨论。

（1）怎么预防红眼病？（注意眼睛卫生，不用手揉，不用脏手帕擦眼睛。）

（2）灰沙被吹进眼睛应该怎么办？（可以闭上眼，让泪水慢慢和灰沙一起淌下，如果不行可请大人帮忙。）

（3）妈妈怎样才能不被传染？（如果知道周围的人得了红眼病，就不能再与他接触，不用别人的毛巾、手帕。）

（4）得了红眼病会怎样？该怎么办？（得了红眼病后，眼睛会流泪、怕光、还会疼，会传染给别人。应在家休息，避免和别人接触，等病好了才能上幼儿园。得了红眼病后要及时到医院治疗，点眼药水，用干净的手帕擦眼泪，不到公共场所去。）

情境表演：妈妈和喵喵去医院看病，医生为他们清洗了眼睛，还开了眼药水，让喵喵回家好好休息，不要和同伴一起玩了。妈妈也不要上班了，免得传染给其他人。

三、结束部分

幼儿随《爱护眼睛》儿歌做律动。

爱护眼睛（儿歌）

小朋友，手洗净，不用脏手揉眼睛。手绢毛巾要专用，还要经常保干净。保护眼睛不得病，危险物品不乱用。眼睛发痒揉不行，轻轻闭上小眼睛，大人处理才可行。

活动延伸

1. 在日常生活中注意幼儿的用眼卫生。
2. 与家长沟通，共同关注幼儿卫生习惯的养成。
3. 在红眼病流行的季节，抓住时机对幼儿进行教育。

活动评析

1. 对活动目标达成的分析。眼睛是人体的重要器官，爱护眼睛，维护眼睛的健康是幼儿园健康教育的一项重要目标。红眼病对于幼儿来说比较陌生，所以教师要通过讲故事、提问等方式引起幼儿的探究欲望，使幼儿自然进入目标学习，了解红眼病的患病原因，知道红眼病会传染及要预防红眼病。了解红眼病的患病原因，知道怎样预防及如何处理既是重点也是难点。所以，教师首先利用视频，形象地使幼儿对有关红眼病的一般常识有一个初步的感性认识；再通过讨论、情境表演使幼儿获得的感性认识得到巩固；最后伴随着儿歌《爱护眼睛》进行拍手律动，使幼儿在轻松的情境中进一步增强了爱眼、护眼意识，为幼儿养成良好的卫生习惯奠定了基础。

2. 对活动材料与环境创设的分析。活动从教师为幼儿讲故事开始，并在讲故事时出示手偶、配以故事视频，非常形象直观，符合幼儿的年龄特点，瞬间就引起了幼儿的探究欲望。有关红眼病的视频，使幼儿对红眼病的相关知识有了清晰的认识。最后的儿歌，也达到了活跃气氛的目的。

3. 对幼儿参与活动程度的分析。整个活动都是以幼儿为主体开展的。首先通过幼儿听故事，思考问题，引起幼儿的探究欲望；再通过幼儿讨论—播放视频—再讨论—情境表演—解决问题，满足了幼儿的求知欲望；最后以儿歌结束，既巩固了知识与技能，又活跃了气氛。整个活动，始终以各种形式调动幼儿的积极性，使幼儿通过自己的探究获得经验。

4. 对活动延伸效应的分析。在日常生活中进行眼睛卫生教育，并取得家长的支持、配合，能有效地养成幼儿卫生用眼、爱眼的好习惯。在红眼病流行季节进行教育，更有针对性、更及时，也更有说服力。

案例二 阴天、雨天变晴天（中班）

设计意图

健康活动：
阴天、雨天
变晴天

让幼儿快乐地成长是学前儿童健康教育的最终目的。中班幼儿已经开始掌握一些调节情绪的认知策略，比如，他们开始掩饰自己的情绪，知道表现出适当的情绪可以得到成人相应的反应，知道他人高兴还是不高兴等。但他们的社会情感发展还不完善，对情绪的控制能力还不强，不知道怎样改变自己的不良情绪，看到他人生气、难过不知道该怎么办。教师要帮助幼儿学会合理地宣泄不良情绪，学会通过各种方式转移注意力，经常保持愉快的情绪，并能理解他人生气、伤心的原因，懂得如何去帮助和安慰他人。

活动目标

1. 理解他人生气、伤心的原因，了解帮助和安慰他人的方式方法。
2. 知道用多种方法让自己不再生气，不再难过，变得快乐。
3. 主动对他人表达自己的爱心。

活动准备

课件、垫子、沙袋、软性无伤害投掷物、一段欢快的音乐等。

活动过程

一、开始部分：小动物出行

师：喵喵喵，喵喵喵，小猫要出行，今天是什么天？

幼：今天是晴天。

师：汪汪汪，汪汪汪，小狗要出行，今天是什么天？

幼：今天是阴天。

……

二、基本部分

1. 使用课件。

（1）出示阴天、雨天（雷阵雨）图片。

讨论：看到阴天、雨天你有怎样的感觉？它们分别代表怎样的心情？（伤心、难过、生气。）为什么？

（2）出示晴天图片。

讨论：看到晴天你的感觉是怎样的？它可以代表怎样的心情？（开心、快乐。）为什么？

小结：阴天、雨天可代表心情不好的时候，如生气、郁闷；晴天可代表开心快乐的时候。

2. 播放课件。

（1）出示小猴（贴上相应的天气标志代表心情）。

引导幼儿观察小猴怎么啦。发挥想象：小猴遇到什么事而难过？讨论怎么帮助小猴，使它的心情由阴天、雨天转晴天。

（2）播放场景：小刺猬吵架（贴上相应的天气标志代表心情）。

小刺猬为什么吵架？它们的心情像什么天气？怎样才能避免这样的事情发生？现在，我们怎么让它们的心情转晴天？

3. 让我安慰你。

（1）展示教师收集的幼儿的表情照片。（课件。）

讨论：这个小朋友的心情是晴天还是阴天、雨天？你是怎么知道的？我们如何让她开心？

（2）组织幼儿相互交流今天的心情，鼓励幼儿尝试安慰别人。

（3）讨论哪些方式可以让人开心。

三、结束部分

大家一起跟着欢快的音乐，利用垫子、沙袋等发泄不好的情绪。（随机提问，了解幼儿现在心情怎么样。）

活动延伸

1. 幼儿制作心情天气牌，每天插在心情播报窗里，以便教师及时了解幼儿的心情，予以帮助和疏导。

2. 通过播报，引导幼儿逐步尝试自己调节不良情绪。

3. 与家长沟通，允许幼儿心情不好时适当宣泄并及时引导。

活动评析

1. 对活动目标达成的分析。本次活动的目标可归纳为两点：一是使幼儿学会调节自己的情绪，二是使幼儿学会帮助和安慰他人。教师在活动过程中，利用课件展示、场景播报、幼儿讨论等生动形象的形式使幼儿提高了认识，结束部分又让幼儿通过亲身体验进一步巩固了认识，圆满地达成了教育目标。

2. 对活动材料与环境创设的分析。活动以课件的展示为主线，形象直观，符合幼儿的年龄特点，可以帮助幼儿提高认识。对实物教具垫子、沙袋、软性无伤害投掷物的使用，使幼儿有效地获得了情感体验。欢快的音乐让幼儿心情愉悦、放松，进一步舒缓了幼儿的情绪。

3. 对幼儿参与活动程度的分析。在整个活动过程中，幼儿都很投入，参与程度高。活动以课件展示调动了幼儿参与讨论的积极性，并激发了幼儿的情感体验，有助于幼儿学习情绪调控及帮助安慰他人的方式方法。整个活动以幼儿为中心，在愉悦的气氛中，幼儿通过自己思考、讨论培养了积极的情感。

4. 对活动延伸效应的分析。让幼儿制作心情天气牌，每天插在心情播报窗里，一方面有利于幼儿了解自己的心情，逐步尝试自己调节不良情绪；另一方面也方便教师及时了解幼儿的心情，并给予帮助和疏导，主动与家长沟通，使家长能够注意自己孩子的情绪变化，有效地达到家园共育的目的。

案例三 我会整理学习篮（大班）[①]

设计意图

《指南》在健康领域"生活习惯与生活能力"部分提出5—6岁幼儿"能按类别整理好自己的物品"的发展目标。我们为大班每个幼儿都提供了一个学习篮，用于放置学习用品。在幼儿开始使用学习篮后，我们观察到他们喜欢把各种各样的东西堆放进学习篮中，使篮内物品既凌乱又不便于取放。为了增强幼儿整理物品的意识，引导他们掌握整理物品的方法，更好地为升入小学做好准备，我们设计了本次活动。

活动目标

1. 积极探索整理学习篮的方法，明确整理步骤。
2. 体验物品整理带来的方便，增强自觉整理物品的意识。

活动准备

经验准备：幼儿已有使用学习篮的经验；大部分幼儿体会过学习篮物品混乱带来的不便；个别幼儿已有有序整理学习篮物品的经验。

材料准备：幼儿在杂乱的学习篮中翻找物品的视频；幼儿有序整理学习篮的视频；白板操作课件"什么物品该放入学习篮""学习篮整理步骤图"。

活动过程

1. 观看视频，发现学习篮内物品杂乱堆放会影响物品取用。

（1）观看视频"乱乱的学习篮"，思考教师提出的问题。

师：这个学期幼儿园给每个小朋友都准备了学习篮，可以将你们的学习用品放在里面，但老师发现，很多小朋友在找学习篮内物品的时候，遇到了一些困难。我们一起看一个视频，边看边想一想，视频中的小朋友遇到了什么困难？为什么会遇到这样的问题呢？

（2）回顾视频内容，发现物品杂乱堆放是影响物品取用的原因。

师：视频中的小朋友遇到了什么困难？

幼：她想要找梳子但找不到。

幼：她找了很久。

师：你们觉得视频中的小朋友找梳子顺利吗？为什么她会遇到这样的问题？

① 陈若菲，陈静. 大班健康活动：我会整理学习篮［J］. 福建教育，2019（50）：43-45，有删改.

幼：不顺利，她找了好久。

幼：她把东西全部搬出来，找完之后没有整理又全部放进学习篮。

幼：学习篮的东西太多了。

2. 将学习篮的物品进行分类，辨别适合放入学习篮的物品，并进行初步的整理。

（1）讨论学习篮内经常放置的物品是否适宜放入学习篮内，并进行分类。

师：我们一起来看看，平时你们的学习篮里都有些什么。

教师出示白板操作课件"什么物品该放入学习篮"，让幼儿将课件里的不同物品图片进行分类。

师：这么多的物品，哪些能放入学习篮内，哪些不能放入学习篮内？先请一个小朋友将可以放入学习篮内的物品挪到打钩的篮子内，不能放入学习篮内的物品挪到打叉的篮子内。

请一个幼儿上台将图片进行分类。

师：她是这样分的，有没有不同的意见？

幼：我觉得粽子宝宝（超轻黏土作品）不应该放在学习篮里。

幼：这是我做的手工作品，就应该放在学习篮里啊。

师：小朋友们，你们觉得像粽子宝宝这样的立体手工作品放在哪里比较合适？

幼：可以放在美工区展示。

师：白纸作品可以放在学习篮里，像粽子宝宝，还有之前做的龙舟这样的立体手工作品，小朋友们认为放在美工区展示台更合适。

（2）动手操作，将不属于学习篮的物品清理出来，并初步尝试整理学习篮。

师：现在请小朋友们看向自己的学习篮。（老师在每组的桌子上放了一个盘子）请你们清理出不属于学习篮的物品，把它放在盘子里，然后试着把学习篮内的东西整理一下。

（3）请幼儿相互展示清理后的学习篮，并交流整理方法。

3. 梳理学习篮整理步骤，学习按步骤图进行梳理。

（1）分享整理方法步骤，由教师用图示进行整理。

师：你们刚才都试着整理了学习篮，谁有好的整理方法愿意来分享一下吗？老师会按照你们的整理顺序排列图片做成步骤图。

教师邀请若干幼儿分享自己的整理方法，在幼儿分享的同时，教师操作白板将相应图片进行排序，完成不同的步骤图。

师：你们觉得谁的整理步骤更合理呢？

幼儿自由发表意见。

（2）观看一个能够有序整理学习篮的幼儿的操作视频，了解其整理物品的方法。

师：老师发现有一个小朋友在平时就能把学习篮整理得很整齐，我们一起来看看她是怎么整理的。

播放事先俯拍幼儿整理学习篮的视频，然后出示该幼儿整理学习篮的步骤图。

师：她是按照什么顺序整理的？和你们的整理步骤一样吗？

幼：大的纸张在下，小的物品在上。

幼：我也是按照这样的方法整理的。

幼：我有不同的方法，把固体胶、彩笔放在下面，把绘画本放在最上面。

......

（3）尝试参照步骤图整理学习篮。

师：老师把大家整理学习篮的方法步骤图都呈现在屏幕上了，接下来请你们按照自己认可的步骤图再次整理学习篮，整理好后同一组的小朋友互相检查。当音乐响起的时候，请带着你们的学习篮回到位置上。

4. 玩游戏"看谁找得快"，体验有序整理后学习篮物品取用的便捷。

师：哇，现在你们的学习篮已经整理得很清楚了。如果现在再让你们找学习篮里的东西，是不是能够又快又准确地找到呢？老师说一样物品，你们快速地把它找出来。

教师与幼儿玩游戏。

师：请找出蓝色的水彩笔；请找出固体胶……

活动结束。

活动延伸

生活活动：在日常生活中，引导幼儿定期整理学习篮，养成及时整理的习惯。

家园共育：请家长引导幼儿在家自己整理衣柜、玩具箱和书包，增强幼儿有序整理物品的能力。

赛场直击

活动设计

游戏：我和皮球娃娃赛跑（大班）

准备： 大红皮球一只（皮球上画上眼睛和嘴巴）。

玩法： 把大红皮球当作皮球娃娃，皮球娃娃往哪个方向滚去、跳去，幼儿就朝哪个方向跑或跳。皮球娃娃滚到红线（地上画线）处停止，幼儿就必须跑到红线上停止；皮球娃娃跳到绿线处停下，幼儿就双脚并跳前进，跳到绿线处停下。

规则： 幼儿必须跟着皮球娃娃的方向跑、跳，方向错了，停一次游戏。

提示： 教师指导游戏时要用皮球娃娃的口吻来激发幼儿游戏兴趣，在游戏中鼓励幼儿跟着皮球娃娃一起跑和跳，注意动静交替。

任务要求： 根据素材与年龄段，设计1课时（30分钟左右）集体教学活动的教案。教案格式完整规范，语言清晰、简洁、明了，目标设计、内容选择、方法运用符合幼儿年龄特征和领域特点。

（选自：2021年全国职业院校技能大赛（高职组）"学前教育专业教育技能"赛项赛卷"幼儿园教育活动设计"第10卷）

国考聚焦

一、真题及典型例题

（一）单选题

1. 对幼儿园活动的正确理解是（　　）。

    A. 幼儿尽情地随意玩耍

    B. 在安全的前提下按课程的要求活动

    C. 为幼儿舒展筋骨而开展活动

    D. 教育过程就是活动过程，促进幼儿身心健康发展

2. 在学前儿童健康教育活动中，应充分尊重幼儿的（　　）地位。

    A. 主体　　　　　　　　　　　B. 自由

    C. 被动　　　　　　　　　　　D. 主动

3. 下列活动目标以幼儿角度表述的是（　　）。

    A. 教会幼儿穿脱衣服的正确方法　　B. 培养幼儿守时的好习惯

    C. 喜欢参加小制作活动　　　　　　D. 鼓励幼儿大胆表达自己的想法

（二）简答题

简述学前儿童健康教育活动设计的基本流程。

（三）活动设计

为了帮助小班新入园的幼儿尽快适应集体生活，余老师准备开展"高高兴兴上幼儿园"系列主题活动。请围绕该主题为余老师设计三个子活动。

任务要求：

（1）写出主题活动总目标。（8分）

（2）写出其中1个子活动的活动方案，包括活动的名称、目标、准备和主要环节（14分）

（3）写出另外两个子活动的名称、目标。（每个活动4分，共8分）

（2020年下真题）

参考答案

二、拓展练习

项目一　观摩健康教育活动（大班）

实训目标

1. 培养学生观察和分析问题的能力。

2. 提高学生对所学理论知识的综合运用能力。

内容与要求

去幼儿园或利用多媒体观摩学前儿童健康教育活动课，观察记录活动的全过程，重点观摩活动的组织形式和环节的过渡，学习教师的指导语和对教学方法的运用。

项目二 健康教育活动的设计（中班）

实训目标

1. 培养学生运用理论知识指导实践的能力。
2. 培养、训练学生缜密的思维能力。
3. 使学生掌握学前儿童健康教育活动的组织形式，注意活动环节间的过渡。
4. 提高学生设计、组织实施学前儿童健康教育活动的能力。

内容与要求

根据中班健康教育活动的目标及下面的材料设计一次健康教育活动。

中班幼儿的自我意识已有所发展，并且在幼儿园一年的生活中，也具备了一定的生活自理能力。在幼儿园，幼儿在教师的指导和帮助下，基本上能生活自理，但在家庭中，有些幼儿由于动作不熟练和依赖心理强，往往由成人包办代理了幼儿生活中的一些"小事"。其实"小事"不小，生活自理能力是人自立的基础，所以加强幼儿生活自理能力的训练，也同样可以培养幼儿的自尊和自信。本次活动的目的是让幼儿学会自己穿衣裤、穿鞋、系鞋带，并且乐意自己穿衣、穿裤、穿鞋，养成自己的事情自己做的好习惯，并通过自己动手，增强自尊和自信。

项目三 活动观察与设计

以小组学习的形式，见习一次幼儿园健康教育活动，结合所学的知识分析其设计与实施是否合理，各小组结合实际提出各组的教学设计。

单元三
学前儿童身体保健教育

学习目标

知识目标
- 熟悉学前儿童身体保健教育的内容、目标及方法。
- 知道学前儿童身体保健教育应注意的问题。

能力目标
- 能结合实际设计和组织学前儿童身体保健教育活动。
- 能运用相关理论分析和评价学前儿童身体保健教育活动。

素质目标
- 尊重生命,树立"生命至上"的教育理念。
- 关注学前儿童身体保健教育,具有日常呵护学前儿童健康的责任意识。

基础理论

　　幼儿阶段是身体发育和机能发展极为迅速的时期,也是形成安全感和乐观态度的重要阶段。

　　《纲要》中强调:"幼儿园必须把保护幼儿的生命和促进幼儿的健康放在工作的首位。"身体健康是幼儿身心全面和谐发展的基础,直接影响着幼儿智力、心理等诸多方面的发展,从而影响着幼儿的未来。

一　学前儿童身体生长发育教育

　　学前儿童身体生长发育教育就是帮助幼儿正确认识自己的身体,逐步理解身体由小到大的自然规律，初步认识疾病对身体及其发育的消极影响，了解男女两性的基本差异，掌握初步的身体保健技能和方法。

（一）学前儿童身体生长发育教育的目标

1. 总目标

① 了解人体主要器官的名称、形态、结构与功能，具有健康的体态。

② 学习保护身体的基本方法。

③ 逐步树立关心、保护身体健康的意识和习惯。

2. 各年龄阶段目标（表 3-1）

表 3-1　学前儿童身体生长发育教育各年龄阶段目标

年龄阶段	教育目标
0—3 岁	1. 能用手指出口、鼻、耳朵、眼睛、脚等人体外部器官；能初步认识自己的身体 2. 初步懂得在身体不舒服时要主动告诉成人，生病时愿意接受医生的治疗，懂得打针、吃药能预防或治疗疾病
3—4 岁	1. 了解身体的外部结构，认识并学习保护眼睛、嘴、鼻、耳朵等器官的基本要点 2. 具有适宜的身高与体重，能在较热或较冷的户外活动 3. 在成人提醒下，能自然坐直、站直 4. 初步了解治疗疾病的简单知识，乐于接受预防接种和疾病治疗，不随意吃药
4—5 岁	1. 进一步认识身体主要外部器官及其功能，并知道为什么要予以保护 2. 具有适宜的身高与体重，能在较热或较冷的户外环境中连续活动半小时左右 3. 在成人提醒下，能保持正确的站、坐及行走姿势 4. 换新环境时较少出现身体不适 5. 初步懂得预防和治疗疾病的重要性，并逐步形成接受预防与治疗疾病的积极态度和行为 6. 学习处理常见外伤的简单方法
5—6 岁	1. 初步认识人体主要器官的功能及相关的知识 2. 学会保护牙齿、眼睛等重要器官的方法，并知道如何预防相应常见疾病，学会科学用脑 3. 具有适宜的身高与体重，能在较热或较冷的户外环境中连续活动不少于半小时 4. 天气变化时较少感冒，能适应车、船等交通工具造成的轻微颠簸 5. 经常保持正确的站、坐及行走姿势

（二）学前儿童身体生长发育教育的内容

1. 认识自己的身体，学习保护常识

① 认识眼睛、口（牙齿、舌）、鼻、耳朵、手、脚等外部器官及脑、心脏、肺等内部器官的名称、形态特征与功能。不用脏手揉眼睛，在眼睛进灰沙时要闭眼等大人来处理，学会正确的用眼姿势，近距离连续用眼时间不要超过半小时。知道不大声喊叫，不长时间说话。小班幼儿学习刷牙，大班幼儿知道换牙知识，并学会两种以上牙齿保护的方法。自己不挖耳，洗澡时有意识地采取措施防止水入耳，听音响时音量适宜。掌握正确的擤鼻涕方法，不抠鼻孔。注意保持皮肤的清洁。

② 探索身体的奥秘，以幼儿换牙的经历或科教片等诸多形式帮助其探索身体的奥秘。

③ 学习保护身体、维护健康的方法、常识与技能。

2. 疾病防治常识教育

① 了解预防接种的作用及相关注意事项。

② 了解生病时吃药、打针的作用。

3. 生长发育常识教育

① 观察身体由小到大的变化。

② 体验身体功能逐渐完善的感受。

③ 接受健康的早期性启蒙教育。

（三）学前儿童身体生长发育教育应注意的问题

1. 科学解释与艺术解释相结合

所谓的科学解释是指教给幼儿的身体知识是科学的、符合实情的，不应对幼儿撒谎；所谓艺术解释，是指鉴于幼儿的认知水平和情感接受程度，有时必须要求教师对身体知识以隐喻的方式加以说明。如常常令大人们棘手的问题是关于"生"与"性"的阐释，教师应以幼儿能接触到的身边生物为例，说明所有生物都有性现象，人类并不特别，生殖器官只是人体的一部分。教师在对待性问题时应以平和的心态去面对幼儿，让幼儿知道男女在体力、体格等方面的不同点及男女合作对家庭和社会生活的重要性。

科学与艺术相结合

2. 讲解与体验相结合

在对幼儿实施生长发育教育时，常常受到其理解能力的限制。如幼儿对体重等相关"数"的概念、意外伤害给人体带来的危害等诸多问题认知能力较弱，教育者可以通过让幼儿定期体检，体验身高与体重等的变化，感受长大的乐趣。生活中常有个别幼儿因疾病等原因身体受到伤害，教师可创造机会让其他幼儿倾听、观察这些幼儿的痛苦，使他们感受到身体健康的重要性及其带来的愉悦，引导幼儿愿意接受抵御疾病的各项措施，珍惜健康。

讲解与体验相结合

在体验户外活动快乐的同时，提高幼儿适应季节变化的能力。每天为幼儿安排不少于 2 小时的户外活动，其中体育活动时间不少于 1 小时。经常与幼儿玩拉手转圈、秋千、转椅等游戏活动，让幼儿适应轻微地摆动、颠簸、旋转，促进其平衡器官机能的发展。

经常创造条件让幼儿体验生活环境的变化，提高适应环境变化的能力。教育者注意观察幼儿在新环境中的饮食、睡眠、游戏等方面的情况，采取相应的措施帮助他们尽快适应新环境。

3. 抽象与直观相结合

幼儿对纯抽象的知识讲解难以理解或记忆，而在讲解过程中结合直观的图像或实物将会事半功倍，所以在实施生长发育教育过程中应以直观教育为主。例如，在认识人体器官的教育过程中，首先让幼儿欣赏健康人体的美，如长长的睫毛下亮晶晶的眼睛、整齐洁白的牙齿等，然后再展示受到伤害的眼睛、龋

抽象与直观相结合

齿等，强烈的对比更能激发幼儿向往健康的愿望。

📖 **延伸阅读**

该如何为孩子讲解死亡这个话题

孩子在成长过程中会遇到亲人的去世，由此会对死亡有一定的思考、反应或疑问。因此，老师和家长要采用有效的方法帮助孩子了解死亡，对死亡产生正确的认知，避免孩子进入误区。

1. 避免孩子对死亡形成错误的概念

受理解水平所限，3 岁左右的孩子容易对成人的委婉说法形成错误概念。如果家长这样对孩子解释某位长辈的去世："他去很远的地方旅行了。"那么孩子就有可能害怕旅行，或者对父母出差有恐惧感。如果家长这样解释某人的离世："某人是在静静地睡觉。"那么孩子可能会抵制睡眠。这样委婉的说法会造成孩子的认知混淆和对成人的不信任。如果父母放心地告诉孩子："某人死了，我们再也见不到他（她）了。"同时向孩子说明父母会永远爱护他（她），直到他（她）长大，这样有助于营造一种开放的氛围，孩子以后也会乐于向父母提出更多的问题。

2. 避免过度专业化的解释

当孩子问你关于死亡的问题时，说很多医学名词和专业术语对孩子没有帮助。你可以先问他："你怎么会想到这个问题呀？是不是有什么特别原因啊？"你若不问清楚，也许难以解决他的问题。所以，如果孩子询问具体的死亡问题时，一定要先知道他内心的本来意思，要针对他真正想了解的方面进行解释和安慰，这样才能真正地消除他的心理阴影。同时，要考虑孩子能听懂到什么程度，再以他所能理解的语言来解释。

3. 避免以成人的立场误解孩子

孩子遇到亲人意外过世，不一定会与成人有同样的反应，不要期望他也跟大人一样地震惊、恐慌或痛哭失声。他可能愣在那里，甚至没有流眼泪，因为可能他并不了解死亡的真正意思。如果这时候成人认为他心肠硬、不孝顺等，便误解了孩子。所以，成人对孩子的反应不要先入为主，不能以成人的标准来衡量孩子。教导孩子时不能冷冰冰、不带感情地说："死亡没什么！"尤其是不能说："假如妈妈（爸爸）死了，那以后你就没有妈妈（爸爸）了。"这样会伤害孩子的感情。同时也不能太滥情，孩子本来并不怎么悲伤，但看到成人一把鼻涕一把眼泪的，会对死亡感到恐惧。所以，虽然要带感情，但也不要太感伤，要适度而行。

4. 倾听孩子心中的想法，纠正孩子的错误认知

如果孩子对亲人的过世感到很难过，成人要鼓励他将心中的忧愁释放出来，并用心倾听孩子心中的想法，不要喋喋不休地讲，这样才能对症下药。如果孩子对死亡有错误认知，采用讲故事的方法纠正比较有效。很多孩子的悲伤并不是因为这个人的过世，而是因为这个人遗弃了他，他因被遗弃而生气，认为人走了也不同他讲一声。当然，这是错误的想法。可是如果直接纠正他的错误，他可能会很不服气，而且根本听不进去。因为他不是要听道理，而是要你去安慰他，这时候孩子需要的是温暖和安慰。以讲故事的方式告诉孩

子什么是死亡，并在故事中带出死亡的情节，能保护孩子的感情，帮助孩子度过情感的沼泽期。

对孩子谈论生死问题，每个孩子所需要的方法是不同的，生与死是人生常态，是自然规律，要在孩子能理解的时间段为其讲解，让他知道，遵循生命自然规律，认真体会每一天的幸福生活，不忧虑、不虚妄，就是最好的成长教育。

一些绘本故事，如《外婆变成了老娃娃》《我的爸爸是焦尼》《爷爷变成了幽灵》《活了一百万次的猫》《我永远爱你》等，将这些关于生老病死、聚散离别的故事认真地讲给孩子们听，并且适度延伸、扩展，细细地加进生命之间爱与被爱的深情描述。

二 学前儿童生活常规教育

学前儿童生活常规教育是幼儿拥有健康体魄的前提，也是学前儿童健康教育的重要组成部分。幼儿阶段是个体发展的关键时期，处于这一时期的幼儿接受能力强，行为可塑性强，是养成良好生活常规的最佳时机（图3-1）。在这一时期养成的良好习惯容易成为动力定型；相反，如果养成了不良的习惯也难以纠正。所以，抓住关键时期，实施与幼儿发展相适应的生活常规教育，不仅能事半功倍，而且将会使个体终身受益。

图3-1 学前儿童生活常规

（一）学前儿童生活常规教育的目标

1. 总目标

幼儿掌握生活的基本知识、规则和技能，形成乐观的生活态度、健康的生活方式及生活自理的初步意识，养成良好的生活习惯，具有一定的生活与学习能力，从而提高生活质量，促进身心的健康发展。

2. 各年龄阶段目标（表3-2）

表3-2 学前儿童生活常规教育各年龄阶段目标

年龄阶段	教育目标
3岁前	1. 懂得上床后要闭眼入睡，醒来情绪好 2. 懂得要每天洗脸、洗脚、饭前便后洗手，懂得手脏了要及时洗干净，能配合成人洗头、洗澡，不吃脏东西 3. 能自己试着学习脱、穿简单衣服，能主动配合穿衣、脱鞋，能将脱下的衣服、鞋等放在固定的地方 4. 学习使用勺子，自己主动试着吃饭 5. 懂得大小便前告诉成人，并逐步学会料理小便 6. 在成人的帮助下能耐心、细致地收拾自己的玩具

续表

年龄阶段	教育目标
3—4 岁	1. 在提醒下，能按时睡觉和起床，并能坚持午睡 2. 不用脏手揉眼睛，连续看电视不超过 15 分钟 3. 在提醒下，能每天早晚刷牙 4. 在提醒下，饭前便后能洗手 5. 在帮助下能穿脱衣服或鞋袜 6. 能将玩具和图书放回原处
4—5 岁	1. 每天能按时睡觉和起床，并能坚持午睡 2. 知道保护眼睛，不在光线过强或过暗的地方看书，连续看电视不超过 20 分钟 3. 每天早晚刷牙且方法基本正确 4. 饭前便后能主动洗手，方法正确 5. 能自己穿脱衣服、鞋袜、扣纽扣 6. 能整理自己的物品
5—6 岁	1. 养成每天按时睡觉和起床的习惯 2. 主动保护眼睛，不在光线过强或过暗的地方看书，连续看电视不超过 30 分钟 3. 每天早晚主动刷牙，方法正确 4. 能根据冷热增减衣服 5. 会自己系鞋带 6. 能按类别整理好自己的物品

（二）学前儿童生活常规教育的内容

① 进餐。小班幼儿掌握用小勺吃饭的方法。中、大班幼儿正确使用筷子进餐。进餐时细嚼慢咽，专心并保持安静，餐后将嘴擦干净并及时漱口。剧烈活动后不宜立即吃饭。

② 盥洗。知道饭前便后洗手，掌握正确的洗手、擦手方法，知道毛巾要专人专用。小班幼儿知道正确的刷牙方法并初步学习刷牙。在他人提醒下，每天早晚刷牙，中、大班幼儿每天早晚主动刷牙并且方法正确。中、大班幼儿会自己挽袖洗手。

③ 如厕。小班幼儿在有便意时自己去如厕，学习脱裤子的方法。中班幼儿学习大便后自己擦拭的方法。

④ 午睡。小班幼儿能在他人提醒下按时睡觉和起床，并能坚持午睡。中、大班幼儿每天按时睡觉和起床。小班幼儿能在成人的提醒或帮助下，有顺序地穿、脱衣裤、鞋袜，并放在固定的地方，安静地入睡，不蒙头睡觉。中班幼儿能独立地穿、脱衣物并放在固定的地方，安静地入睡和起床。大班幼儿能迅速而有序地穿、脱衣物，能单独或与小朋友合作较熟练地整理床铺。

⑤ 喝水。能根据自己的需要主动喝水。

⑥ 着装。注意衣着卫生，知道衣服脏了及时换洗。大班幼儿能根据天气的变化和活动量的大小增减衣服；掌握基本的穿、脱、叠、放衣服和穿、脱鞋子的技能。

正确洗手方法

正确刷牙方法

⑦ 环境卫生。将东西放在固定地方，摆放整齐；不乱扔果皮、纸屑；不随意乱写乱画，不随地大小便；不随地吐痰。中、大班幼儿能主动维护公共场所的卫生。

（三）学前儿童生活常规教育注意的问题

1. 适时进行

针对幼儿的生理、心理发展特点，适时进行生活常规教育，教师可采取生动有趣的方式，亲切鼓励的语言与目光，使幼儿在其解剖生理达到一定水平、具备某种心理需求时，适时地接受科学的生活常规教育。

适时教育

2. 注重年龄及个体差异性

在生活常规教育内容的选取上，小班一般以最基本的生活要求为主，中、大班则要求在小班的基础上内容逐渐增多，难度逐渐增大，遵循循序渐进、螺旋式上升的规律。同一年龄的幼儿发育水平有所差异，所以要结合不同的教育环节、内容，对个别幼儿给予耐心细致的帮助。

3. 要求应具体且规范

幼儿的认知与操作能力较弱，所以，对于生活常规的要求应具体且易操作，使幼儿逐渐养成良好的生活习惯。

要求应具体且规范

4. 保育与教育相结合

幼儿园生活常规教育应以保育与教育相结合的方式，通过保育的辅助手段更好地实现教育的目的。

5. 持之以恒

幼儿的发育特点，导致健康教育的效果常常是潜在的，或者已形成的某种健康行为很快又改变了，可见良好的生活习惯及自理能力的形成是一个日积月累的过程，只有持之以恒才能真正达到预期的效果。

6. 一致性

在培养幼儿行为习惯的过程中，对幼儿有统一的要求十分重要。它体现在教师之间的一致性、教师与保育员之间的一致性及家园之间的一致性等方面。统一的要求不仅避免了幼儿的无所适从，同时也增加了多次练习的机会。

7. 注重榜样的作用

幼儿的模仿能力极强，在行为习惯养成的过程中，来自家长、教师、同伴或周边其他人的举止对其均具有很大的影响，同时幼儿接触的电视、广播、书籍中的人物形象也有很强的榜样作用。所以，教师不仅要注意自身的素质，同时还要为幼儿选择适合的人文环境，促进幼儿的健康成长。

榜样的作用

8. 经常鼓励

鼓励幼儿做力所能及的事情，不论幼儿做得好坏都给予适当的肯定，不因做不好或做得慢而包办代替，以免剥夺幼儿发展自理能力的机会。

9. 提供有利的条件

为幼儿提供培养生活自理能力的适宜条件，如提供一些纸箱、抽屉，供幼儿收拾和存放自己的玩具、图书或生活用品等。幼儿的衣服、鞋子等要简单实

用，方便幼儿自己穿脱。

📖 **延伸阅读**

幼儿园健康教学活动与日常生活的健康指导

幼儿园健康教学活动、日常生活的健康指导是幼儿园进行健康教育的基本途径。

一、健康教学活动

健康教学活动通常围绕某一个健康主题开展，这些健康主题主要涉及幼儿的卫生教育、生活教育、安全教育、身体锻炼、心理健康教育等方面。例如，"洗小手防疾病""爱护我的小白牙""打针我不哭"等活动，可以通过讲故事或念儿歌的形式开展。例如，《狮子烫发》的故事可以使幼儿懂得经常洗头能保持头发干净的道理，《刷牙歌》可以告诉幼儿应该何时刷牙和应该怎样刷牙。

教学活动可以是综合性的，也可以是持续性的，所采取的教学方法多种多样。例如，"洗小手防疾病"这一主题活动，不仅可以通过讲故事的方法将洗手能预防疾病的道理告诉幼儿，而且还可以通过教幼儿学习有关的儿歌、看洗手的步骤图及盥洗练习等，使幼儿逐渐掌握洗手的正确方法（图 3-2）。为了能使幼儿主动地参与到教学活动之中，而不是被动地接受指导，教师可采取多种多样的方法进行，如讲故事、念儿歌、讲解、动作示范、讨论与交流、行为练习、模仿学习、具体帮助与指导、情境演示、角色扮演、游戏、活动、实践活动、观看视频资料、图片展示等。健康教学活动可以有目的、有计划地使幼儿在健康意识、健康认知及健康的行为能力等方面得到提高。

图 3-2　盥洗练习

二、日常生活的健康指导

幼儿健康意识及健康行为的形成需要一个漫长的、渐进的过程，教师在幼儿日常生活中对幼儿进行相应的健康指导与帮助，并创造条件给予幼儿健康实践的机会，不断增强幼儿的健康意识并将健康认知转化为健康的行为和习惯。

1. 以建立常规的方式来指导幼儿的行为，即在日常生活中明确地向幼儿提出某些与健康和安全有关的要求。例如，可以向幼儿提出这样一些要求：饭前便后要洗手；使用自己的毛巾和喝水杯；上下楼梯时要一个跟着一个走，不推不挤。

2. 对幼儿的健康问题进行随机的指导与帮助。在日常生活中根据幼儿的实际情况和需要对幼儿的健康问题进行随机的指导与帮助，如及时提醒幼儿，在活动中对幼儿进行个别指导与帮助，在活动后进行必要的检查等。幼儿在日常生活中经常会出现一些健康和安全方面的问题，例如，画画时低着头、洗手时马马虎虎、吃饭时狼吞虎咽、玩滑梯时抢着上或以头朝下的方式滑滑梯、玩沙时把沙向上扬起等。这时，不仅需要教师及时对幼儿的行为加以提醒和引导，以确保幼儿的健康与安全，而且，这也正是教师有针对性地对幼儿进行个性化健康教育的有利时机，以及帮助幼儿建立起健康行为和习惯的重要时刻。

3. 适时地为幼儿提供健康实践的机会。在日常生活中根据健康教学和幼儿健康发展的需要，适时地为幼儿提供进行健康行为练习的实践机会。例如，在开展了"蔬菜好吃有营养"的主题活动后，可以组织超市购物活动，即带领幼儿到周边超市，为幼儿提供自主进行蔬菜选择与搭配的实践机会，鼓励幼儿合理地选择蔬菜，既能激发幼儿食用蔬菜的积极性，又能使幼儿将所学的有关蔬菜营养方面的知识应用于生活之中，并逐渐形成健康的行为和习惯。

三　学前儿童饮食与营养教育

（一）学前儿童饮食与营养教育的目标

1. 总目标

幼儿获得饮食与营养的基本知识，掌握饮食的方法和技能，形成有关饮食与营养的正确观念，养成良好的饮食习惯，保障营养的获得和吸收，促进身体健康。

2. 年龄阶段目标（表 3-3）

表 3-3　学前儿童饮食与营养教育各年龄阶段目标

年龄阶段	教育目标
0—3 岁	1. 喜欢吃各种食物，不挑食、不偏食，有良好的饮食习惯 2. 学习使用勺子，自己主动试着吃饭
3—4 岁	1. 认识常见食物，喜欢吃瓜果、蔬菜等新鲜食品；知道健康的身体需要营养，营养食物多种多样 2. 知道不干净的食物不能吃；初步养成饭前洗手、饭后漱口的习惯 3. 愿意饮用白开水，不贪喝饮料 4. 能熟练地用勺子吃饭 5. 初步形成良好的饮食习惯：不偏食、挑食；能安静愉快地独立进餐；在成人的帮助下，将饭菜吃干净；不用手抓饭，不乱扔食物
4—5 岁	1. 知道常见食物名称及作用；喜欢吃瓜果、蔬菜等新鲜食品；知道吃多种食物有利于健康；知道消化器官"胃"的名称和作用 2. 知道好吃的东西不宜多吃；肥胖儿、消瘦儿有控制饭量的意识 3. 愿意喝白开水，不贪喝饮料，少喝冷饮 4. 能用筷子吃饭；学会自己收拾餐具 5. 不偏食、挑食，不暴饮暴食；能轻松愉快地进餐
5—6 岁	1. 初步了解一些营养知识，知道非健康食品会影响健康，能拒绝非健康食品 2. 能初步分辨食物的好坏，懂得变质的食物不能吃；知道饭前饭后剧烈运动会影响健康 3. 愿意主动饮用白开水，不贪喝饮料 4. 能熟练地使用筷子 5. 懂得肥胖、消瘦都属于营养不良，能根据身体需要控制自己的饭量；进餐时主动保持愉快和安静，吃东西时细嚼慢咽，有意识地克服偏食等不良饮食习惯

（二）学前儿童饮食与营养教育的内容

学前儿童饮食与营养教育的重点在于让幼儿了解人的成长与健康必须依靠食物；懂得身体需要多种营养素，吃多种不同的食物；养成良好的饮食卫生习惯。

1. 学习粗浅的食品营养和饮食卫生知识

通过观察食物、图片，观看多媒体视频等方式，学习食物的名称，了解食物的形状、颜色、质地等外部特征及各种味道，了解食品的加工过程。知道不同的食物能为人体提供不同的营养素，形成广泛摄取食物、保持身体健康的营养意识。

图 3-3 培养良好的饮食习惯

2. 养成良好的饮食行为习惯

养成安静进餐、不吃汤泡饭、细嚼慢咽、不偏食、吃饭专心的习惯（图 3-3），养成饭前洗手、饭后漱口的习惯。不吃变质食物等非健康食品。

3. 形成平衡和合理膳食的积极态度

能自觉自愿地食用各种食物，有自我控制饮食的意识及能力，意识到不良饮食习惯对自己身体的影响。

4. 掌握饮食方法与技能

在饮食过程中掌握基本的方法与技能，学会正确使用勺子、筷子，学会剔鱼刺、动物骨的方法，学会吃面条的技能，知道不同场合的进餐方法，提高饮食自理能力。

5. 了解民间饮食文化及风俗习惯

结合节假日及相关故事，了解民间的饮食文化和风俗习惯，使祖国的饮食文化传统不断发扬光大。

6. 了解简单的食物处理及烹调方法

让幼儿参与到食物的处理与烹调过程中，不仅可以使他们对食物有更进一步的认识，丰富生活经验，同时也能增加他们对食物成品的兴趣，增强成就感。

幼儿园教育活动：学习使用勺子

幼儿园教育活动：学习使用筷子

（三）学前儿童饮食与营养教育应注意的问题

1. 教育内容应结合幼儿的饮食现状

不同时代经济发展状况不同，幼儿的发育及饮食状况也大相径庭。饮食营养教育必须针对幼儿现在出现的问题，有目的地选择教育重点，使教育更加行之有效。

2. 营造良好的饮食教育环境

清新、整洁、优雅的进餐环境和温馨、宽松的气氛，有助于幼儿餐前做好积极的生理和心理准备，有利于良好饮食习惯的培养。为调动幼儿进餐的积

极性和主动性，达到愉快进餐的目的，教师在幼儿进餐时要用亲切适宜的语言，将色香味美的菜肴介绍给幼儿，让幼儿通过视觉、嗅觉和味觉的享受，体会进餐的乐趣。教师应关注每一个幼儿的饮食变化，如发现异常，及时与幼儿交流，查找原因，个别诱导，使幼儿在心理上感受到自己是被教师关注和喜爱的，从而乐于接受教师的建议。进餐时，可播放一些优美动听的音乐，促进幼儿副交感神经的兴奋，调动其积极情感，从而增强幼儿的食欲。

饮食教育环境创设

3. 家园保持一致

调查发现，幼儿的不良饮食习惯多来源于父母，如母亲不喜欢吃的食品，幼儿也常常不爱吃。有些家庭饮食品种较单调，也会导致幼儿偏食、挑食。可以通过聘请营养专家开设专题讲座、召开家长座谈会等途径，帮助家长树立正确的饮食观念。家园合作互动，可以形成教育合力，共同帮助幼儿建立良好的饮食习惯。

家园保持一致

4. 注重榜样的作用

很多幼儿有偶像。对幼儿不喜欢吃的食物，如芹菜、胡萝卜等，教师可以告诉他们这些食物是他们偶像最喜欢吃的。由于偶像效应，幼儿对这些不爱吃的食物也会有好感，甚至会吃得很香。当然这些偶像要随幼儿的情感适时更换，让其保持新鲜感和兴趣，从而真正达到偶像的榜样作用。同一个班级的幼儿对食物的喜好也各有不同，可以使喜爱某种食物或不偏食的幼儿与偏食的幼儿同桌进餐，不偏食的幼儿的愉快进餐与教师及时的引导会使偏食的幼儿受到积极影响。

5. 教育应结合幼儿的生理和心理发育特点

对幼儿的教育必须注重趣味性，要具体而形象化，饮食教育也不例外。生动有趣的形式能使幼儿在轻松愉悦的氛围中粗浅地理解饮食营养知识。对挑食、少食幼儿，教师应根据其身体状况及个性，有分寸地处理好坚持与妥协的度，既要保证幼儿的身体健康不会受到影响，也应避免因强迫性进食而导致其出现厌食心理。应采取多种积极有效的方法，例如，创设良好的进餐环境，控制好零食量，在幼儿园中还可以充分利用良好的群体效应，让幼儿受同伴影响而主动改变不良的饮食习惯。

📖 延伸阅读

积极面对孩子的进食困难

当孩子出现进食困难时，看护者和家长首先要分析原因，再采取相应的对策。

凯瑞（3岁）的妈妈告诉托儿所的老师说，凯瑞挑食，除非成人强制，否则她不会碰盘子里的食物。她一坐下吃饭，就会噘着嘴、绷着脸，完全不去注意食物，一直哭到成人哄她吃饭为止。开始，托儿所的老师也像凯瑞的妈妈一样对凯瑞寄予同情，但很快老师就认识到凯瑞之所以如此，可能是希望得到更多的关注。他们决定采取措施，即当凯瑞因吃饭而哭泣时，老师们都置之不理，即使在别的孩子已经休息时也这样。

第一天，当凯瑞因他人忽视自己而出现激动的情绪反应时，老师们并没有替换她盘子中的食物。这样的状况持续了大约两周，在第二周快结束时，凯瑞的眼泪大大减少，而她吃得则越来越多，她的饮食习惯慢慢改进了。她在吃饭时变得快乐了，能很高兴地与其他幼儿一起进餐了。

在应对幼儿的进食困难、培养幼儿良好的进食习惯时应注意如下几个方面。

● 切合实际的期望。我们没有必要花费太多的时间为孩子准备过于精致的食物，因为他们很可能并不喜欢这样的食物。也不要对孩子的饮食要求过高，不要让他们在每顿饭之间吃过多的零食。

● 给孩子选择权。当允许孩子自由选择时，他们会更有兴趣地吃放在自己面前的食物。如果可能的话，让孩子能够从成人事先确定的食物范围内自由选择，使他们从一开始就有进食的动机和愿望。

● 创设宽松的进餐环境。紧张对孩子进餐的影响很大，要尽量为有厌食倾向的孩子创设轻松的进餐环境，消除任何会使他们在进餐时产生压力的不良情绪。

● 切忌威胁孩子。孩子的进食是一个逐渐提高兴趣的过程，成人不能强迫他们去吃无论如何都很难吃进去的东西，这样会使他们感受到进食的压力；而且，这种强迫会增加孩子的焦虑感，从而降低其食欲。

● 让孩子参与食物准备的过程。虽然孩子不会煮食物，但是他们很乐意参与食物准备的过程。在准备食物的过程中，孩子的愉悦情绪能被极大地调动起来，这对接下来的进餐很有帮助。成人给予幼儿的参与机会越多，他们对食物的兴趣就会越大。

● 多样化的进餐方式。孩子之所以对快餐感兴趣，其中有一个原因是快餐的进餐方式富有变化。实际上，很多食物如汉堡包、三明治、比萨等，都是用手抓着吃的，这对孩子很有吸引力。可以允许孩子以多种方式进餐，尝试用多种餐具等，使孩子觉得进餐的过程非常有趣。

本文根据网络资料整理。

四 学前儿童安全生活教育

学前儿童安全生活教育就是根据幼儿动作发展、认知发展及生活经验积累等方面的特点，加强幼儿对周围环境中潜在危险的认识，提高其预见性和自我保护技能，减少意外伤害发生，提高生命质量的教育。

（一）学前儿童安全生活教育的目标

1. 总目标
① 获得有关安全和促进健康的基本知识。
② 具有自我保护和自我防护意识。
③ 提高自我防护和自我保护能力，从而保障幼儿身体健全和心理愉悦。

2. 年龄阶段目标（表 3-4）

表 3-4　学前儿童安全生活教育各年龄阶段目标

年龄阶段	教育目标
0—3 岁	1. 懂得不能乱动危险的东西 2. 懂得不能乱吃药品 3. 懂得不跟陌生人走，不拿陌生人的玩具
3—4 岁	1. 不跟陌生人走，不吃陌生人给的东西 2. 在提醒下能注意安全，不做危险的事；能接受成人的提示，学习避开活动中可能出现的危险因素 3. 了解并遵守日常生活中的安全常识与规则，过马路、乘坐交通工具、玩大型运动器械时能注意安全；认识有关的安全标志，遵守交通规则，初步形成自我保护意识 4. 了解处理意外事故和伤害的常识，具有基本的求生技能，知道初步的自救和向成人求救的方法；在公共场所走失时，能向警察或有关人员说出自己的名字、家庭住址、家长的名字或电话号码
4—5 岁	1. 在公共场合，不远离成人的视线单独活动 2. 认识常见的安全标志，能遵守安全规则 3. 运动时能主动躲避危险 4. 知道简单的求助方式
5—6 岁	1. 未经成人允许不给陌生人开门 2. 能自觉遵守基本的安全规则和交通规则 3. 运动时能避免给他人造成危险 4. 知道一些基本的防灾知识 5. 不到危险的地方，同时能提醒别人也不到危险的地方；学习沉着地处理日常生活中可能出现的紧急情况

（二）学前儿童安全生活教育的内容

1. 培养幼儿的安全和自我保护意识

幼儿活泼好动，缺乏安全意识，可以通过讲故事、做游戏、看动画片及录像等形式开展安全教育活动，开展形成自我保护、不伤害他人、遵守交通规则等意识的教育。

2. 安全知识教育

① 知道水、火、电的危害。

② 知道刀、剪、针等常见的不安全物品的危害。

③ 认识常见的安全标志，如紧急出口、小心触电、禁止下河游泳等标志，认识常见的斑马线等其他交通标志等，懂得红绿灯的作用，遵守交通规则。

④ 知道在运动或外出活动时的安全常识。

⑤ 知道防止坏人拐骗的常识。外出时紧跟成人，不远离成人的视线，不跟陌生人走，不吃陌生人给的东西。

3. 安全技能教育

① 求救技能：记住自己家庭的住址和电话，父母的姓名和单位，一旦走失时知道向成人求助，并能提供必要信息。遇到火灾或其他紧急情况时，知道要拨打 110、120、119 等求助电话。

② 逃生技能：学会在着火或有坏人时的逃生技巧。

4. 培养幼儿遵守安全规则的习惯

通过直观形象的教育活动形式，逐步培养幼儿自觉遵守各项安全规则的习惯，以促进其健康成长。

（三）学前儿童安全生活教育应注意的问题

1. 创设良好的人文和设备安全环境

幼儿园应将幼儿的安全问题置于首要地位。教师应富有爱心，有强烈的安全意识和责任心，并具备处理一些常见意外的技能。幼儿园的玩具及游戏设备应定期检查，以便及时发现问题，及时处理。应妥善保管幼儿药品及相关消毒用品，以防幼儿误服。幼儿园可设置安全标志、开辟安全教育宣传栏、创设安全教育小画廊等，利用环境资源对幼儿渗透安全教育，使其在潜移默化中提高安全意识，懂得生活中常见的安全防护措施。

2. 内容与形式应针对幼儿生理、心理发育特点

对幼儿实施安全教育应注重其生理、心理发育特点，采取游戏、模拟情境、现场活动指导等幼儿喜爱的活动形式（图 3-4），激发幼儿参与的热情。利用 119 消防日、防灾减灾日等开展消防逃生、地震逃生等各种演练活动，培养幼儿的自我保护能力和应变能力。教师可以随机拍摄幼儿玩玩具、玩大型器械的场面，再与幼儿共同分析怎样玩才安全等，通过真实情境的再现，让幼儿认识保护自己的重要性。另外，教师可以创设与安全教育有关的游戏环境，让幼儿在轻松愉快的气氛中加深体验，引导幼儿自主探究，提高幼儿的自我保护能力。例如，在开展角色游戏时设置岗亭、红绿灯、斑马线等，幼儿分别扮演交警及路人，不仅能丰富安全生活常识，养成遵守安全规则的习惯，同时因为幼儿参与游戏的热情极高，所以极易掌握相关的自护、自救的方法。

图 3-4 现场活动指导

安全教育应渗透在各个方面，如语言方面，看图说话、讲故事、说儿歌等；常识方面，认识与交通有关的各种标志等；音乐方面，学唱《我在马路边》等歌曲；科学方面，认识交通工具等；美术方面，画小朋友过马路、画红绿灯等；体育方面的体育游戏等。

在安全教育活动中，教师应注重幼儿情感安全的培养，让幼儿在危险到来时不慌张、不害怕，有安全感。教育的内容也应与社会的发展紧密关联，使教

育具有时代性与现实性。

3. 帮助幼儿树立安全第一的观念

幼儿意外事故的发生常与其冲动的天性有关，他们有时为了抢先占有、尽早奔向目标（如马路对面的母亲）等而出现鲁莽、冲撞的行为，使危险概率大大增加。所以，安全生活教育应当帮助幼儿逐步树立安全第一的观念，在任何时候、任何地点、做任何事情，都应先看一看、想一想是否安全或怎样更安全。

4. 给予正面教育

基于幼儿思维水平的局限性及好模仿的特点，安全生活教育一般应给予幼儿以符合安全规范的正面示范，至于意外事故的原因和恶果可以用描述性的评议或其他间接的方式告知幼儿。教师可通过微笑、拥抱等方式，使幼儿对社会充满安全感，以利于幼儿更好地成长。

5. 选择适宜的教育时机

对幼儿进行教育时往往因无法将事件真实地再现出来，而难以真正引起幼儿的重视。但在生活中不可避免地会发生各种意外事故，如果意外事故的主角是幼儿的同伴，则幼儿比较容易加深对意外事故后果的了解。教师应抓住时机，及时对幼儿进行教育，这样可以达到事半功倍的效果。

6. 加强体能训练，提高幼儿的行动反应力

生活中的安全隐患常常防不胜防，提高幼儿的行动反应力可以大大减少意外事故的发生。所以教师应通过体育锻炼及其他的专门活动，增强幼儿躲闪、呼喊等快速反应的能力，并通过生活场景模拟、演习求救技能。例如，尝试跨过障碍物，通过在地面上滚动来灭火等。

7. 加强幼儿对危险情境及事故原因的认识

幼儿对危险情境及事故因果的认识明显有别于成人。例如，幼儿认为明显凸起且尖利的物体远没有来来往往的车辆或东奔西跑的伙伴来得危险，因为前者是"不动"的，而后者动个不停；又如，幼儿认为接近小动物是有危险的，因为它们会咬自己，而一把裂口的长柄玩具枪却没有什么危险，因为它是"假"的；再如，幼儿不认为之前刚刚使用过的、眼前不再出水也不冒热气的发热龙头是导致自己烫伤的根本原因，却认为坚决要用热水给自己洗头的爸爸才是"罪魁祸首"。正因为幼儿以自己特有的思维方式缩小了生活中危险事实的范畴，所以提高幼儿的危机感，引导他们正确分析事故发生的根本原因是十分必要的。

8. 加强家园联系，发挥教育合力

通过加强家园联系，实现对学前儿童安全生活教育的立体化及全方位，避免教育的盲点，不断强化与巩固教育效果，提高幼儿的自我保护能力。

延伸阅读

做好幼儿园一日生活中安全预控工作的策略 [①]

幼儿园一日生活中的安全预控工作是一个完整的工作体系，任何一个环节和要素的缺失都可能引发安全事故。一日生活中的部分危险源具有隐蔽性和模糊性，幼儿园要重视一日生活中的安全问题，要注重对其性质和特征的鉴别，采取有效的方法预防安全事故的发生，尽可能降低安全事故对幼儿的影响程度。

第一，加强教师培训，系统培养教师的安全防范、辨别、预控和事故处理能力。教师是幼儿在园一日生活的重要参与人，也是幼儿人身安全的第一道防线，因此，要提升幼儿园安全预控工作水平，就必须先提升教师的安全防范意识和危险处理能力。幼儿园一是要开展专门的一日生活安全防范与事故处理培训，向教师系统讲解幼儿一日生活中相关的安全知识与危险处理技能，全面提升教师的安全防护、危险辨别和事故处理能力；二是要通过一日生活安全案例分析来强化教师对安全预控的意识，增强教师安全防范和事故处理的临场感，种牢教师做好安全预控工作的思想信念；三是要提升教师的专业素养和专业判断能力，针对一日生活中的典型活动开展专门探讨，帮助教师明确安全风险和教育契机之间的边界。

第二，加强安全预控制度建设，提升幼儿园安全事故处置的响应时间。幼儿园安全预控制度是教师开展安全预控工作的制度保障，幼儿园需要将对幼儿安全防护的视域延伸到一日生活的所有场域之中，使得一日生活中的安全防护工作有章可循，科学高效。为此，幼儿园一方面要建立健全幼儿园一日生活安全预控制度，明确一日生活中安全预控的目标、内容与方法，将安全预控贯穿于一日生活的全过程，要做到安全防范工作有目标，对人要有要求，对事要有回应。另一方面，幼儿园要落实安全预控工作过程，强化安全预控精细化程度，构建安全管理网络，压实安全预控责任，要求教师做到勤观察、勤巡视、勤汇报、勤沟通，提升一日生活安全事故处置的响应速度。

第三，开展幼儿安全教育，提升幼儿的危险辨别意识和自我保护能力。幼儿园要根据幼儿的年龄特点和经验水平开展形式多样的安全教育活动。一方面，教师要合理选择安全教育内容，针对一日生活中的常见问题，通过专题安全教育、唱儿歌、讲故事等方式引导幼儿认识危险并掌握相应的安全知识和自我保护能力。另一方面，教师要在一日生活现场中渗透安全教育，提升幼儿对危险的亲身体验，强化幼儿的自我保护意识，通过安全事故防范演习来发展幼儿的自我保护技能。

第四，优化一日生活组织过程，系统排除一日生活中的安全隐患。安全预控体系下的幼儿园一日生活组织要系统排查一日生活各环节中存在的危险源，对其进行分析后制订出相应的预防措施，指导教师安全地组织和开展一日生活活动。例如，户外环境中如滑梯、攀登架等应该安置在软质的场地上并贴好安全提示，室内环境中的电源插头要安装在幼儿摸不到的地方，电器不用时要及时断电，厕所地面要用防滑材料，墙壁和廊道拐角、窗台、桌椅应做成圆角的，等等。

第五，建立健全家、园、社合作安全预控合作机制，堵塞安全事故发生渠道。幼儿园的

---

① 黎革霞.幼儿园一日生活中安全预控工作的价值与策略［J］.学前教育研究.2023（09）：79-82.

安全工作以及对幼儿进行的安全教育离不开家长的支持和积极参与，家长是幼儿园开展安全工作的重要合作伙伴。一方面，幼儿园要通过家长及时了解幼儿的发展状况和行为习惯，以便教师更好地预测幼儿在一日生活中的危险行为，尽可能排除各种安全隐患；幼儿园要充分利用家长的相关资源，比如邀请家长进课堂为幼儿讲解诸如消防、交通等方面的知识，同时也要让家长了解幼儿在园一日生活的特点，敦促家长在家庭中培养幼儿良好的安全意识。另一方面，幼儿园和家庭之间要搭建良好的信息交换和沟通渠道，在把好安全事故入口关的同时，也要确保在安全事故发生后能够有效配合。此外，社区也是幼儿重要的生活场域，蕴含丰富的教育资源，幼儿园在建构安全预控机制时，要充分吸纳社区的各项资源，做好安全宣传和预控联动工作。

案例评析

案例一　牙齿多漂亮（小班）

设计意图

我国幼儿的龋齿发病率很高，而龋齿的发生与家长对幼儿牙齿的保护意识不强及方法不当密切相关，所以教师有责任及时教会小班幼儿掌握正确的刷牙方法。其实幼儿对刷牙这个动作很感兴趣，读刷牙儿歌时，每当念到"牙齿刷得白花花"时都要笑上好一会儿。幼儿有了刷牙的兴趣，教师应及时教会其正确的刷牙方法并使其养成良好的刷牙习惯。

活动目标

1. 知道吃完东西会有食物留在牙齿上，对牙齿有损害。
2. 认识刷牙用品，学习正确的刷牙方法。
3. 养成刷牙、漱口的良好卫生习惯。

活动准备

每人一个漱口杯、一支一次性牙刷、黑芝麻糖若干、白色脸盆若干、牙齿模型、蛀牙图片、《刷牙》儿歌。

幼儿园教育
活动：牙齿
多漂亮

活动重点

学习正确刷牙。

活动难点

正确的刷牙方法。

活动过程

一、开始部分

品尝芝麻糖：芝麻糖香不香？黑乎乎的颗粒是什么？引导幼儿自由交流。

二、基本部分

（一）发现问题。

引导幼儿观察同伴的牙齿，发现芝麻糖粘在牙齿上的现象。

教师小结：残留在牙齿上的食物时间长了会变质，把我们又白又坚硬的牙齿腐蚀坏了（出示蛀牙图片），不仅使我们牙疼，而且会影响吃东西。怎么才能把牙齿上残留的食物清除掉呢？

（二）尝试解决问题。

1. 教师示范漱口，幼儿一起看漱口水，利用脸盆中黑乎乎的残渣激起幼儿漱口的欲望。

2. 漱口后相互观察牙齿，发现牙齿上还有一些没有清除的残渣，怎么办呢？

（三）认识牙具，学习刷牙方法。

1. 教师利用牙齿模型讲解正确的刷牙方法。

2. 教师示范正确的刷牙方法。

3. 幼儿学习刷牙。幼儿每人一支一次性牙刷，学习正确的刷牙方法。教师个别辅导。（用饮用水漱口刷牙，同时播放《刷牙》儿歌：小牙刷手中拿，上牙从上往下刷，下牙从下往上刷，咀嚼面来回刷，里里外外都要刷，牙齿刷得白花花。）

教师小结：从今天开始，小朋友每天晚上睡觉前和早晨起床后都要刷牙，饭后要漱口，少吃糖果和零食，比一比哪个小朋友的牙齿保护得好。

三、结束部分

幼儿露出自己的牙齿，比一比谁的牙齿更漂亮，并随歌曲《刷牙》做刷牙律动。

活动延伸

1. 到社区医院牙科参观。

2. 娃娃家游戏：牙科医院。

幼儿进行角色游戏，表演"牙科医院"，请小医生帮助检查牙齿。

3. 操作区：幼儿利用牙齿模型练习刷牙。

活动评析

1. 对活动目标达成的分析。学习刷牙是小班幼儿生长发育教育的一项重要目标。教师通过牙齿上的黑芝麻自然导入第一个目标，并由此过渡到第二个目标——刷牙。刷牙的方法既是重点也是难点。教师首先利用牙齿模型形象地讲解刷牙的方法，使幼儿对此有一个初步的感性认识；再通过直观而真实地演示，使幼儿进一步学习、掌握刷牙的方法；然后让幼儿在练习中学会正确地刷牙。在幼儿刷牙时教师要辅导，但教师不可能辅导到每一个幼儿，所以，教师在辅导过程中播放《刷牙》儿歌，既可以调节活动氛围又能起到提示幼儿的作用。最后伴随着《刷牙》儿歌做刷牙律动，使幼儿在轻松的情境中再一次巩固与复习刷牙要领。综合运用多种形式，圆满完成活动目标。

2. 对活动材料与环境创设的分析。活动从小班幼儿品尝黑芝麻糖开始，瞬间将幼儿的注意力吸引到活动内容上来，尤其是黑芝麻与洁白的牙齿的颜色反差较大，为后面的活动内容做了很好的铺垫。白色的脸盆、清洁的水与含有黑芝麻的漱口水形成了强烈的颜色反差，使小班幼儿一目了然。由此可见，教师精心准备的活动材料与创设的环境对活动的完成起到了事半功倍的效果。无论是对牙齿模型的使用，还是对幼儿每人一套刷牙工具的准备，均有利于小班幼儿对刷牙方法的准确掌握。因为是小班幼儿的活动，所以教师特意准备了能喝的漱口水及刷牙水，防止幼儿将生水喝进肚子里而带来不良影响。儿歌音乐的使用既可以发挥提示作用，又能使幼儿在轻松的氛围中学习。

3. 对幼儿参与活动程度的分析。在整个活动过程中始终以幼儿为主体，无论是品尝、相互观察牙齿、漱口，还是自己刷牙等诸多环节均为全员参与。每人一块黑芝麻糖吸引了所有幼儿的注意力，观察别人的牙齿及水盆中水的变化进一步激发了幼儿的学习兴趣及探究欲望，黑芝麻糖粘牙的特性使幼儿产生了刷牙的需要，至此幼儿自己刷牙的环节将本次活动推向高潮。在音乐的伴随下做刷牙律动，既能使本次活动的知识与技能得到巩固，又能使幼儿的身心逐渐得以放松。

4. 对活动延伸效应的分析。去社区医院参观，可以使幼儿真实地感受到牙病给人带来的伤害与痛苦，对于没有龋齿的小班幼儿来说记忆将尤为深刻。角色游戏是幼儿喜欢的活动形式，在角色的扮演与观察中，幼儿会加深对活动内容的理解与记忆，印象会更深刻。为模型刷牙可能是更多幼儿喜欢做的一项活动，因为模型对于幼儿来说比较有吸引力，幼儿常常将它当作一件玩具，所以为模型刷牙既满足了幼儿的好奇心，又进一步练习、巩固了刷牙的正确方法。

案例二 小脚找朋友（小班）

设计意图

小班幼儿生活自理能力较弱，但这并不是幼儿的过错。幼儿在发育过程中有做事的欲望，只是因教师的忽视或错误做法，抹杀了幼儿的积极性。比如，穿鞋这件事，幼儿已形成了等待的习惯。父母不在身边时，他们只知道两只脚都要穿上鞋，但因分不清正反面，所以常常穿反了鞋。本次活动就是为了使幼儿学会正确地区分鞋的正反面，从而真正地学会穿鞋，培养他们的生活自理能力。

活动目标

1. 认识鞋有正反。
2. 学会区分鞋子的正反面。

活动准备

录像《穿反鞋的妞妞》、多媒体儿歌《小鞋朋友》、一双成人鞋。

活动重点

认识鞋有正反。

幼儿园教育活动：小脚找朋友

活动难点

区分鞋的正反面。

活动过程

一、开始部分

播放录像《穿反鞋的妞妞》，画面显示可爱的小妞妞在户外玩耍，却因穿反了鞋而摔倒。引导幼儿说说为什么小妞妞会摔倒。

二、基本部分

1. 听听小鞋是怎么说的？听配乐儿歌：两只小鞋，一对朋友。穿错生气，噘嘴歪头。穿对微笑，跳跳走走。请幼儿脱下自己的鞋，教师弄乱顺序后再让幼儿自己穿，然后让幼儿说说穿鞋后的感觉。

讨论：怎么能穿对鞋？

2. 教师总结并用成人鞋讲解区分正反的方法。

3. 游戏：找朋友。

幼儿脱下自己的鞋，用手捂住眼睛，教师将鞋打乱。请幼儿快速把自己的鞋摆成两个好朋友。

三、结束部分

播放儿歌《小鞋朋友》，幼儿做律动。

活动延伸

在起居室的地板上贴上与幼儿的脚大小适宜的脚印图，幼儿每天午睡穿鞋后可与脚印图比照。

活动评析

1. 对活动目标达成的分析。本次活动的对象为小班幼儿，活动目标只有两个，分别为认识鞋的正反与学会区分鞋的正反。尽管幼儿从不到 1 岁时就已经穿鞋，但有些幼儿对两只鞋的区别却不知道，所以本次活动首先通过录像《穿反鞋的妞妞》告诉幼儿鞋有正反及穿错了给人带来的伤害，从而达成第一个目标。通过幼儿的讨论及教师使用实物的讲解，使幼儿学会区分鞋的正反面的方法，以达成第二个目标。因为第二个目标是难点，所以，又采取幼儿喜欢的游戏的方式，使幼儿进一步掌握区分鞋的正反面的要领。

2. 对活动材料与环境创设的分析。录像或动画是幼儿的偏爱，所以，本次活动的开始部分就以播放录像的方式吸引幼儿的注意力，多媒体儿歌《小鞋朋友》的播放又进一步加深了幼儿对鞋有正反的理解。教师使用成人鞋的讲解与示范，直观而真实，尤其是使用成人鞋使幼儿看得更清楚。另外，每个幼儿脚上的鞋可随时作为活动材料，因为是幼儿自己的鞋，所以幼儿的注意力更容易集中到正反问题上。

3. 对幼儿参与活动程度的分析。从观看录像、欣赏儿歌到最后的游戏，这几种方式幼儿都非常喜欢，所以必然也会积极参与。尤其是游戏"找朋友"，幼儿在快乐的游戏中进一步掌握与巩固了区分鞋的正反的方法，幼儿在积极探究的过程中，建立了对自己能力的充分认识——"我能行！"这种自信的建立将帮助幼儿摆脱依赖，走向独立，只有这样，幼儿才能真正实现"学会生存""学会生活"。关于鞋的正反面的区分，先请幼儿自己穿鞋，说说穿对鞋与穿错鞋后的不同感觉，然后再请幼儿说说怎么区分鞋的正反面，不仅激发了幼儿的求知欲，而且充分调动了幼儿的积极性，也避免了教师的被动灌输，由此让幼儿感受到了本次活动的难点，为知识与能力的建构打下了良好的基础。

4. 对活动延伸效应的分析。学会穿鞋不是一朝一夕的事，所以本次活动的延伸地点是起居室，每天午睡后幼儿穿好自己的鞋，与地板上的小脚印一比照，就知道自己穿的鞋是否正确，从而较快掌握穿鞋技能。

案例三　有趣的脚（中班）

设计意图

中班幼儿对周围的环境充满好奇，他们喜欢运用感官去探究，去了解感兴趣的事物。在户外踢球的时候，教师常常听见几个幼儿讨论各自小脚的本领，如"我踢的球很远""我的脚本领大，会骑自行车""你看，我还会用脚尖走路呢"……幼儿对脚的兴趣十分浓厚。

活动目标

1. 知道脚的作用及保护脚的正确方法。
2. 体会并表述外部环境对脚的刺激。
3. 喜欢用脚探究世界，感受与小朋友合作的快乐。

活动准备

五条小路（海绵垫子、用积木搭的塑料小路、沙地、瓷砖地、鹅卵石路），装有颜料的较大容器（便于幼儿脚踩在里面，每个容器中只有一种颜色的颜料），质地较好的大白纸，音乐，检查过的草地。

活动重点

脚的作用。

幼儿园教育
活动：有趣
的脚

活动难点

准确表达脚对外部刺激的感觉。

活动过程

一、开始部分

教师带领幼儿伴随着节奏欢快的音乐用脚跟和脚尖在草地上跳舞（跑跳步、用脚跟走、用脚尖走等）。鼓励幼儿大胆尝试。

二、基本部分

（一）讨论：脚可以做什么？（走路、跳舞、跳绳、踢球、骑车等。）幼儿每说出一种，

全体幼儿就做相应的动作。引导幼儿熟悉脚的作用。

（二）游戏：走小路。

1. 幼儿指出分别有哪五条小路。

2. 幼儿光着脚到五条小路上去走一走，谈谈感觉怎么样。（幼儿自由走小路。）

3. 交流：你走了哪条小路，感觉怎样？（幼儿自由讲述。）

4. 教师小结幼儿讲述的内容。

5. 再次尝试：进一步体验走小路。

（三）讨论保护小脚。

小脚有那么多本领，我们平时该怎样保护呢？（穿合适的鞋、穿袜子、洗脚、剪趾甲、坐自行车时注意不要把脚伸到车轮中去。）

三、结束部分：用脚画画

师：平时我们都是用手来画画，今天我们用灵巧的小脚丫画一幅漂亮的脚印画。

1. 教师讲解并示范。

2. 在美妙的音乐声中全体幼儿双脚自由印画。

活动延伸

将脚印画贴在适宜的地方，进一步激发幼儿对小脚丫的兴趣。

活动评析

1. 对活动目标达成的分析。"进一步认识身体的主要外部器官及功能，并知道为什么要保护的道理"是中班幼儿身体保健教育的目标之一。小班幼儿对脚有了一定的认识，中班可在此基础上确立知道脚的作用及保护脚的正确方法，体会并表述外部环境对脚的刺激等目标。本次活动自始至终以脚的作用为主线，在领会脚的作用的基础上，以幼儿喜欢的游戏的形式激发其探究欲望，培养其创造力。

2. 对活动材料与环境创设的分析。创设富有情趣的情境激发幼儿的学习动机。通过创设的情境来探究问题，使学习过程变成探究、发现、个人体验的过程。首先让幼儿光着小脚在草地上跳舞，使幼儿尽情地放松，自由地活动。在尝试走各种不同材料、质地路面的小路的过程中，幼儿通过自己的探究，体验到脚在不同材料、不同质地路面上的不同感觉，由此也就自然达成了第一个目标。在交流过程中，也达成了个别经验上升为集体经验的目标，使幼儿的探究兴趣得到了激发，探究的主动性得到了提高，求知欲也越来越强烈，为本次活动第二个目标的达成创设了一定的条件。较多的颜料和足够大、质地比较好的白纸，实现了双脚集体自由作画，既能充分调动幼儿的想象力，又能培养幼儿的创造力及团结协作精神。

3. 对幼儿参与活动程度的分析。本次活动是以动—静—动—静—动—静—动的形式进行的。首先新鲜的草地环境及光着脚跳舞，能够吸引幼儿的注意力，并使幼儿处于一种身心放松的愉悦的状态。脚的作用则是以幼儿熟悉的话题"脚可以做什么"展开的。无论是幼儿的表达，还是全体幼儿的学做，都可以使幼儿充分领略脚的作用。因为话题是幼儿熟悉的，且幼儿喜欢展示自己，所以他们会积极参与。光着脚在五种不同质地的小路上行走，能大大激发幼儿的兴趣，激发他们的求知欲与探究欲，使幼儿在毫无约束的环境中全身心地去感受。尽管每个幼儿的感受有所不同，但这种感受是最真实的。因为感受的不同，所以再一次的体验会更加激发幼儿的探究欲。走过不同质地的小路后，再让幼儿谈论如何保护脚可谓水到渠成，尤其是走过鹅卵石路的幼儿一定会感受颇深。结束部分伴随着优美的音乐用脚印作画，使此次活动达到高潮，幼儿的参与热情也得到了极大的释放。活动调动了每个幼儿的积极性。用涂有颜料的脚作画这一新颖而开放的形式，可以极大地激发幼儿的创造力。幼儿在优美的音乐声中，做着脚的运动，既为好动的幼儿保持兴趣持久性提供了机会，也为一些内向的幼儿提供了适宜的学习途径，让他们在轻松愉悦的环境中，静静地得到知识的熏陶。用脚作画还可以锻炼幼儿脚部小肌肉群，促进幼儿脚部的发育。在集体作画过程中必然需要伙伴间的沟通与合作，从而培养了幼儿的团结合作意识。

4. 对活动延伸效应的分析。幼儿经常欣赏自己的作品，会使他们拥有创作的兴趣与自豪感，将幼儿脚印画贴在合适的地方可以使本次活动的作用不断延伸。

案例四　蔬菜好吃有营养（中班）

设计意图

蔬菜是幼儿经常接触的一种食物，每个幼儿都能说出几种来，但蔬菜对人体的好处幼儿却了解得不多，因此有必要通过一系列教育教学活动，使幼儿在了解蔬菜特性的同时，知道蔬菜的营养价值，激起幼儿喜爱蔬菜的情感，并形成良好的饮食习惯。

活动目标

1. 熟悉蔬菜的主要特征，了解蔬菜的营养价值。
2. 能够识别一些常见的蔬菜。
3. 喜欢吃蔬菜。

幼儿园教育
活动：蔬菜
好吃有营养

活动准备

设计一个摆放有多种蔬菜（胡萝卜、黄瓜、白菜、茄子、西红柿等，数量超过幼儿）的超市、常见蔬菜佳肴的课件（图3-5）、音乐、合适的纸箱（顶端有洞，可使幼儿将手伸进去拿出蔬菜；一侧是开放的，可供其他幼儿观察）。

活动重点

幼儿喜欢吃蔬菜。

活动难点

了解蔬菜的营养价值。

图3-5　蔬菜佳肴

活动过程

一、开始部分

买菜。

师：小朋友，你们看这是什么地方？

幼：××蔬菜超市！

师：我们到超市里去买点喜欢吃的蔬菜吧。（音乐。）

二、基本部分

（一）请每个幼儿说说自己买了什么菜，为什么喜欢吃这种蔬菜。教师及时小结此种蔬菜的营养价值。

（二）播放用蔬菜做出的美味菜肴的课件，请幼儿猜猜是用什么蔬菜做的。

教师总结：其实每种蔬菜都可以做成美味佳肴，每种蔬菜都有其不同的营养成分，所以我们应该吃各种蔬菜。

（三）游戏：猜谜语。

教师说出一些蔬菜的谜语，让幼儿猜出蔬菜名称，然后各请一个幼儿到前面的蔬菜箱里摸出这种蔬菜，其他幼儿观察是否正确。

（四）品尝蔬菜块。

教师播放音乐并出示番茄块、黄瓜块、胡萝卜块等蔬菜块，请幼儿品尝并说说这些蔬菜的味道。

三、结束部分

幼儿在音乐声中将蔬菜送回超市。

活动延伸

请幼儿回家同父母一起做蔬菜沙拉，巩固对蔬菜的认识。

活动评析

1. 对活动目标达成的分析。本次活动对象为中班幼儿，活动目标分别涉及知识、能力和习惯三个层面。教师首先让幼儿去超市买自己喜欢的蔬菜，从而激发幼儿的兴趣，并将幼儿的注意力迅速吸引到本次活动中来。因为是让幼儿买自己喜欢的蔬菜，所以幼儿对蔬菜名称及喜爱原因的表述具有一定的准确性，教师的适时补充使活动的第一个目标顺利达成。第二个目标则是通过幼儿及教师的讲述、猜谜语、幼儿的触摸与其他幼儿的观察、品尝几种途径达成的。对于中班幼儿来说，对蔬菜特征的掌握不能仅局限于外形或颜色，还应涉及味道等。养成良好的饮食习惯在这里主要是指不挑食，因为每种蔬菜都有其不同的营养成分，在幼儿欣赏各种美味佳肴时，教师可适时告诉幼儿应该吃各种蔬菜，并引导幼儿喜欢吃蔬菜，由此达成第三个目标。

2. 对活动材料与环境创设的分析。蔬菜超市环境的创设可以迅速吸引幼儿的注意力，大大激发幼儿的兴趣，同时真实蔬菜的提供会让幼儿更好地认识各种蔬菜。无论是眼睛的观察还是手的触摸都具有较强的真实感，使幼儿对蔬菜的认识更为深刻。多媒体课件的运用，使幼儿有机会欣赏到用这些蔬菜做出的各种美味佳肴，从而激发幼儿对这些蔬菜的好感，甚至使不喜欢吃的幼儿也会有所转变。谜语与蔬菜箱的结合可以充分调动幼儿的感官，使本次活动达到高潮。幼儿在轻松愉快的气氛中复习巩固了新学的知识，更重要的是有效地提高了识别能力，促进了思维能力的发展。

3. 对幼儿参与活动程度的分析。本次活动从采购、表述、观看、游戏到最后的品尝，活动过程十分自然、贴近生活，易为幼儿所接受，所以幼儿自始至终不仅参与其中，而且充满激情。结束部分是幼儿在优美的音乐声中将蔬菜送回超市，这不仅前后呼应，更重要的是使幼儿养成了良好的行为习惯。

4. 对活动延伸效应的分析。蔬菜沙拉是对蔬菜的另外一种做法，让幼儿回家与父母一起做，既可以更好地复习与巩固本次活动所学的知识，又可以使幼儿认识到蔬菜有多种吃法，可培养幼儿的创造力与想象力。

案例五 "火"（大班）

设计意图

大班幼儿随着生活经验和安全知识的不断丰富，有了一定的自我保护技能，但当意外灾害真的发生时，他们会感到束手无策。本次活动除了让幼儿了解有关火的知识外，更重要的是使幼儿知道当意外灾害真的来临时，自己应该怎样做，使幼儿学会自我保护、自救。

活动目标

1. 了解火的用途及危害，懂得用火的基本安全知识。
2. 火灾发生时，能用简单方法自救。
3. 具有自我保护及防火意识。

活动准备

纸，蜡烛，火柴，大、中、小玻璃杯，电话若干，湿毛巾若干，毛巾被若干，火灾自救多媒体课件一套，救火车警笛声。

幼儿园教育
活动：火

活动重点

了解用火的安全知识。

活动难点

火灾发生时的自救。

活动过程

一、开始部分

教师出示一张纸和火柴，提醒幼儿注意观察纸被点燃后的情形，注意火焰的颜色，感知火发出的光和热，让幼儿伸手烤一烤并说说自己的感受。

小结：纸点燃后发出光和热，火焰是红色的。

提问：火还能燃着哪些东西？（布、木头、汽油、酒精、蜡烛等。）

二、基本部分

（一）幼儿知道了火能发光发热，教师组织幼儿讨论火的用途和危害。

1. 我们的生活中离不开火，请幼儿说出火的用途。（烧饭、取暖、照明等。）

2. 火对人类有什么危害？（烧伤皮肤，烧毁财物、房屋、森林等。）

（二）实验：火的熄灭。

1. 教师用一个杯子罩住正在燃烧的蜡烛，幼儿观察火焰熄灭的过程，教师启发幼儿思考火焰熄灭的原因。（燃烧需要空气。）

2. 教师用大、中、小三个玻璃杯同时罩住三支燃烧的蜡烛，观察哪支蜡烛先灭，想一想为什么三支蜡烛熄灭的时间不同？（杯中空气的多少会影响蜡烛燃烧的时间。）

小结：如果想使火焰熄灭，必须使火和空气隔绝。

（三）组织幼儿讨论。

1. 发生火灾的原因有哪些？（玩火、乱丢烟头、在禁放区燃放烟花爆竹、用明火照明寻找物品、地震、打雷、乱拉乱接电线等。）

2. 怎样防止火灾发生？

（四）课件展示火灾发生时的简单自救方法。

1. 如果所在房间有电话，赶快打119报警，并说明着火的详细地址，什么街，哪号楼或附近有什么明显标志及单位。

2. 室外着火门已发烫时千万不要开门，要用毛巾、衣服或床单塞住门缝，以防浓烟跑进来，如果门不是很热也没看到火苗，应尽快离开（图3-6）。

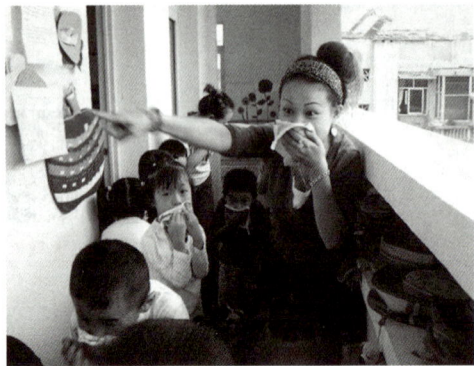

图3-6 进行自我保护与自救

3. 受到火势威胁时，要当机立断披上浸湿的衣物、被褥等向安全出口方向冲出去。穿过浓烟逃生时，要尽量使身体贴近地面，并用湿毛巾捂住口鼻。

4. 身上着火时，千万不要奔跑，可就地打滚，用厚重衣物压灭火苗。

5. 遇到火灾时不可乘坐电梯，要向安全出口方向逃生。

6. 若所有逃生线路均被大火封锁，要立即退回室内，用打手电筒、挥舞衣物等方式向窗外发送求救信号，等待救援，不可盲目跳楼。

三、结束部分

逃生演习：播放火灾警报声，幼儿自选逃生方法自救。

活动延伸

与父母一起为幼儿园设计防火标志。

活动评析

1. 对活动目标达成的分析。本次活动对象为大班幼儿，活动目标分别涉及知识、技能与意识三个层面。教师首先让幼儿感知点燃的蜡烛，以便对火的用途及危害有深刻的了解，然后通过讨论及实验的方式使幼儿学习用火的基本安全知识，从而顺利达成第一个目标。通过讨论及多媒体展示火灾发生时的简单自救方法，使幼儿对自救的几种常见方法有一个感性认识，然后通过逃生演习，使理论知识及时得到巩固，圆满达成后两个目标。

2. 对活动材料与环境创设的分析。感知火及灭火的实验创设可以迅速吸引幼儿的注意力，激发幼儿的兴趣，同时也能激发幼儿的求知欲，使幼儿对火的认识更为深刻。多媒体课件的运用，使幼儿在短时间内直观地学到了多种自救方法。教师设计让幼儿自选自救方法，不仅使幼儿进一步明确了自救方法并非只有一种，而且自选的方式也充分调动了幼儿的判断与分析能力，使幼儿在轻松愉快的游戏氛围中复习巩固了所学知识，促进了幼儿思维能力的发展。

3. 对幼儿参与活动程度的分析。本次活动从幼儿观察火、近距离接触火、讨论到逃生演习，活动过程自然而贴近生活，无论是实验还是逃生演习，皆充分调动了幼儿的感官，极大地激发了幼儿的兴趣与求知欲，所以自始至终幼儿都能充满激情地参与其中。

4. 对活动延伸效应的分析。为幼儿园设计防火标志的过程，不仅使幼儿更好地复习与巩固了本次活动中所学的知识，同时在与父母一起制作标志的过程中，父母会进一步为幼儿讲解与防火相关的知识，扩大了相关知识容量，同时增进了双方间的亲情。另外，标志的设计也能进一步增强幼儿的防火意识，提高幼儿的防火责任感。

岗位对接

一 素材与分析

（一）素材

新入园的小班幼儿在洗手时出现了以下诸多问题：有的将衣服袖子弄湿了，有的不洗手背或手指，有的没有冲干净皂液，有的争抢、打闹或拥挤，有的将地面弄得很湿，有的擦手后毛巾乱放在架子上……

针对上述问题，设计一节小班活动方案。

（二）分析

小班幼儿刚刚学会洗手，对正确洗手的要领还没有完全掌握或者不熟练，所以会出现没有卷起袖子就洗手或忘记洗手背的现象。教师应教会幼儿如何正确洗手。透过材料可以看出幼儿的好奇心较强，在洗手的过程中出现玩水等现象；同时也可以看出有些幼儿缺乏良好的生活习惯，出现毛巾乱放或将水甩到地面的现象，教师可以通过日常生活及教学活动培养幼儿的良好生活习惯。

二　活动设计与实施

我的小手真干净

（一）活动目标

1. 认知目标：知道正确洗手的方法及重要性。
2. 能力目标：能用正确的方法自己洗手。
3. 情感目标：喜欢自己洗手，养成将物品摆放整齐等良好的生活习惯。

（二）活动准备

正确洗手的课件、洗手儿歌、两个小熊手偶、洗漱用具、故事《豆豆肚子疼》等。

（三）活动重点与难点

重点：学习正确的洗手方法。

难点：学会用正确的方法洗手。

（四）教学方法

讲解示范法、游戏法、练习法等。

（五）活动过程

1. 开始部分——手偶做客，快乐激趣。

一个手偶扮演医生嘟嘟，另一个手偶扮演豆豆，小朋友们欢迎它们来做客。

2. 基本部分——达成目标。

（1）幼儿观看手偶表演，了解洗手的重要性。

教师边用手偶表演，边讲故事《豆豆肚子疼》。通过故事，幼儿知道手上有许多细菌，如果手不干净就拿东西吃，会导致肚子疼。

故事结束后，教师提问：豆豆为什么会肚子疼啊？它应该怎样做？你们的肚子疼过吗？为什么？我们应该怎么做？

通过交流及医生嘟嘟的总结，幼儿知道洗手的重要性。

（2）什么时候洗手？

教师与幼儿交流总结：饭前、便后、玩玩具后、手脏的时候等。

（3）幼儿观看课件，学习洗手的正确方法。

画面上的小女孩在干什么？她是怎样做的？我们也一起来学一学吧。教师引导幼儿理解画面内容，并启发幼儿用语言表述正确的洗手顺序及方法：卷袖子—冲手—搓肥皂—搓手心、手背、手指、手腕—冲肥皂—（在洗手池上）甩掉水—擦手。教师根据画面边做动作边讲解。

（4）教师带领幼儿边说洗手步骤边夸张地模仿洗手动作，练习洗手的正确方法。

（5）看看谁的小手最干净。

师：我们一起去洗洗小手吧。小朋友们洗完手后，先在水龙头下甩掉手上的水，再去取毛巾擦手，这样水就不会弄湿地面了。因为地面上有水，小朋友就非常容易滑倒。

播放洗手歌《洗洗小手讲卫生》，幼儿在洗手间边听歌边洗手，进一步掌握洗手的正确方法。

洗洗小手讲卫生

我有一双小小手，快来快来洗洗手。洗手前先卷袖，不让水滴沾衣袖。打开水龙头，冲冲小小手。关上水龙头，搓出肥皂泡。搓搓手心，搓搓手背，搓搓手指，搓搓手腕。打开水管冲一冲，肥皂泡冲干净。甩掉手上的水，再用毛巾擦擦手，小朋友比一比，谁的小手最干净。

3. 结束部分——快乐分享。

小朋友们伸出小手比一比谁的最干净。

教师总结：小朋友们今天学会了正确洗手，每个小朋友的小手都非常干净，小朋友的毛巾悄悄告诉我要谢谢大家，因为小朋友都将自己的毛巾送回了自己的家。

（六）活动延伸

在活动区给塑料娃娃洗手。

三　说课训练

（一）说活动内容

小班幼儿已经具备自己洗手的能力，可以学会正确的洗手方法。因为诸多原因，有的幼儿没有掌握正确的洗手方法，有的幼儿缺乏良好的生活习惯。通过本次教育教学活动，幼儿掌握正确的洗手方法，并逐渐养成良好的生活卫生习惯。

（二）说活动目标

（1）认知目标：知道正确的洗手方法及重要性。
（2）能力目标：能用正确的方法自己洗手。
（3）情感目标：喜欢自己洗手，养成将物品摆放整齐等良好的生活习惯。

（三）说活动准备

为有效达成活动目标做了以下准备：正确洗手的课件、洗手儿歌、两个小熊手偶、洗漱用具、故事《豆豆肚子疼》等。

（四）说活动重点与难点

本次活动的重点是学习正确的洗手方法。
活动的难点为学会用正确的方法洗手。

（五）说教学方法与策略

讲解示范法的运用可以保证幼儿有效掌握正确的洗手方法。教师带领幼儿边说洗手步骤，边夸张地做洗手模仿动作，将洗手寓于游戏中，不仅有助于正确洗手方法的掌握，而且可以激发幼儿洗手的兴趣。

（六）说活动过程

活动过程包括开始部分、基本部分及结束部分。

1. 开始部分：为更好地实现活动目标，用手偶做客的方式激发幼儿的兴趣。

2. 基本部分包括以下五个环节。第一个环节是观看手偶表演，了解洗手的重要性。第二个环节是知道什么时候应该洗手。第三个环节是观看课件，学习洗手的正确方法。通过此环节，幼儿对正确的洗手方法形成直观感性的认识。第四个环节是教师带领幼儿边说洗手步骤边做洗手模仿动作，练习洗手的正确方法。此环节，教师的示范与幼儿的模仿相结合，有效地解决活动重点及难点。第五个环节是组织幼儿去洗手间洗手，播放洗手歌《洗洗小手讲卫生》，提醒幼儿用正确的方法洗手，并烘托洗手的氛围。通过基本部分，不仅实现了三个活动目标，并有效解决了活动重点及难点。

3. 结束部分：幼儿伸出小手比一比谁的最干净。快乐的分享与教师的鼓励，有利于激发幼儿的洗手兴趣及良好习惯的养成。

（七）说活动延伸

学会用正确的方法洗手难以在一次教学活动中实现。在活动区，幼儿给塑料娃娃洗手，可以使幼儿对所学内容进行有效掌握与巩固。

四　活动评价

（一）活动目标评价

1. 活动目标符合《纲要》《指南》精神及小班幼儿的年龄特点，切合幼儿的发展水平和发展需要。

2. 活动目标全面，能围绕给定主题，难度适当，对整个活动具有导向作用。

3. 活动目标陈述简洁明了、主体统一、针对性强、具体可操作，充分体现健康领域的特点，能考虑到各领域间的相互渗透。

（二）活动准备评价

1. 活动前的知识储备、手偶及故事有利于快速激发幼儿的兴趣与注意力，洗手儿歌的运用有助于活动目标的实现。

2. 有效利用现代化教学手段，适用、适时、适当地增强活动的直观性和趣味性。

（三）活动过程的评价

1. 活动过程设计结构严谨，层次清晰，各环节之间过渡自然流畅，循序渐进，有层次感。

2. 教学方法和活动组织形式选择适宜，能体现幼儿的主体性，为幼儿提供感知与操作的机会，安排充分的思考和探究时间。

3. 提问方式具有思考性、启发性和开放性，能预测教学活动过程可能出现的问题并能设计出相应的教学活动策略。

4. 活动详略得当，能较好地突出重点，突破难点。教学设计针对性强，既适合于幼儿的认知特点，支持幼儿的学习，又有利于学习目标的实现。

赛场直击

一、单项选择题

1. 教师要引导幼儿养成良好的饮食习惯，其中良好的饮食习惯不包括（ ）。
   A. 定时定量进餐　　　　　　　　B. 细嚼慢咽
   C. 不干不净吃了没病　　　　　　D. 吃饭时不要说笑打闹

2. 形成基本的生活自理能力，学会使用筷子，独立有次序地穿脱、整理衣物、鞋袜和床铺是（ ）年龄阶段的教育目标。
   A. 小班　　　　　B. 中班　　　　　C. 大班　　　　　D. 学前班

3. 婴幼儿要摄取钙，应尽量多地（ ）。
   A. 吃菜　　　　　B. 晒太阳　　　　C. 吃面食　　　　D. 吃油炸食品

4. （ ）不属于婴幼儿良好的盥洗习惯。
   A. 男孩理头发　　　　　　　　　B. 经常洗头、洗澡和换衣
   C. 每天洗脸、洗脚　　　　　　　D. 洗屁股、留长指甲

5. 有关认识人体的教育内容中，不适合学前儿童学习的是（ ）。
   A. 观察人体的外部结构及其功能　B. 认识大脑活动的机制和功能分区
   C. 了解人的感觉器官及其作用　　D. 知道人有生老病死

6. 建立合理的生活常规，培养幼儿生活自理、自立的良好的生活习惯属于（ ）。
   A. 区域活动　　　B. 生活活动　　　C. 教育活动　　　D. 集体活动

7. 吃橘子时，岚岚说："老师，你给我剥皮。"王老师大声说："咱们来帮小橘子脱衣服吧，看谁做得又快又好。"小朋友们争着说："好，我来！"大家争相动起手来。岚岚在模仿中学会了剥橘子皮。王老师的行为体现在善于（ ）。
   A. 综合组织各领域教学内容　　　B. 创设与教育相适应的物质环境
   C. 维护每一个幼儿的人格与权利　D. 培养幼儿的初步生活自理及适应能力

8. 老师不喜欢吃胡萝卜就冲饭菜里的胡萝卜皱眉，幼儿发现后也不会想吃胡萝卜了。对于这种现象，老师最好的做法是（ ）。
   A. 说服教育，告诉幼儿胡萝卜十分有营养
   B. 指责幼儿，不应该浪费粮食

　　　C. 不喜欢吃胡萝卜还可以吃其他蔬菜

　　　D. 教育幼儿吃饭不挑食时，老师自己做到不挑食

　　9. 幼儿要学会主动保护眼睛，不在光线过强或过暗的地方看书。5—6 岁幼儿一般连续看电视时间不宜超过（　　）。

　　　A. 15 分钟　　　　　B. 20 分钟　　　　　C. 25 分钟　　　　　D. 30 分钟

　　10. 在幼儿园实践中某些教师认为幼儿进餐、睡眠、茶点等是保育，只有上课才是传授知识、发展智力的唯一途径，不注意利用各环节的教育价值，这种做法违反了（　　）。

　　　A. 尊重儿童原则　　　　　　　　　　B. 重视年龄特点和个体差异原则

　　　C. 发挥一日生活的整体功能原则　　　D. 实践性原则

　　11. 幼儿从（　　）开始即应养成早晚刷牙的习惯。

　　　A. 一岁左右　　　B. 三岁左右　　　C. 四岁半　　　D. 五岁

　　12. 教会婴幼儿识别（　　）的食物和饮料的简单方法，以及防烫、防噎、防呛、防咬舌等的知识。

　　　A. 腐败变质　　　B. 便宜　　　C. 优质　　　D. 高级

　　13. 婴幼儿安全教育主要包括以下几个方面：基本安全知识的教育，（　　），保护自己不受伤害或少受伤害的能力培养等。

　　　A. 会说什么东西能灭火　　　　　　　B. 自我保护意识的培养

　　　C. 知道自己的名字　　　　　　　　　D. 同学名字

二、案例分析题

可以用勺子吃饭吗？

　　案例材料：进入中班下学期，孩子们就开始学习用筷子吃饭了。今天，在餐前准备时，刘老师再次向孩子们说明了用筷子吃饭的注意事项，请孩子们拿起筷子吃饭。许多孩子用筷子吃了起来，只见周子惠小朋友把筷子一把抓，用力往嘴里扒饭，动作很别扭，不协调。显然她还不会使用筷子吃饭，但是看见别的小朋友都用筷子，也想学着使用筷子，结果搞得一团糟。于是，刘老师给子惠配上了一把勺子。可是同班的张老师却不同意，因为《3—6 岁儿童学习与发展指南》中动作发展部分，提出了 4—5 岁幼儿"能用筷子吃饭"。如果提供了勺子，幼儿不就更不会用筷子了吗，应当训练子惠才对。

　　问题：对两位教师的教育方法进行分析并说明原因。

　　任务要求：阅读材料，运用所学知识分析材料，回答问题。

　　（选自：2021 年全国职业院校技能大赛（高职组）"学前教育专业教育技能"赛项赛卷"案例分析"第 9 卷）

三、活动设计

主题活动 1：中班"夏天来了"

　　小资料：防暑降温小妙招

　　注意补充水分。夏天热，易出汗，宝宝身体水分流失较多，一定要注意及时补充。宝宝多喝白开水不仅可以解暑降温，还能补充水分，是最安全的补水选择。

饮食应清淡卫生。夏季饮食应以清淡、易于消化的食物为主，不能多吃冷饮，也不能用饮料解暑，应多吃新鲜的水果和蔬菜。

根据气温增减衣服。家长要根据气温、环境的变化给孩子合理增减衣服。只要宝宝的小手和小脚摸上去不凉，就表明穿得比较适度。但要注意宝宝的小肚皮比较薄，易着凉引发拉肚子，妈妈最好给宝宝胸腹部盖上保温的小被子。

适当避免户外活动。在 35 ℃以上的高温下带孩子晒太阳的做法是不可取的，应尽量选择清晨或晚上比较凉爽的时间去活动。

适当使用空调，注意居室通风。居室环境要保证清爽，也可以使用空调和电风扇，温度保持在 25~30 ℃为佳。开空调时还要经常通风换气，每两小时开窗一次，每次通风半小时。

任务要求：根据素材与年龄段，题目自拟，设计 1 课时（20 分钟）集体教学活动的教案。教案格式完整规范，语言清晰、简洁明了，目标设计、内容选择、方法运用等符合幼儿年龄特征和领域特点。

（选自：2023 年全国职业院校技能大赛（高职组）"学前教育专业教育技能"赛项赛卷"幼儿园教育活动设计"第 3 卷）

主题活动 2：中班"了不起的我"

小资料：安全小提示

不踩井盖，遇到井盖绕过去。

学会逃生。知道遇到火灾如何逃生，认识逃生通道等安全标志。

背心裤衩覆盖的地方不让别人碰。身体是自己的，要学会保护自己的身体，只要不愿意，任何人都不能随便触摸你的身体。有些触碰会让你感觉不舒服，对于这些不舒服的触碰，你可以大声说"不"！当有人用力拉扯你，你应用你最大的声音呼救，把坏人的小手指用力向后掰，尽量跑向人多的大街。

任务要求：根据素材与年龄段，题目自拟，设计 1 课时（20 分钟）集体教学活动的教案。教案格式完整规范，语言清晰、简洁明了，目标设计、内容选择、方法运用等符合幼儿年龄特征和领域特点。

（选自：2023 年全国职业院校技能大赛（高职组）"学前教育专业教育技能"赛项赛卷"幼儿园教育活动设计"第 5 卷）

国考聚焦

一、真题及典型例题

（一）单选题

1. 幼儿园晨检工作的内容是（　　　）。

　　A. 一摸、二看、三问、四查　　　　　　　B. 一听、二看、三问、四查

　　C. 一看、二摸、三问、四查　　　　　　　D. 一问、二看、三查、四摸

　2. 教师组织管理幼儿睡眠时，不适宜的做法是（　　　）。

　　A. 培养幼儿正确的睡眠姿势，纠正不良的睡眠习惯

　　B. 估计幼儿对睡眠需要的差异性

　　C. 随时唤醒幼儿，以免遗尿

　　D. 注意环境的动态变化

　3. 下列关于个人卫生消毒制度的表述，不正确的是（　　　）。

　　A. 幼儿一人一杯一巾，每天消毒一次

　　B. 饭前便后用肥皂和流动水洗手

　　C. 每月为幼儿剪指甲一次

　　D. 被褥做到专人专用，每两周换洗床单、枕巾一次

　4. 以下对健康检查目的的论述错误的一项是（　　　）。

　　A. 尽早对疾病或有身体缺陷的幼儿采取矫治措施

　　B. 了解幼儿生长发育和健康状况

　　C. 杜绝疾病的发生

　　D. 尽早发现幼儿疾病或身体缺陷

　5. 食欲良好、睡眠较沉、精力充沛是幼儿（　　　）的特征之一。

　　A. 身体对环境适应良好　　　　　　　　　B. 生长发育良好

　　C. 体能发展良好　　　　　　　　　　　　D. 情绪状态良好

　6. 教师引导幼儿擤鼻涕的正确方法是（　　　）。（2021年真题）

　　A. 把鼻涕吸进鼻腔　　　　　　　　　　　B. 先捂一侧鼻孔，再轻擤另一侧

　　C. 同时捏住鼻翼两侧擤　　　　　　　　　D. 用手背擦鼻涕

　7. 根据《托儿所幼儿园卫生保健工作规范》规定，3—6岁儿童平均每年健康检查的次数是（　　　）。（2022年上真题）

　　A. 1次　　　　　　　B. 2次　　　　　　　C. 3次　　　　　　　D. 4次

　8.《幼儿园工作规程》规定，新生入园时，幼儿园要进行（　　　）。（2021年上真题）

　　A. 幼儿知识与能力测评　　　　　　　　　B. 幼儿智力测查

　　C. 幼儿家长测评　　　　　　　　　　　　D. 幼儿健康检查

（二）简答题

　1. 4岁的小明在午睡前总是忘记上厕所，常常一躺下就吵着要去小便。作为教师你应该怎么办？

　2. 试述正确组织幼儿进餐应做好的准备工作。

（三）材料分析

　　材料：毛毛是个活泼的孩子。这学期体检时，毛毛被检查出弱视，需要戴眼镜治疗。李老师发现毛毛戴眼镜后变得沉默了，还时不时把眼镜摘下来。李老师关心地问毛毛，毛毛说怕被小朋友笑话，所以不想戴。于是李老师组织了一次"眼睛生病怎么办"的集体活动。活动后，幼儿都知道了眼睛生病要治疗，毛毛戴眼镜也是为了治疗，毛毛又戴上了眼镜，又和往常一样活泼好动了。

问题：

（1）李老师组织这次活动要解决的问题是什么？

（2）李老师的做法哪些方面值得学习？

任务要求：阅读材料，运用理论知识分析材料，完成问题。

（2021年下真题）

（四）活动设计题

有些小班幼儿缺乏良好的生活习惯，请以将玩具送回家为题，设计一个小班的活动方案，以培养小班幼儿的生活自理能力及良好习惯的养成。

参考答案

二、拓展练习

项目一　观摩活动并评析（小班）

实训目标

1. 培养学生观察和分析问题的能力。

2. 培养学生对所学理论知识的综合运用能力。

内容与要求

去幼儿园或利用多媒体观摩小班身体健康教育活动，要求学生对活动目标的达成、活动材料及环境的创设、幼儿参与活动程度、教学环节设计等几个方面做出评析。

项目二　生活常规教育活动的设计（小班）

实训目标

1. 培养学生运用理论知识指导实践的能力。

2. 培养、训练学生具有缜密的思维能力。

3. 掌握身体保健活动的组织形式，注意环节的过渡。

教学实训：喂喂我的兔宝宝

内容与要求

根据小班生活常规教育活动的目标及下面的材料设计一次生活常规教育活动。

九月，小班幼儿刚入园，生活自理能力较弱：不会用勺，在进餐过程中撒饭粒现象严重；洗手时有的幼儿不挽袖子，不知道搓手；穿脱衣服、整理衣服都要别人帮助。在欣赏歌曲《我有一双小小手》时，幼儿说："我的小手会穿衣。""我的小手会洗脸"……他们有这样的热情和愿望，但做得不是很好。从家长的调查问卷统计中可以看出：幼儿的许多事情都是家长包办代替的。通过本次活动，幼儿知道自己的小手本领很大，能做许多的事情，并在日常生活中学会运用小手做力所能及的事，提高自己的生活自理能力，对自己的小手充满自信，并且充满激情地运用自己的巧巧手。与此同时，还要引导幼儿保护自己的手。

项目三　生长发育教育活动的设计（小班）

实训目标

1. 培养学生运用理论知识指导实践的能力。

2. 培养、训练学生具有缜密的思维能力。

内容与要求

根据小班幼儿身体生长发育教育活动的目标及下面的材料设计一次生长发育教育活动。注意以下几个环节：课题的确定—内容的选择—材料的准备—活动的设计。

有的幼儿喜爱吃甜食，有的幼儿喜爱吃酸的食物，等等。小班幼儿仅仅知道食物的酸甜，而不知道人为什么能感受到食物的酸与甜。本次活动能让幼儿知道舌头的作用及如何保护舌头。

项目四　安全生活教育活动周计划的设计（中班）

实训目标

1. 巩固所学理论知识，培养学生将知识运用于实践的能力。
2. 培养、训练学生设计与组织安全生活教育系列活动的能力。

内容与要求

六月正值夏季，幼儿穿的衣服少了，活动的范围却增大了，所以出现安全问题的机会也随之大大增加。针对幼儿生理、心理特点，设计一个中班安全生活教育周计划。

项目五　饮食与营养教育活动的设计（大班）

教 学 实 训：
身体魔术师

实训目标

1. 巩固所学理论知识，培养学生将知识运用于实践的能力。
2. 培养、训练学生分析问题及缜密思维的能力。
3. 掌握身体保健活动的教学设计能力。

内容与要求

根据下面材料设计一次大班饮食与营养教育活动，并要求写出设计意图。

新的学期一开始，大家发现经过一个月的假期，班上有几个幼儿的变化很大，有的长胖了，有的却变瘦了。到底是胖好还是瘦好，已成为近期幼儿关注的话题。分析幼儿的身体成长状况，就能发现许多"参差不齐"，有的很胖，有的很瘦。幼儿在饮食方面也存在挑食现象，喜欢吃肉不喜欢吃蔬菜，并且到了晚上或双休日还喜欢以"自己的喜好"来填饱肚子，例如，吃快餐等。家长也常因娇惯而满足幼儿的各种要求。

大班幼儿需要了解自己的身体状况，关注自己的成长，能意识到太胖和太瘦都对身体健康有影响。

项目六　主题活动（一）：我爱清洁（小班）

活动意图

由于一些家长对幼儿的过分保护和溺爱，幼儿不同程度地出现了卫生习惯不好及生活自理能力弱的问题，因此设计我爱清洁的主题具有较强的现实意义。

活动目标

1. 初步掌握自我服务的基本方法。
2. 具有一定的独立生活能力及良好的卫生习惯。

活动内容

活动名称	活动内容	日常生活与区域活动	家园
小手真干净	学习洗手 音乐游戏：洗手	鼓励幼儿饭前便后及游戏后及时洗手 与保育员一起为毛巾消毒	与家长比较谁的手更干净
漂亮的小手绢	认识小手绢 绘画：我的小手绢 律动：洗手绢	提醒幼儿在哭时用手绢擦泪 将幼儿的绘画作品展示在幼儿常见区域	与家长一起洗手绢
小猪花花	故事：小猪花花（讲述小猪从不爱清洁到爱清洁）	鼓励幼儿爱清洁	每天与幼儿一起清洗
可爱的我	歌曲：洗洗脸 展示幼儿可爱的照片	鼓励幼儿自己洗脸并播放《洗洗脸》歌曲 在活动室粘贴幼儿照片	与家长一起照可爱的照片

项目七　主题活动（二）：关注安全　关爱生命（小班）

活动意图

幼儿的生命与健康处于幼儿园工作的首位，也是全社会的重要职责，但因为幼儿好奇心较强，同时也缺乏一定的安全知识，所以，让幼儿学会主动而又积极地保护自己至关重要。

活动目标

1. 懂得一些安全基本知识，知道"安全第一"的重要性。

2. 具有一定的安全意识及自我保护能力。

活动内容

活动名称	活动内容	日常生活与区域活动	家园
我像解放军	上下楼梯、走路、喝水、如厕及玩时有秩序，不拥挤，不推拉	在生活各环节中表扬懂礼貌的幼儿 在楼梯或厕所粘贴提示图片	家长配合幼儿园进行相关教育
这些东西能吃吗	不跟陌生人走，不吃陌生人的东西，不随意离开家人或集体	请一个幼儿不熟悉的人扮演陌生人，为幼儿分发糖果，教师表扬不要陌生人糖果的幼儿	与家长学习如何跟陌生人交往； 陌生人敲门时不开门
认识安全标志	通过故事《安全回家》了解安全标志 绘画：交通标志	在幼儿园相关位置粘贴安全标志 展示幼儿的安全标志作品	带幼儿过马路，观察交警指挥交通
你会保护自己吗	正确使用剪子、刀等物品 好孩子不玩火 故事：小兔迷路了	提醒幼儿正确地使用尖利物品 在活动室粘贴有火灾危害的图片 粘贴如何不迷路、迷路时怎样处理的图片	与家长外出时拉着家长的手
红灯停绿灯行	情境表演：过马路 歌曲：过马路看看灯	在幼儿园设置红绿灯及斑马线等，引导幼儿形象地做过马路游戏	在回家路上与家长练习过马路

续表

活动名称	活动内容	日常生活与区域活动	家园
着火怎么办	学习 119 报警 学习逃生方法	引导幼儿经常做逃生演练，熟练掌握逃生技巧与路线	与家长练习家庭逃生方法与路线
我是安全 小卫士	找出身边的安全隐患，粘贴安全标志 绘画：幼儿园逃生图	引导并鼓励幼儿找出幼儿园生活环境中的安全隐患，并粘贴安全标志 展示幼儿园逃生图	与家长一起找出家庭生活环境中的安全隐患并讨论如何消除

项目八　主题活动（三）：小小美食家（大班）

教学实训：
舌头本领大

活动意图

　　大班幼儿对蔬菜等食物有一定的兴趣，但受不良饮食习惯的影响，幼儿出现偏食等现象，部分幼儿饮食自理能力较弱，从而影响了幼儿的健康，因此设计小小美食家的主题，旨在促进幼儿身心健康。

活动目标

1. 喜欢吃常见的食物并能进行很好的食物搭配。
2. 能根据自己健康的需要主动控制进食量。
3. 了解我国及其他一些国家的饮食风俗。

活动内容

活动名称	活动内容	日常生活与区域活动	家园
好吃的蔬菜	了解常见蔬菜的作用 音乐游戏：买菜 绘画：好吃的蔬菜 蔬果造型，蔬菜卡片接龙	在活动室摆放当地常见蔬菜的图片 在进餐时提醒幼儿了解所吃蔬菜的营养 鼓励爱吃蔬菜的幼儿	经常变换食用常见蔬菜，进餐时了解所食用蔬菜的名称
肠胃小闹钟	养成按时进餐的良好习惯	幼儿进餐时可提醒幼儿现在的进餐时间	家庭进餐尽可能与幼儿园保持一致
胖与瘦	学会控制自己的进食量	鼓励幼儿适量进餐，并定期称体重	良好的家庭饮食习惯
美食王国 奇遇记	节日饮食大餐 在西餐厅进餐	粘贴美食图片，丰富幼儿对各种美食的认识，了解中西美食、家乡美食等 了解一些中西餐礼仪	不同的节日食用与之适应的食品，与家长一起去西餐厅
有趣的餐具	常见餐具的使用 给幼儿分发餐具	引导幼儿观察为不同的食物所选择的合适餐具 鼓励幼儿为其他幼儿分发餐具并分享乐趣	与家长一同做好餐前准备，了解厨房电器等

续表

活动名称	活动内容	日常生活与区域活动	家园
我是小小炊事员	食物搭配 包饺子 绘画：美味饼干 小面团变魔术	鼓励幼儿收集美食图片并分组合理搭配食物 引导幼儿包饺子并一同体验活动的快乐 提供彩纸、蜡笔等材料，鼓励幼儿自制饼干并装饰美丽的图案 展示幼儿制作的面团作品	与家长一起去超市购买食品，并与家长一起做饭
我种的蔬菜最好吃	音乐：种瓜 春天种蔬菜	各班级可以在自己的区域种植蔬菜并经常去管理	与家长一同分享自己的种植成果

单元四
学前儿童心理健康教育

学习目标

知识目标
- 熟悉学前儿童心理健康教育的目标、内容、原则、途径及方法。
- 知道学前儿童心理健康教育应注意的问题。

能力目标
- 能结合实际设计和组织学前儿童心理健康教育活动。
- 能运用相关理论分析和评价学前儿童心理健康教育活动。

素质目标
- 树立"心理育人"的教育理念，关注个人心理素质的提升。
- 积极关注学前儿童心理健康教育，欣赏和接纳儿童，有仁爱之心、关怀之情。

基础理论

《纲要》强调：身体健康和心理健康是密切相关的。心理健康教育是学前儿童健康教育的重要组成部分。实施心理健康教育，使他们从小具有健康的心理素质，是人的发展的需要，也是社会发展的需要。

一　学前儿童心理健康教育的目标

幼儿阶段是进行心理健康教育与培养健康心理的黄金时期。3—6岁幼儿可塑性强，心理极不成熟，自我调节及控制水平极低，极易受环境等其他因素的影响，形成不健康的心理：以自我为中心、做事不自信、缺乏责任感和竞争意识等，从而影响幼儿的发展。

学前儿童心理健康教育是根据幼儿心理发展特点，有目的、有计划、有组织地开展的以改善和提高幼儿的心理健康认识，培养幼儿的健康行为，维护和促进学前儿童心理健康为核心目标的一系列教育活动。它是指导和帮助幼儿以健康、积极的心态去面对生活、面对生活中的人与事，以合理的、正确的方式去解决生活中发生的事，逐步建立自信、乐观、积极向上的生活、学习态度等，形成良好的心理品质的学前儿童健康教育实践活动。

（一）学前儿童心理健康教育总目标

① 积极关心周围世界的各种事物和现象，有良好的观察、注意、想象、概括分析能力，有较强的求知欲，能认识自己与周围世界中各种事物、现象的关系，具有良好的自我意识和社会性意识。

② 形成良好的情绪与情感，初步学会表达和控制自己的情感，能和同伴积极友好地相处，善于表现自己，懂得调控自己的言行，能听取父母及教师的教导。

③ 知道必要的心理健康常识，学习保护自己。有爱心，懂得帮助他人，有恒心，遇到困难能坚持或想办法解决。

④ 具有一定的生活自理能力与学习能力，初步养成良好的卫生习惯。

（二）学前儿童心理健康教育各年龄阶段目标（表4-1）

表4-1 学前儿童心理健康教育各年龄阶段目标

年龄阶段	教育目标
0—3岁	1. 情绪愉快，对周围人产生信任感，能逐步适应集体生活，情绪安定、愉快 2. 生活在轻松、愉快、亲切的环境中，情感、想象、思维及性格等正常发育，语言发展更为迅速 3. 生活、卫生习惯良好，具有与年龄相适宜的基本生活自理能力
3—4岁	1. 情绪比较稳定，很少因一点小事哭闹不止 2. 不高兴时能听从成人的哄劝，较快平静下来 3. 在他人的帮助下能较快适应集体生活 4. 具有一定的生活自理能力，初步养成良好的卫生习惯 5. 能用适当的方式表达情绪，初步学会排解自己的不愉快，喜欢与他人分享快乐 6. 愿意与同伴合作游戏和玩玩具，能勇敢地玩一些户外大型玩具 7. 知道男女在外形上的不同，知道并认同自己的性别角色
4—5岁	1. 经常保持愉快的情绪，不高兴时能较快缓解 2. 需要不能得到满足时能够接受解释，不乱发脾气 3. 愿意把自己的情绪告诉亲近的人，一起分享快乐或求得安慰 4. 能较快适应人际环境中发生的变化，如换了新老师能较快适应 5. 喜欢幼儿园的集体生活，能与小朋友互相合作，团结友爱，愉快地与同伴一起进行各种活动 6. 能自觉遵守活动的规则和要求，具有一定的求知欲，初步形成良好的生活与学习习惯 7. 关心周围人、事、物，学会爱自己的亲人、朋友及教师

续表

年龄阶段	教育目标
5—6岁	1. 经常保持愉快的情绪，知道引起自己某种消极情绪的原因，并能努力化解 2. 表达情绪的方式比较适度，不乱发脾气 3. 能随着活动的需要较快地转换情绪和注意 4. 能较快融入新的人际关系环境，如换了新的幼儿园或班级能较快适应 5. 学习与人合作、分享的能力，学会用积极的心态去理解他人、帮助他人 6. 学会思考问题，具有一定的独立学习与生活能力 7. 正确对待挫折、困难，勇敢坚强。能体验到成功的快乐，对力所能及的事情有自信心，具有较强的竞争和合作意识

二 学前儿童心理健康教育的内容

学前儿童心理健康教育的内容包括情绪情感教育、社会适应性教育、行为习惯教育、独立生活教育及初步的性教育。

（一）帮助幼儿学会表达自己的情感和调整情绪

幼儿由于情感发展偏常引起情绪障碍时，应及时采用有效的方法去消除幼儿的情绪障碍。一方面要帮助幼儿改变认知方式，调整认知结构，学习调整方法，尽力使幼儿对所遇到的问题有较为正确的认识。另一方面应通过情感演示、行为练习等方法为幼儿表达情感、学习好榜样创造条件，使幼儿的情绪情感得到健康发展。

1. 学习用正确的方式表达自己的情感

让幼儿认识喜、怒、哀、乐等情绪情感，丰富幼儿的情绪情感体验，让幼儿通过倾诉、绘画、歌曲、故事、表演等方式，了解各种表情与情感之间的联系（图4-1）。

学习用正确的方法表达情绪

引导幼儿学会恰当地表达自己的情感。幼儿在不同的场所及氛围中应有相应的规范的行为，对自己的情绪具有适宜的控制能力。如在客人面前不能无故发脾气，在医院、电影院里不能大声喧哗等。要为幼儿提供机会，让幼儿能大胆地、自信地表达自己的情绪情感和思想。特别是在幼儿遇到挫折、感到不愉快时，能不受压抑地表达、发泄和沟通，以减轻幼儿心理上的压力，避免产生过激行为。

2. 掌握常用的情绪调整方法，保持良好的心态

（1）注意力转移

幼儿情绪冲动性强，情绪表现强烈而难以自

图4-1 通过表情表达情感

制，有时会陷入某种情绪状态而无法自拔，比如，刚入园的幼儿经常哭闹等。教师可以用幼儿感兴趣的活动或者玩具帮助其从不良情绪状态中摆脱出来，使幼儿逐步学会用转移注意力的方法调整自己的不良情绪。

注意力转移

（2）合理宣泄不良情绪

幼儿在生活中随时可能会产生一些不良情绪。这些情绪如果不能得到及时地宣泄，就会导致幼儿身体及心理上出现问题。教师应为幼儿创造宣泄不良情绪的时间与空间，通过教学活动等多种方式，引导幼儿学会用正确的方式释放不良的情绪，减轻内心的压力。例如，通过体育与游戏活动、创设心情屋、情境表演等引导幼儿学会合理宣泄不良情绪的方式。

（3）从兴趣喜好入手

幼儿喜欢唱歌、跳舞、绘画、做手工、欣赏音乐及参加多种体育活动等，这些活动可以陶冶幼儿的情操，丰富幼儿的日常生活，缓解幼儿的不良情绪。在幼儿不愉快时，他们也可以选择自己喜欢或者适宜的方式加以调整（图4-2），只有这样，幼儿的情绪情感才能真正得到健康的发展。

图4-2　用自己喜欢的方式调整心态

3. 帮助幼儿正视自己及他人

帮助幼儿正视自己及他人身体上、能力上的不足和缺陷，用积极的心态去面对。如大班幼儿已经对自己的外貌有了一定的认识，这时可用故事《美丽的雀斑》引导幼儿正视自己或他人外貌上的不足，让幼儿在心理上肯定自己、认同他人。在美术课上，可以用镜子照照自己、看看别人、画画自己或者好朋友的样子，在教师的指导下开展多样化的比较，知道每个人都有优点与不足。

延伸阅读

教孩子学会宽容

在日常生活中经常有这样的情况发生：幼儿在玩耍或走路时，一不小心磕碰到什么东西上，碰痛了，就大哭起来。这时，家长为了安慰孩子，会一边哄孩子，一边故意举手打那个"肇事者"，口中"责怪"它为什么碰痛了孩子，并做出给孩子"报仇"的样子。然后安慰孩子说，咱们打它了，它再不敢碰你了。孩子可能在这时候会得到安慰，破涕为笑，家长会感到很满意。

从表面上看，家长的这种做法使孩子得到了一时的安慰，但这种做法的后果可能对孩子的心理成长不利，不是好的处理办法。它教给孩子遇到不痛快就去责怪别人，教给他不宽容和报复，是一种"复仇行为"，不利于幼儿的心理健康。

家长可能会想，桌子碰了孩子，我不过是打打桌子，桌子又感受不到痛，这有什么，我没教孩子打人啊。其实，在孩子看来，万物都是有灵性的，对一棵草说话与对一个人说话一样，对一张桌子的态度与对一个人的态度一样。有时候，一个小女孩对心爱的布娃娃的感情绝不逊色于她对同胞姐姐的感情。单纯如一张白纸的孩子，任何事情于他来说都是全新的，任何经历在他这里都是体验和学习。

我们要在生活中培育孩子的宽容之心，要教给孩子善待"对手"。假如小板凳碰痛孩子了，就安慰他"马上就不痛了，宝宝不哭了"。安慰得稍好一些时，再像对待他一样，带着他给小板凳揉揉痛，告诉小板凳"马上就不痛了"。这样做，不但没有让小板凳站到孩子的对立面，成为"加害"孩子的坏蛋，还能作为朋友分担痛苦，并让孩子意识到"碰撞"是双方的事，要互相体谅。孩子去给小板凳揉痛时，也就忘了自己的痛，情绪很快就会好起来。这样做在解决问题的同时还教会孩子的处事之理，让孩子逐渐理解宽容与善待，促进孩子的社会性发展。

（二）帮助幼儿学习社会交往技能

幼儿阶段是人际交往发展的关键期，人际交往是人与人之间心理上产生相互影响的过程。人际交往可以培养幼儿了解他人情感和需要的能力，以及解决生活中实际问题的能力，引导幼儿养成良好的行为习惯；达到互相交流信息、协调彼此间的关系、共同活动的目的（图4-3）。教师要为幼儿提供交往的机会、沟通的环境及丰富的交往内容，充分发展幼儿的交往能力。

图4-3　交流协调，共同活动

1. 准确认识、评价自己与他人

以自我为中心是幼儿重要的心理特点。幼儿对自己与他人的评价还不成熟，常常依赖成人的评价，如"妈妈说我特别漂亮""老师说他是好孩子"等。幼儿常常从情绪情感出发进行评价，缺少理智成分，这样的评价会影响幼儿在同伴交往中的心态及策略。教师对每个幼儿的评价均应客观与公正，可以通过讲故事等方式，帮助幼儿逐渐形成对自己与他人的准确评价，正视自己与他人的优点与不足，并能用积极的心态去面对。

正确认识、评价自己与他人

2. 学会分享与合作

幼儿只有学会与人和谐相处，学会分享物品与角色，互相合作，恰当地表达自己的愿望，考虑他人的要求，用恰当的方法解决冲突，才能更好地与他人交往。

教会幼儿在使用玩具、用具时能与同伴分享，不独自占有，能耐心等待；当需要向他人借东西时，先经过他人的同意，并在用后及时归还；当他人正在活动时，怎样以适当的方式请求参与等。鼓励幼儿及时表达内心的想法，尽可能求得他人的理解以满足自己的合理需求，同时注意观察他人的情绪变化，以减少消极情绪的产生。教师可以设计一些节日的庆祝活动，让幼儿带上自己喜欢的玩具和食品与同伴一起分享，感受和表达与同伴分享的快乐。在游戏和教

学会分享与合作

育活动中，教师可以让幼儿自己动手制作小点心、小食品，讲讲自己知道的故事、儿歌、笑话，表演歌曲、舞蹈等小节目与同伴、教师一起分享，体会成功和分享的快乐。

幼儿在游戏活动中能理解同伴的兴趣和爱好，积极地提出自己的建议和意见，愉快地与同伴友好合作。小班幼儿在活动中学习和大家一起唱歌、游戏、玩玩具，体会与同伴玩耍的快乐。中、大班幼儿逐步学习在活动中能相互谦让、一起商量、分工合作，共同完成一些工作或游戏内容。

3. 学会尊重与互助

尊重他人是社会交往中的重要准则。幼儿学会有礼貌地称呼教师、同伴、周围邻居等，并用礼貌的方式打招呼。小班幼儿可以用角色游戏、区角活动的方式，学习正确地称呼周围的人，用故事、情境表演等形式学会礼貌地和人打招呼，进行交流。

教学实训：去看我的好朋友

幼儿能用积极的心态理解、关心和帮助他人，学习处理与同伴之间的矛盾。幼儿能用自己的感官来发现同伴、他人的不良情绪，并能用同情、关心的方式对他人进行语言、行为上的帮助，引导他人进入良好的情绪状态中。小班幼儿在教师的带领下，看见别的幼儿哭，能用语言进行安慰，如"别哭，妈妈下班来接你"等。中班幼儿通过故事（如《两只笨狗熊》）、图片，知道怎样处理同伴间的矛盾。大班幼儿能主动用语言、行动等去关心需要帮助的同伴，发现同伴的优点、长处，相互学习，共同进步。

4. 学习与陌生人交往的一些技巧和方法

学习与陌生人交往的技巧与方法

幼儿应该知道家里没大人，不能给陌生人开门，可以通过"小兔乖乖"的故事对幼儿进行教育。还可以进行情境创设活动：我一个人在家、我和妈妈走散了、在回家的路上……通过与同伴的讨论与教师的讲解，幼儿知道自己遇到这些情况时应该怎么办。

📖 **延伸阅读**

朋友多，我快乐

活动目标

1. 在唱唱、看看、说说、玩玩中体验朋友多的乐趣，乐意且能大胆地和别人交朋友。

2. 正确认识自己与朋友交往中的言行，知道怎样做才对，学习一些交往技能。

3. 初步学会关心、帮助同伴，增进同伴间的情感。

活动过程

1. 韵律活动：找朋友，感受找到朋友的快乐。

师：让我们跟着音乐一起唱起来动起来，去找一找自己的好朋友，和好朋友手拉手坐到位置上。

2. 组织幼儿看视频，讨论怎样交朋友。

出示三段实录视频。

（1）一个小朋友在玩玩具时和好朋友争抢玩具。

（2）喝水时，一个小朋友推挤其他小朋友，抢着先喝。

（3）一个小朋友有了困难，另一个小朋友也不去帮忙。大家都不和他做好朋友。

问：为什么他找不到好朋友？怎么样做才能找到好朋友？（幼儿讨论。）

3. 说说自己的好朋友。

师：谁愿意告诉大家，你的好朋友是谁？为什么喜欢他们做你的好朋友？

4. 引导幼儿共同讨论交朋友的快乐。

师：交了这么多的朋友，你心里感到怎么样？

5. 教师小结：朋友多了就会觉得快乐。我们班的小朋友都能有礼貌地交朋友，有的和好朋友分享玩具，有的互相谦让，有的帮助他人，这样我们就会有许许多多的好朋友。

6. 发散幼儿思维：除了人类是我们的好朋友，在大自然中还有谁是我们的好朋友？

7. 听音乐找更多的好朋友一起跳舞，并和好朋友做一些抱抱、亲亲的动作，增进朋友间的友谊。

8. 师：现在和你的好朋友一起去外面找找看，还有什么也是你们的好朋友。

根据网络资料整理。

（三）帮助幼儿形成良好的行为习惯

　　培养幼儿良好的行为习惯，需要家庭与幼儿园形成合力。一方面，家长应树立正确的教育思想，坚持不懈地与幼儿园密切配合，目标一致，使幼儿在幼儿园里形成的良好行为习惯在家里得以巩固和发展。家园合力，贵在坚持。只有持之以恒，幼儿才能形成稳定的、良好的行为习惯。另一方面，幼儿园也要多向家长宣传科学的教育方法，提高家长的参与积极性。如教师可以发动家长与幼儿一起讨论制定行为规范，要让幼儿认识到习惯的重要性，要制定合理的培养目标，并逐步实施。良好行为习惯的培养是一种长期的、日积月累的、循序渐进的、耐心细致的工作，需要我们投入更多的时间和精力去完成。

形成良好的
健康习惯

　　1. 爱清洁、讲卫生，养成良好的卫生习惯

　　如勤洗澡、洗手、理发，不乱扔垃圾，不乱吐痰，早晚刷牙等都是良好的卫生习惯。教师可以通过一些朗朗上口的儿歌、生动有趣的故事，让小、中班幼儿知道爱清洁、讲卫生是大家喜欢的好习惯。例如，儿歌《小刺猬理发》《大家爱清洁》，故事《小猪变干净了》《猪八戒吃西瓜》等都是幼儿喜欢的作品。

　　2. 生活有规律，养成良好的生活与学习习惯

　　幼儿按时作息，养成科学的、规律的生活习惯。例如，在幼儿园中，每班根据自己的实际情况制定切实可行的班级常规，持之以恒，幼儿将会形成良好的生活与学习习惯。

　　3. 纠正幼儿一些不良的行为习惯

　　如攻击性行为，退缩性行为，依赖行为，神经性尿频、呕吐，异食等都是

不良的行为习惯。教师要观察班级每个幼儿，记录幼儿的活动情况，发现有不良行为习惯的幼儿，要分级归类，个别纠正。根据有无问题、问题的严重程度、行为持续时间，幼儿的行为可分为三种情况：第一种是正常行为，第二种是行为偏差，第三种是行为障碍。教师发现有不良行为习惯的幼儿，要与家长积极沟通，找出幼儿不良行为习惯的根源、出现时间的长短，与家长密切联系，指导家长与教师密切配合，共同纠正。

（四）锻炼幼儿独立生活和学习的能力

1. 学习自己的事自己做，培养幼儿的独立生活能力

① 把握幼儿的活动兴趣，及时创设条件放手让幼儿做自己力所能及的事。教师在培养幼儿独立性的活动中一定要重视"做"的过程，如选择游戏、选择区域、选择玩具时，都让幼儿自己做主。在玩角色游戏"娃娃家"时，应让幼儿自己整理床铺、洗脸、洗手、擦嘴，从而锻炼幼儿的自理能力。

② 给幼儿一个固定的家庭空间和幼儿园小空间，让幼儿自己学习管理。教师在培养幼儿的独立性时，要教育他们自己的事情自己做，遇到困难要自己想办法解决，学会独立思考。及时肯定幼儿的独立行为并和家长取得联系，使幼儿的这些独立行为得以保持。

2. 为幼儿创设学习条件，让幼儿尝试自主学习、探究学习

① 让幼儿有一个尝试的空间，增加幼儿探究及表现的机会。帮助幼儿制订自己的计划，让幼儿按自己的方式和意愿去尝试（图4-4）。

幼儿独立生活能力的培养

② 教会幼儿用自己的各种感官来感知事物，通过看看、听听、做做、想想，逐步养成独立思考、自主学习的能力。例如，在各种活动中，培养幼儿自己动手操作，自己动脑思考问题的能力，让幼儿知道自己有一个聪明的大脑，有与众不同的想法，是很棒的。让幼儿体会到通过自己的思考发现问题、解决问题、获得成功的快乐。

3. 纠正幼儿过分依赖成人的不良行为

对在生活、学习上有依赖行为的幼儿，教师可以采取个别谈话的方式，指出其问题，帮助幼儿通过自己的努力获得成功，并在全班予以表扬，

图4-4　帮助幼儿肯定自己

以增强幼儿的自信心，逐步帮助幼儿克服依赖的思想和行为。

📖 **延伸阅读**

锻炼幼儿的独立生活能力

1. 把独立生活能力培养寓于易读易记的儿歌中，寓于有趣的情境中

好奇、好模仿、想说话是2—3岁幼儿的年龄特征。教师把生活自理技能设计成有趣的

情境故事、形象的儿歌，让幼儿在看看、说说中理解内容，懂得粗浅的道理，从而掌握动作技能。教师首先利用讲故事、念儿歌、唱歌、运动、演木偶和科学小魔术表演等有趣的方式，激发幼儿对独立生活的兴趣。

例如，在幼儿自己吃饭时注意培养其自己吃饭的欲望。让幼儿自己吃饭，虽然他们会边吃饭边漏掉饭粒，但教师还是坚持让幼儿自己吃，随时帮助他们纠正拿勺的姿势。教师还不时地提醒幼儿："小调羹，拿拿好，小饭碗，扶扶牢，小眼睛看好碗，吃得干净真正好。""吃饭时，要坐好，慢慢吃，细细嚼，不掉饭，不洒汤，好好吃，长得壮。"

有的幼儿挑食、偏食的现象较严重，一方面与咀嚼能力不够有关，另一方面一些幼儿不喜欢吃菜是嫌菜老，不愿多嚼。教师就在吃饭前设计兔妈妈请客的情节，先让喜欢吃的幼儿来吃，请其他幼儿看。看着小朋友吃得津津有味的样子，其他幼儿也被激起了食欲，纷纷说："我也要吃。"在进餐时，"兔妈妈"及时鼓励吃得好的"小兔子"。有的幼儿不会啃骨头，不会吃鱼，教师就分别扮演"狗妈妈""猫妈妈"，教幼儿怎样吃骨头和鱼，渐渐地使幼儿感到吃饭也是一种乐趣，从而更好地进餐。

又如，在教幼儿自己穿脱衣裤时，教师发现，幼儿常常会穿反或穿错。男孩把洞洞穿到了后面，女孩把花纹穿到了后面，有的幼儿两脚穿到了一条裤腿里。教师在边指导的同时边用儿歌的形式教他们："小朋友穿裤子，先把前后看仔细，再让两脚钻山洞，一只脚钻一只，比比哪只先出洞。"在穿衣袖时幼儿常常会忘记拉里面的衣袖，教师形象地称里面的衣袖为弟弟妹妹："拉上小弟弟，拉上小妹妹，钻钻长长的象鼻子，钻呀钻，钻呀钻，钻出来后再放开。"这样幼儿掌握了这一技能，里面的衣袖也不会往上跑了。

可见，形象生动的语言，快乐有趣的情境，使幼儿的认识过程发生了质的变化，幼儿在说说、学学、做做中掌握了自理技巧，他们的生活独立性得到了发展。

2. 把独立生活能力的培养寓于游戏之中

爱游戏是幼儿的天性。对幼儿来说，最高兴的事莫过于游戏了，游戏是幼儿幸福的源泉。我国著名教育家陈鹤琴先生说："小孩子是生来好动的，以游戏为生命的。"2—3岁幼儿特别喜欢边说边玩，抓住这一特征，教师让幼儿在游戏中，在自己动手操作中培养独立生活能力，同时注意对个别幼儿的指导培养。

例如，玩"娃娃商店"游戏，学习折叠衣服和整齐地摆放衣物、玩具；玩"娃娃家"游戏，学习给娃娃穿脱衣服等。又如，我们在区角活动中让幼儿给娃娃洗脸、洗手、穿衣、穿鞋，使幼儿在游戏操作中得到生活的体验，得到生活能力的锻炼。

又如，在墙上用布布置成一幅美丽的图画，在背景图的树上钉上一些纽扣，让幼儿随意设计、制作画面内容，如把果子扣到树上，在树干上粘上一只啄木鸟，在汽车上装上两个车轮等，让幼儿在扣扣、撕撕、粘粘等操作中发展其手眼协调能力，锻炼小肌肉群。

本文根据网络资料整理。

（五）对幼儿进行初步的性教育

随着年龄的增长，幼儿渐渐地开始注意到自己的外表、特质，会形成强烈的性别印象，有了"女孩""男孩"的意识（图4-5）。这时若同幼儿谈论身

图 4-5 正面的性别认同感

接受初步的
性教育

体，就要带着性别语言来区别或表扬他们。

1. 正确的性别认识

幼儿对自己及身边的人有一个正确的性别认识，认识家人、幼儿园里的教师、同伴。教师可用游戏的形式，使幼儿知道自己是男是女。例如，游戏"不一样"，听教师的指令男孩、女孩分别做不一样的动作，男孩蹲下、女孩站立；男孩摸头，女孩拍手，初步分辨自己和别人的性别。

2. 了解男孩、女孩不同的特点

幼儿了解男孩、女孩不同的外形及穿衣、打扮特点，活动方式特点。教师用图片的方式，引导幼儿从外形及穿着上的不同，进一步区分男、女孩，如女孩留辫子，喜欢穿好看的衣服、裙子；男孩留短发，穿帅气的男装。请幼儿自己说说，男孩、女孩有哪些不同：男孩站着小便，女孩蹲着小便；男孩喜欢玩打仗的游戏，喜欢玩车、枪等玩具，女孩喜欢玩洋娃娃、毛绒玩具。

3. 加深自己的性别认同

幼儿用表演、角色游戏的方式，模仿、学习与自己同性别的成人的行为、语言方式，加深自己的性别认同。如男孩学习爸爸的声音（粗粗的），修理家中的东西，看报等；女孩学习妈妈抱娃娃，给娃娃讲故事，整理家务等。

4. 纠正幼儿的性角色偏差

对有性别偏差倾向的幼儿，教师要与家长取得联系，找出问题产生的原因，家园配合及时纠正。

（六）创设健康的生活环境

创建健康的
生活环境

创设健康的生活环境是培养学前儿童心理健康的重要手段。它能给予幼儿潜移默化的影响，使幼儿情感和行为受到感染，有利于幼儿良好情绪的产生，如和谐、平等、信赖的人际关系，关心、肯定、鼓励的教育方法，健康、向上、唯美的大众传播媒介，安定、宽松的社会文化环境，都能使幼儿情绪情感获得良好发展。

1. 幼儿园、家庭要以平等、尊重的方式对待幼儿

幼儿虽然小，却是一个独立的个体，家长、教师、其他成人应该以平等的方式对待幼儿。无论是在家庭中还是在幼儿园中，都应该有幼儿说话的权利、自由，尊重幼儿的人格，使幼儿健康、快乐地成长。

2. 创设自由、宽松的生活和活动氛围

活动室、幼儿起居室的布置，应该符合幼儿

图 4-6 创设宽松的活动氛围

的心理和年龄特点（图 4-6）。教师、父母不应以长辈、权威的命令和绝对服从的方式来教育幼儿，而应以爱和民主、说理的方式来引导幼儿，使幼儿能感受到成人对自己的关爱，能以积极、健康、快乐的方式接受来自教师、父母的批评和指导。家长、教师应严格自身的言行，避免因自身的不良行为（如酗酒、赌博、成人间的打骂、留宿不良人员、说粗话等）给幼儿心理造成的影响。

三 学前儿童心理健康教育的实施

（一）学前儿童心理健康教育的原则

1. 预防为主的原则

幼儿处在身体不断成长的过程中，其心理活动也在变化中逐渐走向成熟。对幼儿的心理健康教育应注重发展，强调预防。对幼儿的心理健康教育要与幼儿的生活紧密地联系起来，融入幼儿生活的各个环节，让幼儿参与到教育活动中，通过听、说、看、想、做的过程，逐步形成良好的心理品质，形成健康的人格心理。在幼儿认识和行为出现偏差的苗头时应及时采取针对性的措施进行干预，不能等到幼儿有了心理健康问题再进行治疗、解决，要坚持以预防为主，防治结合，防重于治。

2. 常规教育与随机教育相结合的原则

幼儿心理素养和心理品质的培养和提高要与体育、游戏、艺术等活动有机结合，全面地渗透到教育体系当中。日常的心理健康教育课程面向全体幼儿，以预防为主。在面对个别幼儿的"突发"事件时，教师和家长要学会随机应变，在第一时间迅速做出反应，给予幼儿相应的指导和帮助。因此，在对幼儿进行心理健康教育时要重视将常规教育与随机教育相结合，以取得最好的教育效果。

3. 因材施教的原则

因材施教的原则是指对幼儿进行心理健康教育时要区别对待不同能力水平和不同气质、性格类型的幼儿。幼儿在教育过程中所表现出来的行为常常反映着不同的个性心理特征，教师要针对不同教育个体采取与之相应的教育措施。例如，属于能力方面的原因应给予理解并进行个别帮助；属于气质方面的原因应了解气质特点，寻找适合气质特点的教育策略和方法；等等。教师在教育方式、目标要求上要注意灵活性和区别性，不强求一致、简单划一。例如，对活泼型的幼儿，不要溺爱；对腼腆型的幼儿，不要过于心急；对乖巧型的幼儿，不要提过高要求；对问题型的幼儿，不要过多责难。

4. 家庭、幼儿园、社区合作共育的原则

幼儿生活在幼儿园、家庭和社区中，幼儿园实施的心理健康教育和家庭教育、社区教育共同引导着幼儿形成健康的心理。只有各方面共同努力，协调配合，形成学前儿童心理健康教育的良好大环境，才能达到教育的一致性、一贯性和延续性，才能取得良好的教育效果。

（二）学前儿童心理健康教育的途径和方法

1. 学前儿童心理健康教育的途径

（1）组织心理健康教育活动，系统而科学地进行心理健康教育

对于心理健康教育中某些幼儿不太容易理解的健康常识，不太容易掌握或需要系统训练的健康行为技能等，教师可以通过有目的、有计划地精心设计的

教学（图4-7），引导并启发幼儿探究、理解和掌握。幼儿园要进行长期、系统、科学的课程设置和教育实施，同时将学前儿童心理健康教育有机地渗透在幼儿园各领域的教育之中，帮助幼儿形成健康的心理。

（2）发现问题，进行随机教育

日常生活中的各个环节都可以用来对幼儿进行心理健康教育。日常生活中的心理健康教育自然、及时，且能在其他教育活动中得以延伸，有利于巩固幼儿的健康行为。幼儿入园后，教师可以在各个环节中对进餐、如厕、就寝等生活方面

图4-7 心理健康教育活动

的问题适时地予以指导，而不必等到在专门的心理健康教育活动时进行。幼儿的心理状况往往外显为语言和行为，在日常生活中表现出来，教师应该适时对幼儿予以引导和教育。在常规安排的活动之外，对于突发事件，教师应迅速做出反应，给予幼儿相应的帮助和指导。

（3）家园配合，做好幼儿心理健康的预防和矫正工作

教师应通过网络、电话或深入幼儿家庭的访谈，获取有关信息，指导家长了解幼儿心理健康方面的知识，及时发现有心理障碍的幼儿，做好对这些幼儿的系统观察，通过记录这些幼儿的问题行为、生活背景，并与其家长进行深入的沟通，了解这些幼儿在家的表现、家庭的情况，找出形成障碍的原因，进行分析和个别心理辅导，促进家园配合，共同做好对这些幼儿心理障碍的矫正工作。教师应坚持不懈地关注、帮助这些幼儿克服心理障碍，纠正问题行为，引导他们向更和谐、更完美的人格方向发展。

（4）开设家长学校，定期研讨幼儿心理健康问题

幼儿园应定期组织家长开展一些有关幼儿心理健康方面的讲座和研讨活动，使家长在思想上引起重视，行动上给予配合，真正做到幼儿心理健康的家园共育，防治结合。

（5）配备心理健康指导教师

配备专业的幼儿心理健康指导教师，对有心理健康问题的幼儿进行初步干预，对于有心理障碍的幼儿，要视障碍程度进行分级管理和分别矫正。对于特别严重的，教师可建议家长带幼儿到专业的心理咨询师处进行系统的矫正。

2. 学前儿童心理健康教育的方法

（1）讲解和谈话法

讲解和谈话法是指向幼儿讲解有关心理健康的一些粗浅知识，在提高幼儿认知水平的基础上，通过和幼儿谈话，使幼儿认识到自己的行为正确与否，及时纠正行为偏差，帮助幼儿形成健康的心理。教师在运用这一方法时一定要循循善诱，让幼儿自己意识到自己的言行正确与否，是否给同伴带来不良影响等，教师使用的语言要符合幼儿的认知水平等。

（2）亲身体验和情境表演法

亲身体验和情境表演法指让幼儿以亲身体验或表演的方式，体验和体会生活中的不同角色在一定情境中遇到的问题和冲突，并让幼儿做出合乎社会规范的行为反应，说出感受，使之选择合乎健康心理的行为的方法。教师在运用这一方法时要注意选择符合生活实际的情境，及时对幼儿的反应和感受予以引导。

（3）事例分析法

事例分析法指针对幼儿园中发生的事情，列举相同或相似的事例进行分析或讨论，让幼儿自觉产生相应的健康行为方式的方法。教师在运用这一方法时应注意多选择正面事例，为幼儿多树立榜样。对反面事例要注意引导。

（4）操作法

操作法是指导幼儿通过操作的方式，对行为方式和操作技能进行练习、巩固和提高，从而形成稳定的、良好的健康行为方式的方法。教师在运用这一方法时应注意把握指导的尺度、幼儿操作的兴趣及操作的完成度等。

（5）图表法

图表法是指通过图表展示的方式，展现幼儿在哪些方面取得了进步或应该注意哪些方面，及时纠正幼儿的不良行为，表扬良好行为，使幼儿形成健康行为方式的方法。教师在运用图表法时应注意表扬和纠正的及时性、公正性和公平性。

📖 **延伸阅读**

幼儿人格发展与心理健康教育[①]

幼儿通常指3—6岁的学龄前儿童，该阶段是个体心理机能的快速发展期，也是人格系统发展和完善的开端。幼儿在与外界环境的交互影响中逐步展现个性或人格的"花纹"，其中最明显的是自我意识的发展。整体上看，幼儿自我意识的各个方面随着年龄的增长是逐渐成熟的。

首先是自我概念。幼儿的认知水平处于具体形象阶段，他们对自己的描述仅限于躯体特

---

① 俞国良，张亚利. 大中小幼心理健康教育一体化：人格的视角. 教育研究. 2020，41（06）：125-127，有改动.

征、性别、年龄以及喜欢的物件，还不会描述内部的心理特征，对内在的心理体验和外在的物理体验是不加区分的。其次是自我评价。自我评价能力在 3 岁时已初露端倪，尔后快速发展，到 5 岁时绝大多数幼儿已经初步具备自我评价的能力。但总体而言，幼儿的自我评价能力还很弱，评价时往往依据外部的线索而非独立判断，聚焦于个别方面而非多个方向，主要涉及外部行为而非内心品质，具有强烈的情绪色彩而非理性思考。再次是自我体验。4 岁以后的幼儿才会出现明显的自我体验，但同时又容易受到外界的暗示。幼儿自我情绪体验中最明显的是自尊的发展，它不仅仅是个体发展过程中的一种基本心理需求，更是衡量心理健康的重要标准。此类需求被满足后，个体才会体验到自我价值，产生积极的自我认同。3 岁的幼儿只有少数人能体验到自尊，4 岁是幼儿自尊心和自信心发展的关键年龄，到 6 岁时绝大多数幼儿均能体验到自尊，但容易受到家长教养方式和重要他人评价的影响。最后是自我控制。总体而言，幼儿的自控能力偏弱，在活动过程中容易表现出冲动性并缺乏坚持性，到幼儿晚期个体才具备一定的自控能力。此时幼儿的情绪具有明显的外露性和不稳定性，并且延迟满足能力不强，经常选择即时性报酬而不是耐心等待，这些方面都与他们的心理保健和健康密切相关。此外，幼儿的社会适应性也获得了初步的发展。从亲社会性来看，整个幼儿期呈现二次函数的增长趋势，且女孩比男孩更具亲社会性，但发展速度并不存在差异。3—4 岁时幼儿正处于"复制式"心理理论发展的重要阶段，对社会规则性知识的获得依赖于成人，倾向于按照教师传授的道德原则去行事。因此，在教师的影响下亲社会性能获得快速发展。随着年龄的增长，幼儿的亲社会情感和行为变得更具主动性和社交性，同时也变得更合群，更懂得与人交往的社会规范，羞耻感等内在道德情感也慢慢发展起来。就协作或合作性来看，多数幼儿园小班幼儿还不能较好地进行合作，需要成人的提示和指导才能勉强进行协商和分工；中班幼儿开始主动与人合作，合作意图增强，目标也逐渐明确，但整个合作过程自由松散，处于一种自发性协同状态；大班幼儿能够相互配合，围绕目标合作行动，但双方行动尚未组织化，完全依靠幼儿自觉地相互适应来维持合作，因而难以持久。

基于幼儿的人格发展特点，该阶段幼儿发展的主要目标是获得"主动感"，体验"目的"的实现，否则个体就会在自由发展的过程中遭遇创伤和挫折，导致心理危机的出现，进而引发一系列心理健康问题。幼儿心理健康问题常见于两类：外化问题，如过分依赖、爱发脾气、易哭泣、不良习惯等；内化问题，如焦躁、胆怯、任性、孤僻等。幼儿处于心理快速发展阶段初期，一旦出现心理健康风险，将给心理发展带来无穷后患。古典精神分析理论指出，成人的心理异常很大程度上根源于童年时期的创伤经历或不良体验。因此，在该阶段科学地开展心理健康教育，不仅是必要的也是必然的。在该阶段要把握并平衡生态系统理论中的家庭和幼儿园等重要的微系统对儿童发展的促进作用，围绕发展的主要任务，着重培养幼儿积极稳定的情绪情感、帮助幼儿树立自尊和自信、培养良好的行为习惯以及基本的社会适应能力，使幼儿人格获得最优化发展。

第一，家园双方应同心协力，创设良好的环境来培养幼儿的自尊心和自信心。小班幼儿处在对幼儿园生活的初始适应阶段，也是幼儿获得自尊、自信的关键期，教师应创造条件，激发幼儿表现能力的愿望，使幼儿在获得能力的同时体验到成功的快乐。中班阶段是各种能力迅速提升的时期，教师在活动中应促进幼儿不断地认识自己的能力，通过完成不同的任务获得自信。对于大班幼儿，教师可以组织一些具有挑战性的活动，鼓励幼儿积极主动地展示自己的奇思妙想，让其通过努力能够获得成功，并且成功后有针对性地对其良好表现予以肯定、强化。

第二，塑造幼儿的情绪稳定性。家长和教师不仅要打造温馨、自在的成长氛围，让幼儿获得安全感和信任感，如以欣赏的态度对待幼儿，接纳他们的个体差异，以积极愉快的情绪影响幼儿，对犯错的幼儿理性对待、不严厉呵斥，还要引导他们恰当地表达自身情绪，如对幼儿的表面情绪要"明察秋毫"，及时减少和消解不良情绪，同时鼓励幼儿与成人合理表达、主动分享自己的内心感受和情绪体验，并及时给予恰当的引导等。

第三，培养幼儿良好的行为习惯。家长和教师要以身作则，实施榜样教育，在潜移默化中激发幼儿的责任心，并且要创造机会让幼儿学会对自己的行为负责；还要通过悉心指导和耐心说教，培养幼儿的规则意识和遵守规则的能力，逐渐学会抵制诱惑，提升延迟满足能力。

第四，家庭和幼儿园应共同努力，让幼儿在良好的教育和文化熏陶中，学会诚实礼貌待人，与人交往时言行举止彬彬有礼，尊重他人，不撒谎。成人除了要给幼儿树立良好的榜样行为外，还要通过适当的形式引导幼儿做出恰当的行为，对礼貌行为予以及时强化，对说谎行为正确分辨并及时纠正。

第五，提高幼儿的基本社会适应能力。要着重培养幼儿的合作交往能力，不仅要培养幼儿对合作交往的兴趣，还要利用榜样和强化的策略引导合作交往的行动，让其体会到群体互动的乐趣，感受到安全感、归属感，不断适应新环境，扣好心理健康的第一粒"纽扣"，为日后的心理健康发展夯实基础。

（三）学前儿童心理健康教育应注意的问题

1. 提高教师的心理健康教育水平

教师首先应提高自己的心理健康水平，合理安排和处理教学以外的事务，确保以良好、健康的心理进行教学和指导；其次在教学中切实以自己的言行给幼儿积极的影响，恰当地指导幼儿积极面对日常生活中发生的影响心理健康的事情，使幼儿心理朝着健康的方向发展。

2. 幼儿园与家庭建立密切的联系

教师应通过定期走访、网络、电话交流等方式与家长保持联系，进而密切幼儿园与家庭的关系。幼儿园为新入园幼儿的家长发放《家长手册》，内容涉及园所的状况、理念、课程、注意事项，对相关的幼儿心理问题的介绍和解决办法的说明。教师应为每个幼儿建立一个小档案，利用早、晚接送幼儿的时间，向家长介绍幼儿在园情况，运用家园联系册、家长园地、班级网页等，加强与家长的日常联系，使家长对幼儿在园的情况有所了解。通过阶段性的家园联系，如家访、家长会、家长开放日等形式，密切教师与家长之间的联系，增强家园之间的相互理解，以利于相互配合。成立家长学校，为家长提供更多有效的育儿方法。成立家长委员会，发挥家长委员会联系幼儿园与家长的桥梁作用，让家长能充分了解自己的孩子，使家园合力培养幼儿的健康心理。

3. 关注留守儿童和父母离异儿童的心理健康

留守儿童、单亲家庭和突发事件的出现，容易使一些幼儿过早在心理留下阴影。幼儿园开设心理辅导课，开展心理咨询、心理矫正活动，定期开展思想教育、情感教育、独立生活教育和体谅父母教育活动等，能使留守儿童和单亲儿童受到关爱，体验到生命成长的快乐与幸福，消除不良情感体验，树立乐观向上的生活态度，形成健康的心理。

4. 重视家庭教育环境在幼儿身心发展上的重要作用

构建良好的家庭心理氛围，精心打造幼儿的健康心态。父母以身作则，做幼儿健康心态的表率，尊重、信任幼儿，营造健康的精神氛围和良好的家庭教育环境，促进幼儿身心健康成长。幼儿的健康成长离不开良好的家庭教育环境。作为家庭教育的实施者，家长应不断更新教育观念，用发展的眼光看待幼儿，要把幼儿当作一个有活动能力、有发展主动性的人来对待，并按照幼儿的年龄特点、心理特点去教育他们。不同的家庭、不同的父母，所实施的家庭教育迥然不同。家长们正确的家庭教育观念、科学的家庭教育方式，对幼儿身心的健康发展有着至关重要的影响。

5. 对幼儿常见心理卫生问题及时采取应对策略

（1）孤独症的应对策略。孤独症是一种由大脑、神经及基因的病变所引起的综合征，表现为人际交往障碍，沟通交流异常，兴趣和活动内容局限、刻板与重复等特征，可通过音乐疗法、行为疗法、感觉统合训练、游戏法等进行治疗。孤独症幼儿的家庭成员也要注意克服焦虑、自责、急躁情绪，要多接近、多关心患儿，给他们更多的爱。

（2）分离焦虑。幼儿分离焦虑是幼儿与其依恋对象分离时产生的过度焦虑情绪，表现为恐惧、紧张和不安。教师要以形体、语言主动亲近幼儿，让幼儿从对养育者的依恋转移到对教师的依恋上，消除幼儿入园焦虑。教师应尊重幼儿在家中的一些习惯，让幼儿有安全感，以减缓幼儿的心理压力。

（3）任性行为。任性行为是幼儿普遍存在的问题，表现为固执、乱发脾气、不听别人劝说等。幼儿出现任性行为时，教师可以分散幼儿注意力，把幼儿注意力转移到有趣新奇的事物上去。家长要把握幼儿的任性行为的特点，以预先告知的方式来预防幼儿任性行为的出现。当幼儿出现任性行为时可以采取冷处理的方法，也可以采取适当的惩罚方法。

（4）攻击性行为。攻击性行为是一种有意图的、对他人造成损害的行为，它与亲社会行为相对立，是较严重的、消极的问题行为，如幼儿对同伴频繁表现出恶意地打、咬、抓、扯、踢、撞、辱骂和抢夺他人玩具的行为等。教师对幼儿的日常环境进行适当控制，尽可能减少幼儿接触侵犯行为的机会。加强对幼儿交往的指导，对于幼儿的侵犯行为，要予以批评教育，教会幼儿宣泄自己不良情绪的方法。家长要注意给幼儿树立好的榜样，杜绝自己的争吵、谩骂或大打出手等侵犯行为。

📖 延伸阅读

《学前教育专业师范生教师职业能力标准（试行）》关于学前儿童心理健康教育的建议

关注幼儿心理健康，了解幼儿身体、情感发展的特异性和差异性，掌握幼儿心理健康教育的基本知识，及时发现和赏识每个幼儿的点滴进步，注重激发和保护幼儿的积极性、自信心，能够参与心理健康教育等活动。

《指南》健康领域关于学前儿童心理健康教育的建议

1. 营造温暖、轻松的心理环境，让幼儿形成安全感和信赖感。如：

保持良好的情绪状态，以积极、愉快的情绪影响幼儿。

以欣赏的态度对待幼儿。注意发现幼儿的优点，接纳他们的个体差异，不简单与同伴做横向比较。

幼儿做错事时要冷静处理，不厉声斥责，更不能打骂。

2. 帮助幼儿学会恰当表达和调控情绪。如：

成人用恰当的方式表达情绪，为幼儿做出榜样。如生气时不乱发脾气，不迁怒于人。

成人和幼儿在一起谈论自己高兴或生气的事，鼓励幼儿与人分享自己的情绪。

允许幼儿表达自己的情绪，并给予适当的引导。如幼儿发脾气时不硬性压制，等其平静后告诉他什么行为是可以接受的。

发现幼儿不高兴时，主动询问情况，帮助他们化解消极情绪。

案例评析

案例一　我们不怕困难（大班）

活动目标

1. 能勇敢面对困难，积极克服困难。
2. 积极尝试用多种方法克服困难，具有相互合作的意识，能感受成功的喜悦。

活动准备

图片、投影仪、铃铛、绳子、小动物娃娃、梯子、桌子、椅子、扫把、晾衣竿等等。

活动重点

培养幼儿勇敢面对困难，积极战胜困难的良好心理品质。

幼儿园教育活动：我们不怕困难

活动难点

能与同伴相互合作，尝试用各种方法解决困难。

活动过程

一、开始部分

幼儿伴随着音乐《蜗牛和黄鹂鸟》进入教室。

二、基本部分

（一）倾听故事《小蜗牛爬高墙》，并展开讨论。

1. 小蜗牛爬上高墙了吗？它爬墙的时候碰到了什么事情？小蜗牛又是怎么做的呢？

2. 小朋友们遇到过困难吗？遇到过什么困难呢？

3. 你遇到困难时，是怎么克服的？（请别人帮忙，坚持，试一试。）

（二）挑战游戏。

1. 过绳子游戏。鼓励幼儿尝试克服困难。

（1）幼儿尝试过绳子，并找出不成功的原因。

（2）鼓励没有成功的幼儿再试一次。

（3）增加难度，鼓励幼儿想办法克服困难。

2. 爬高取物。将幼儿分成4组，两次取物，并请幼儿记录。

三、结束部分

师：今天，小朋友们表现得非常棒！遇到困难没有退缩，能和同伴一起积极想办法克服困难，让我们自己表扬自己，大声说：我真棒！

师：小朋友们在今后成长的过程中会遇到各种各样的困难，大家一定要记住，积极面对困难，动脑筋克服困难，相信你们会越来越棒的！

资料来源：广西卫生厅幼儿园，黄丽娟，有改动。

活动评析

1. 对活动目标达成的分析。很多幼儿在遇到困难时，不知道如何去解决，经常出现退缩、半途而废和逃避困难的问题。因此，本活动有针对性地制定了如下活动目标：能勇敢面对困难，积极克服困难；积极尝试用多种方法克服困难，具有相互合作的意识，能感受成功的喜悦。活动用故事引入，让幼儿初步了解故事中主人公小蜗牛在遇到困难时的态度，引导幼儿向小蜗牛学习，不怕困难、勇于克服困难。接下来的实践活动，教师用两个具有挑战性的游戏，使幼儿经历了尝试—找出问题—再尝试—鼓励—增大难度—克服困难的过程，实现了从榜样小蜗牛克服困难到小朋友面对困难、积极克服困难这样一个转变，从而达成了活动目标。

2. 对活动材料与环境创设的分析。针对幼儿的思维特点——直观形象性，在活动中运用投影仪和图片讲述故事，幼儿能观察到生动有趣的故事人物及情境，能更深地体会到小蜗牛遇到困难不怕困难、克服困难的勇气。在实践活动环节，教师创设了过绳和爬高取物的游戏场景，很好地使幼儿体验到，面对困难，要相互合作、积极想办法、反复实践，以克服困难，获得成功。

3. 对幼儿参与活动程度的分析。在整个活动过程中，幼儿参与性强，从讨论故事中的角色遇到困难、克服困难到谈谈自己遇到困难时的表现，再到最后将重点落在游戏实践活动中：通过不断克服更高难度的挑战的亲身实践，幼儿获得了克服困难、取得成功的体验。

4. 对活动延伸效应的分析。教师通过让幼儿大声表扬自己"我真棒！"的方式，加强了幼儿克服困难的自信心；通过谈话活动，使幼儿知道了在生活中会遇到各种困难，我们要积极面对，动脑筋，想办法，克服困难。

案例二　不是每个抱抱都美好（大班）

设计意图

近年来，幼儿性侵害案件时有发生。幼儿园平时开展的安全教育活动多局限于"不要跟陌生人走""不要随便接受陌生人的东西"等内容，对幼儿预防性侵害的教育甚少。一些父母不知道学前期性教育的内容是什么，也不知道以何种方式开启性教育的话题。因此，我们有必要在幼儿园采用符合幼儿年龄特点的方式，开展有针对性的性健康教育活动，加强幼儿的自身防范与自我保护意识。

活动目标

1. 认识身体的隐私部位，会区分不同情况下的身体接触。
2. 了解哪些情况属于性侵害，学习保护自己身体的方法。
3. 学习遇到性侵害后的处理方法，提高自我保护的能力。

活动准备

经验准备：幼儿已阅读绘本《不是每个抱抱都美好》；会唱歌曲《抱一抱》。

材料准备：音乐《抱一抱》；安全课件——绘本《不是每个抱抱都美好》页面、男孩和女孩的人体卡通图、五种"安全警报"情境及区分身体接触对错的视频；幼儿操作材料——男孩和女孩的人体卡通图、"安全小课堂答题卡"操作单每人 1 份；笔、爱心单每人 1 份。

活动过程

1. 以音乐游戏"抱一抱"导入，了解拥抱是表达爱的一种方式。

师幼、同伴拥抱互动，营造温馨活泼的活动氛围，激发幼儿的活动兴趣。

师：你喜欢老师拥抱你吗？你喜欢小朋友们拥抱你吗？为什么？

幼：我和大家拥抱的时候很开心。

幼：我和老师、小朋友们拥抱时，感觉很温暖。

幼：我和小朋友们拥抱时，感觉很舒服。

师：我们开心的时候喜欢与人拥抱，拥抱的感觉真好。

2. 回顾绘本《不是每个抱抱都美好》的内容，知道有些抱抱是不舒服的。

（1）集体观看绘本，回忆故事内容。

师：是不是所有的抱抱都会让人感觉很好呢？还记得老师和你们一起看过的这本绘本

吗？这是谁？团团为什么不喜欢抱抱了？

（2）讨论"考拉汤姆的抱抱为什么会让团团觉得不舒服"。

幼：考拉汤姆抱团团的时候手到处摸。

幼：考拉汤姆把团团抱得很紧。

幼：考拉汤姆的手放在团团的肚子和胸上。

3. 结合图片，明确身体的隐私部位，知道隐私部位不能随便让别人看或摸。

（1）画图游戏，找找身体的隐私部位。

师：我们身体的哪些部位不能给人随便看随便摸，请你用笔圈出来。

幼儿进行画图游戏。

（2）观看视频，了解身体的隐私部位。

师：男孩与女孩的隐私部位分别是哪里？隐私部位能让人看或摸吗？

幼儿进行对话交流。

（3）白板互动，明确身体的隐私部位。

师：女孩的胸部、生殖器、屁股，男孩的生殖器、屁股都是身体的隐私部位，就是你去游泳时穿泳衣遮住的地方。一般情况下，我们的隐私部位是不能随便让人看或摸的，不过小时候爸爸妈妈帮我们洗澡时可以触摸我们的隐私部位。隐私部位受伤时，医生可以检查，爸爸妈妈也可以检查。除此之外，如果有人要触摸我们的隐私部位，他可能就是坏人。

4. 观看"五种警报"的视频，学会辨别"坏人"及对自己可能造成伤害的行为。

（1）师幼谈话，了解幼儿对"坏人"的理解。

幼：坏人长得很奇怪。

幼：坏人很可怕。

幼：坏人会对我们做些不好或是危险的事。

（2）观看"五种警报"视频，学会辨别"坏人"。

师：视觉警报、言语警报、触碰警报、独处警报、约束警报都是危险信号，当有人要对你做出这些行为时，"那个人"是个坏人，说明危险情况要发生了！我们在家里可以和爸爸妈妈一起制作"爱心名单"，只有这个名单上的人是可以拥抱你的，其他人就不可以。

（3）操作游戏"安全小课堂"，增强对"五种警报"的理解。

玩法：判断"安全小课堂"视频中行为的对错，并在"安全小课堂"操作单上对的打"√"，错的打"×"。

5. 交流讨论，了解处理性侵害的方法。

教师提出"如果有人一定要触碰你的隐私部位或遇到有人抱你、亲你，甚至想带你走，该怎么办"的问题，调动幼儿将本次活动中习得的经验进行梳理，并引发思考与讨论。最后，教师总结梳理，帮助幼儿明确处理性侵害的几种方法。

师：一定要和爸爸妈妈确定"爱心名单"。当那些熟悉却不是"爱心名单"里的人亲吻或拥抱你时，要勇敢地说"不"，大胆拒绝。如果遇到"五种安全警报"，不管对方以什么理由要求你保守秘密，都一定要告诉爸爸妈妈或老师。

6. 活动结束。

活动延伸

1. 组织游戏活动，在语言区投放《不要随便摸我》《呀，屁股》等相关绘本。

2. 家园共育。请家长与幼儿一起确定"爱心名单"，加强幼儿的自我防范意识。引导家长在生活中经常提醒孩子保护自己的隐私部位，亲子多途径学习自我保护的相关知识。

案例评析

1. 教师能够根据幼儿的学习特点、发展水平、现实需要等因素选取适宜的性教育内容，聚焦社会上存在的"儿童性侵害"的问题，将目标定位在明确身体的隐私部位，习得辨别性侵害的行为和处理性侵害的方法，设计了"不是每个抱抱都美好"这个活动，是非常具有教育智慧和教育价值的。

2. 活动面向全体幼儿采用集体教学活动的方式组织实施，在教师营造的积极的教育环境中，通过阅读绘本、观看视频、互动游戏等环节，让幼儿在玩玩、看看、做做、说说中，引导幼儿对于如何保护自己身体的隐私部位、遇到哪些行为是对自己的性侵害、当遇到这样的事情时要怎样保护自己等问题，进行了共同探讨，达到了活动的预期目标。

资料来源：陈燕，陈少熙．大班健康活动：不是每个抱抱都美好〔J〕．福建教育，2020年第4期，有删改．

岗位对接

一 素材与分析

（一）素材

中班幼儿常常因为下面的一些情况而生气：自己的东西被小朋友不小心弄坏了，小朋友不愿意跟自己一起玩，比赛没有取得好成绩……

针对中班幼儿的上述问题，设计一个教育教学活动。

（二）分析

中班幼儿自我控制能力较弱。有的幼儿由于缺乏良好的家庭教育等因素，当不顺心的时候，常常不知道如何运用正确的方法去处理，或者不能很好地控制自己，有哭、打人等生气或者愤怒的表现。

二 活动设计与实施

爱生气的小猪

（一）活动目标

1. 认知目标：知道生气是人的正常情绪反应，但不利于身心健康。

2. 能力目标：能够用正确的方式表达和调节情绪。

3. 情感目标：乐意帮助别人。

（二）活动准备

"爱生气的小猪"课件、自制幼儿生气的一些表情图片与视频、写有 6 个数字的色子、开心的歌曲等。

（三）活动重点与难点

重点：知道生气不利于身心健康。

难点：能用正确的方式表达和调节情绪。

（四）教学方法

讲解法、游戏法等。

（五）活动过程

1. 开始部分——播放视频，快乐激趣。

教师播放幼儿生气时的一些表情图片。小朋友们为什么会生气呢？我们一起来看看吧。

2. 基本部分——达成目标。

（1）看视频，表达情绪。教师播放生活中幼儿生气的一些场景：自己的东西被小朋友不小心弄坏了，小朋友不愿意跟自己一起玩，比赛没有取得好成绩……启发幼儿说一说曾经让自己生气的事情及感受。

（2）听故事，知道生气对健康的影响。视频播放《爱生气的小猪》，有一只特别爱生气的小猪，别人说他身上有点脏，他就特别生气，瞧他的肚子气鼓鼓的，越气越大，最后它像一只气球似的飞上了天。

师：小猪生气时，肚子里都是气，所以，肚子特别疼。小朋友生气也会让自己的肚子疼，身体特别容易生病。

（3）听故事，学习调节情绪。小猪在空中非常害怕，大声呼救。我们应该怎样救他呢？生活中如果遇到了一些生气的事情，你会怎么办呢？启发幼儿联系生活经验，讨论救小猪的办法。

教师小结：生活中，我们每个人都有生气的时候，这是正常的情绪反应。当我们遇到不开心或者自己解决不了的事情时，可以说出来，请别人出主意，或者听音乐、跳舞、画画等。

师：小朋友们想出了这么多的好主意，那我们现在一起开心地唱歌吧。（小猪听到歌声特别开心，肚子里的气慢慢消了，于是就落到了草地上。）

教师总结：我们每天都要开开心心地生活。

（4）快乐游戏，相互帮助。教师将制作的生活中幼儿生气的一些场景图片分别写上数字粘贴在黑板上，请幼儿到前面扔写有数字的色子，哪个数字在上面就说一说如何帮助对应图片里的小朋友。

教师小结：弄坏东西的小朋友应该说声对不起，然后问问老师或者爸爸妈妈如何修理。

大家都喜欢跟懂礼貌的小朋友一起玩，小朋友要做懂礼貌的孩子，这样别的小朋友就愿意跟你一起玩了。当我们比赛时，最重要的是快乐与开心，第几名并不重要……

3. 结束部分——快乐跳舞。

教师与幼儿听着开心的歌曲一起跳舞。

（六）活动延伸

幼儿回家给爸爸妈妈讲《爱生气的小猪》的故事。

三 说课训练

（一）说活动内容

在生活中，幼儿遇到不开心的事情时常常表现为大哭、摔东西、打人等，而学会正确处理问题、调节情绪对幼儿的成长至关重要。中班幼儿已经具有学习正确处理问题的能力，教师可通过讲解、讨论与游戏相结合的方式，促进幼儿的心理健康。

（二）说活动目标

1. 认知目标：知道生气是人的正常情绪反应，但不利于身心健康。
2. 能力目标：能够用正确的方式表达和调节情绪。
3. 情感目标：乐意帮助别人。

（三）说活动准备

为有效实现活动目标做了以下准备：《爱生气的小猪》课件、自制幼儿生气的一些表情图片与视频、写有 6 个数字的色子、开心的歌曲等。

（四）说活动重点与难点

本次活动的重点是知道生气不利于身心健康。

活动的难点是能用正确的方式表达和调节情绪。

（五）说教学方法与策略

讲解法的运用可以有效保证认知目标的实现。讲故事的形式不仅可以激发幼儿的学习兴趣，而且可以使幼儿从中快乐地学会一些正确地表达与调节情绪的方法。游戏法的运用，可以使幼儿在快乐的游戏中进一步掌握调节情绪的正确方法，感受帮助别人的快乐。

（六）说活动过程

活动过程包括开始部分、基本部分及结束部分。

1. 开始部分：为快速吸引幼儿的注意力并激发幼儿的兴趣，播放班级一些幼儿生气时的画面。
2. 基本部分包括以下四个环节：第一个环节是请画面中生气的幼儿说一说为什么生

气。第二个环节是听《爱生气的小猪》的故事，知道生气是每个人的正常情绪反应，但生气对健康是有危害的。第三个环节是帮助小猪，学习调节情绪的正确方法，并通过一起唱歌感受快乐。第四个环节是快乐游戏，相互帮助。通过扔色子的方式，幼儿在游戏中帮助不开心的小朋友。通过基本部分，教师不仅达成了活动目标，而且有效地解决了活动重点与难点。

3. 结束部分：幼儿伴随着快乐的音乐一起跳舞，进一步体验唱歌、跳舞带来的快乐。

（七）说活动延伸

人人都知道生气不利于健康，但在生活中经常难以控制和调节自己的情绪，幼儿的自控能力更弱。本次活动的效果需要在后续活动中加以巩固，幼儿回家后给父母讲述《爱生气的小猪》的故事，不仅可以加深幼儿对活动目标的理解，也有助于家长的示范与督促作用，真正地发挥活动的延伸作用。

四 活动评价

（一）活动目标评价

1. 活动目标符合《纲要》《指南》精神及中班幼儿的年龄特点，切合幼儿的发展水平和发展需要。
2. 活动目标全面，能围绕给定主题，难度适当，对整个活动具有导向作用。
3. 活动目标陈述简洁明了、主体统一、针对性强、具体可操作，充分体现健康领域特点，能考虑到各领域间相互渗透。

（二）活动准备评价

1. 有效而不杂乱的物质准备：自制的幼儿生气图片与多媒体播放的图片一致，有助于幼儿对图片的快速理解，将注意力集中在如何帮助别人调节情绪上。
2. 有效利用现代化教学手段，适用、适时、适当地增强活动的实效性和趣味性。

（三）活动过程的评价

1. 过程设计结构严谨，层次清晰，各环节之间过渡自然流畅，循序渐进，有层次感。
2. 教学方法和活动组织形式选择适宜，能体现幼儿的主体性；幼儿生气的场景及故事《爱生气的小猪》，使幼儿身临其境，产生情感的共鸣；讨论救小猪的办法及小朋友相互帮助的游戏，可以更好地解决活动的难点。
3. 提问方式具有思考性、启发性和开放性；能预测教学活动过程可能出现的问题并能设计出相应教学活动策略。
4. 活动详略得当，能较好地突出重点，突破难点；教学手段设计针对性强，既适合于幼儿的认知特点，支持幼儿的学习，又有利于学习目标的达成。

赛场直击

一、单项选择题

1.《3—6岁儿童学习与发展指南》指出，幼儿健康领域的目标之一是情绪安定愉快，下列哪一目标是小班目标？（　　）

A. 有比较强烈的情绪反应时，能在成人的安抚下逐渐平静下来

B. 有比较强烈的情绪反应时，能在成人的提醒下逐渐平静下来

C. 表达情绪的方式比较适度，不乱发脾气

D. 能随着活动的需要转换情绪和注意

2. 一般在（　　）岁左右，幼儿就知道自己是男孩或女孩，有了稳定、清楚的"性角色意识"。

A. 3岁　　　　　　B. 4岁前　　　　　　C. 2岁　　　　　　D. 1岁

二、案例分析题

小媛不哭了

案例材料：

新来的幼儿常常出现情绪不稳定的现象。今天黄小媛又哭了，老师哄她也无济于事。正在这时，高洁宁走过来说："别哭了，我带你玩去。"说来也怪，黄小媛哭声由小到无，很快就和小伙伴玩起来。

在自选活动时，教师和孩子们一起讨论："为什么黄小媛不哭了？"有的孩子说："她玩了，忘记哭了""有人带她玩，她就不哭了"等。教师又问："高洁宁这样做好不好？你对新朋友会怎样做？"孩子们纷纷说："我给她玩玩具。""你有什么话就告诉我。"从此，小朋友们争着带新来的小朋友认识环境，教她在活动区怎样玩，帮她穿衣服，讲故事等。很快新来的黄小媛就适应了新环境。

问题：

为什么高洁宁的关爱能让黄小媛很快地和小伙伴高兴地玩起来？请结合案例，谈谈如何帮助新入园小朋友更快适应新环境。

（2021年国赛真题）

国考聚焦

一、真题及典型例题

（一）单选题

1. 下列（ ）方法不利于缓解或调节幼儿激动的情绪。

    A. 转移注意力   B. 斥责

    C. 冷处理   D. 安抚

2. 影响幼儿心理发展的因素是复杂多样的，其中客观因素有（ ）。

    A. 自然环境、个体、教育   B. 生物因素、环境、教育

    C. 家庭环境、个体、教育   D. 物理环境、实践、教育

3. 对正处于哭闹状态的幼儿而言，成人帮助其控制情绪的最佳方法是（ ）。

    A. 冷处理法   B. 转移法   C. 反思法   D. 自我说服法

4. （ ）不属于幼儿的基本情绪。

    A. 微笑和厌恶   B. 痛苦与悲伤

    C. 尴尬和羞愧   D. 焦虑与恐惧

（二）简答题

1. 教师如何在保教活动中营造良好的心理氛围？

2. 最近 5 岁的小强在班里经常打小朋友，在家里总是缠着爸爸玩打仗的游戏，你应该如何处理？

3. 3 岁的丽丽每天早上到幼儿园就拉着妈妈的手，不让妈妈离开。妈妈走后也是哭个不停，你应该如何处理？

4. 教师如何帮助家长提高学前儿童心理健康教育水平？

5. 简述情绪在幼儿心理发展中的作用。

6. 婴幼儿调节负面情绪的主要策略有哪些？

（三）材料分析

1. 材料：3 岁的阳阳，从小跟奶奶生活在一起。刚上幼儿园时，奶奶每次送他到幼儿园准备离开时，阳阳总是又哭又闹。当奶奶的身影消失后，阳阳很快就平静下来，并能与小朋友们高兴地玩。由于担心，奶奶每次走后又折返回来，阳阳再次看到奶奶时，又立刻抓住奶奶的手，哭泣起来。

针对上述现象，请结合材料进行分析：

（1）阳阳的行为反映了哪些情绪特点？

（2）阳阳奶奶的担心是否有必要？教师该如何引导？

2. 材料：星期一，小班的松松午睡时一直在哭泣，嘴里还不停地念叨："我要打电话叫爸爸来接我。""我要回家。"教师多次安慰，他还一直哭。教师生气地说："你再哭，爸爸就不来接你了。"松松听后情绪更加激动，哭得更厉害了。

问题：请简述上述教师的行为，并提出三种帮助幼儿控制情绪的有效方法。

3. 材料：蒙蒙 3 岁半了，很喜欢和小伙伴一起玩耍，但是他奶奶说他还小，不让他跟别的小朋友玩，担心他被欺负，有其他人想去找蒙蒙玩，奶奶也一并想办法拒绝了。

问题：根据同伴发展对于幼儿的影响来评析蒙蒙奶奶的做法。

（2022 年下真题）

参考答案

二、拓展练习

项目一　观摩心理健康教育活动

实训目标

1. 培养学生观察和分析问题的能力。

2. 提高学生对所学理论知识的综合运用能力。

内容与要求

去幼儿园观摩中班或大班学前儿童心理健康教育活动，观察、记录活动的全过程，运用所学的心理健康教育理论知识，对观察、记录的资料进行分析，对教学活动提出自己的观点和看法，写出观摩体会（可以独立完成，也可以小组完成）。

项目二　心理健康教育活动的设计（大班）

实训目标

1. 培养学生运用理论知识指导实践的能力。

2. 培养、训练学生的思维能力和创新意识。

3. 提高设计、组织、实施学前儿童心理健康教育活动的能力。

内容与要求

根据大班心理健康教育活动的目标及下面的材料设计一次心理健康教育活动。

现在的孩子一方面身体发育、智力发展良好；另一方面，因受众人宠爱而常表现出娇气、任性、不谦让、不体谅他人、心理素质差等问题。在社会性的交往活动中，常因不能正确处理各种人和事而产生不良情绪。

请以"我快乐"为主题，设计一次大班的心理健康教育活动，引导幼儿与他人建立和谐、正常的人际关系，用正常的心态、正确的方法来控制、调节自己的情绪，使幼儿的身心朝着健康的方向发展。

项目三　主题活动：不高兴的时候（中班）

活动意图

幼儿年龄比较小，当他们遇到不高兴或者不开心的事情的时候，常常哭鼻子、告状及独自伤心。设计这个主题活动的目的是让幼儿懂得不开心对身心的伤害，培养幼儿积极乐观的生活态度，引导幼儿在遇到不开心的事情时，用正确的方式排解不愉快的情绪。

活动目标

1. 懂得情绪愉快有利于身体健康。

2. 培养乐观的生活态度，学会宽容。

3. 在遇到困难或者不高兴的时候知道用正确的方式排解自己不愉快的情绪。

活动内容

活动名称	活动内容	日常生活与区域活动	家园合作
心情卡	幼儿通过自由选择高兴或者生气的心情卡，知道人的心情有多种	将幼儿制作的心情卡贴在活动室墙上并经常更换	家长与幼儿一起制作心情卡
笑比哭好	故事：小熊生病了。告诉幼儿经常不高兴容易生病 照镜子游戏笑的表情真好看	将幼儿开心的照片贴在幼儿可以经常看见的地方，提醒幼儿开心会让自己更健康，笑脸更漂亮	家长选择性地为幼儿讲一些相关故事，或者看相关视频
出气包与开心果	出气包游戏：当将出气包传递到幼儿手中时，幼儿说出自己不开心的事 开心果游戏：当将开心果传递到幼儿手中时，幼儿说出自己高兴的事	经常组织幼儿玩出气包或者开心果的游戏，将幼儿不开心的情绪及时宣泄出来，开心也会传染给别人	教师经常与家长沟通，及时了解幼儿的心情，指导家长每天与幼儿交流，及时发现并化解幼儿的不开心
我们都有不高兴的时候	视频播放幼儿高兴的时候或者教师不高兴的时候	当幼儿不开心的时候，及时告诉幼儿每个人都会有不开心的时候，鼓励幼儿去做让自己开心的事	家长告诉幼儿自己也有不开心的时候
消气俱乐部	唱或者听快乐的儿歌 画画：幼儿自由画 有朋友真好：将自己的不开心告诉别人 看书：看自己喜欢的书 做游戏真开心：可以自己玩玩具或与人做游戏	教师为幼儿提供丰富多彩的区角活动，幼儿可以在自己需要时，随意地选择自己想做的事，比如，可以自由画画、自由选择自己喜欢的书和玩具等	家长可以将自己好的宣泄方式告诉幼儿，并在幼儿不开心时及时引导幼儿如何做
快乐的自助餐	将让人开心或者不开心的事情做成卡片，幼儿自由地选择那些可以让自己开心的卡片	创造条件让幼儿经常做那些开心的事，并创造机会让幼儿去展示自己开心的样子	对幼儿少一点说教，多一点鼓励
亲亲大自然	带领幼儿走进大自然，感受大自然的美	经常带幼儿感受大自然的四季之美，亲亲小花、小草、小树等，并将大自然的美与幼儿的开心融合在一起	可以带幼儿去旅游，幼儿在亲近大自然的过程中，感受大自然的美与博大

学习目标

知识目标

● 熟悉学前儿童体育教育活动的目标、内容及教育方法。

● 知道学前儿童体育教育活动应注意的问题。

能力目标

● 能结合实际设计和组织学前儿童体育教育活动。

● 能运用相关理论分析和评价学前儿童体育教育活动。

素养目标

● 树立"全面发展"的教育观，有运动精神和健康体魄。

● 关注学前儿童体育教育，探寻传统体育文化，弘扬民族体育精神。

基础理论

　　《纲要》指出："幼儿园教育是基础教育的重要组成部分，是我国学校教育和终身教育的奠基阶段。"《幼儿园工作规程》指出："幼儿园的任务是：贯彻国家的教育方针，按照保育与教育相结合的原则，遵循幼儿身心发展特点和规律，实施德、智、体、美诸方面全面发展的教育，促进幼儿身心和谐发展。"党的二十大报告指出：要"落实立德树人根本任务，培养德智体美劳全面发展的社会主义建设者和接班人"。学前儿童体育是保护和促进幼儿身心健康的重要途径和手段，不仅为幼儿的生存和良好的生活提供了重要的物质基础，而且也是幼儿接受全面发展教育的重要保障。因此，学前儿童体育作为幼儿园教育的一个重要方面，不仅是学校体育的组成部分，也是学校体育和终身体育的基础。

一 0—3岁幼儿身体运动发展与开发训练

身体运动对促进幼儿的生长发育，增强幼儿的体质，促进幼儿智力的发展具有积极的意义。因此，学前儿童体育应充分挖掘其内在的教育价值，更好地促进幼儿全面、协调地发展。

（一）0—3岁幼儿动作的发展与表现

1. 走步

幼儿通常在出生后的第12个月前后开始学习走步。最初学习走步时，幼儿全身的肌肉处于较紧张的状态，腿部肌肉力量较弱，不能交替放松，落地支撑时双腿伸不直，双脚间距较宽，脚掌缺乏弹性，脚落地轻重不同，常用手臂保持平衡，双臂不会自然地做前后摆动，步幅小步频较快，控制身体的能力较弱，遇到障碍物不能及时避开，走步动作僵硬、笨拙，有多余动作。2岁时，基本消除了全身肌肉紧张的现象，但腿部肌肉的力量仍较弱，上下肢的配合及协调能力较弱，走步缺乏节奏感，有时步幅、速度不匀。

2. 跑步

幼儿跑步的动作是由走步的动作发展来的，在1.5—2岁，当走步较稳定时，幼儿在快走中就出现了双脚离地、身体腾空的跑步动作。2—3岁发育正常的幼儿已经掌握了连续跑的技能。早期的跑步动作具有以下特点：步幅小，步频快，上体直，转动幅度小，直臂摆动多，控制跑动方向能力弱，易摔倒。

3. 跳跃

幼儿在2岁时已能依靠双腿蹬伸力量使身体跳起。2—3岁是跳跃能力发展的初期，这一时期跳跃能力自然发展的特点是：缺乏起跳动作蹬伸意识、力量弱、速度慢、不充分；缺乏摆臂助跳意识、摆幅小、与下肢蹬伸动作不能协调配合；缺乏落地缓冲意识，主动屈腿缓冲少，被动屈腿的多，稳定性不足；跳跃距离近，发展速度快。

4. 投掷

3岁以内的幼儿已经学会简单的投掷动作，如正面胸前抛、肩上投掷等，但是存在投掷能力弱、力量小，不太会挥臂，出手角度小，方向掌握不好，忽左忽右，忽上忽下等问题。

5. 钻

3岁前后的幼儿通过练习，能掌握正面钻的动作，但有时不能较好地掌握屈膝、弯腰和紧缩身体的动作。

6. 爬行

8—9个月的婴儿开始练习爬行。开始时，婴儿只是腹部着地爬，动作很吃力，爬不远。当婴幼儿能自主地屈膝跪着并撅起臀部后，便逐渐开始学会手膝着地爬。

7. 攀登

幼儿 2 岁时，开始学习登台阶。2—3 岁幼儿在上下台阶时，多为并步（及并脚）。

8. 做操

6 个月以内的婴儿做操，动作完全由成人来操纵和控制，婴儿处于被动状态。6 个月左右的婴儿，动作有了一定的发展，成人可以通过对婴儿动作的操纵和引导，使其进行主、被动操的练习。此时的婴儿动作范围也有所扩大，可以增加躯干部位的弯曲、手的抓握与挥臂、脚的蹬伸与弹跳、迈步等动作。1.5—2.5 岁幼儿能独立行走、做半蹲等动作，并可以独立做操。

9. 滚球

3 岁前的幼儿较喜欢滚球的活动，但他们手部的肌肉力量较弱，双臂用力不均匀，控制球滚动方向的能力较弱，常常会出现手指将球挑起的现象。

（二）0—3 岁幼儿游戏活动方案

1. 称小猪

目的：发展幼儿手臂及腰腹肌肉的力量。

玩法：准备 1 根木棒（木棒长约 1 m），家长各持木棒的一端。幼儿为小猪，家长双手用力拉住木棒。当幼儿做好收腹准备时，家长即把木棒抬起，使幼儿悬吊起来，并高兴地说："小猪长胖了，小猪有 × 斤啦！"游戏可重复2~3 次，每次悬吊时间不宜过长。

2. 桌底取物

目的：练习爬行动作，提高动作的灵敏性、协调性。

玩法：家长把 5~6 个玩具放在桌子底下，让幼儿不断地爬进爬出取玩具，取出后把玩具放入旁边的篮子里。每次取一个，要求幼儿速度逐渐由慢到快。玩时可铺上地垫。幼儿顺着爬、倒着爬或横着爬均可。

3. 踢绳毽

目的：提高幼儿单脚的支撑能力。

玩法：准备绳子 1 根，一端穿上各色纽扣，幼儿手牵绳的另一端，使其腾空，用单脚踢悬荡着的纽扣。动作熟练后可左、右脚交换踢，还可踢出各种花样来。

4. 小乌龟驮物

目的：发展幼儿手臂、腰、腹肌肉力量，提高动作的灵敏性、协调性。

玩法：幼儿模仿小乌龟在床上爬行（手膝着地），家长把小被子或小枕头搁在幼儿背上，要求幼儿爬得稳一些，不要使驮着的东西掉下来。

5. 套圈

目的：发展幼儿身体的柔制性及动作的灵敏性、协调性。

玩法：准备 1 只比幼儿肩稍宽的圈，让幼儿连续不断地由上往下或由下往上套，并给幼儿定时计数。当套的次数比上一次多时，就给予表扬。家长也可念一首儿歌，让幼儿按儿歌的节奏套圈，还可鼓励幼儿自己创造套圈的方法。

6. 捉泡泡

目的：发展幼儿奔跑、跳跃等能力，培养幼儿活泼开朗的性格。

玩法：准备1小瓶洗洁精溶液、1根塑料管。家长先将塑料管蘸点洗洁精溶液，然后放在嘴上吹，吹出泡泡后叫幼儿把泡泡捉住。家长可以把泡泡吹向不同高度与不同方向，让幼儿迎着泡泡跑、跳。

7. 踩带子

目的：发展幼儿动作的灵敏性。

玩法：准备带子1根，家长捏住带子一端，另一端拖在地上。家长不断地将绳子作波状甩动，并鼓励幼儿踩带子，踩住了即可表扬幼儿动作灵活，有本领。

8. 跳图形

目的：练习原地向上跳，培养幼儿识别图形的能力。

玩法：把旧报纸剪成正方形、长方形、三角形、圆形、菱形等各种图形，放在幼儿四周。家长发出信号"×形"幼儿即跳向该图形，然后再回到原处，再由家长发信号。最后可根据幼儿对图形识别有无差错来评分。

9. 走橡皮筋

目的：练习走橡皮筋，身体不左右摇晃。

玩法：准备橡皮筋或松紧带1根，一端拴在桌子脚上，另一端拴在椅子脚上，并使橡皮筋离地10 cm左右，让幼儿踩着橡皮筋从一端走向另一端。待幼儿动作熟练后，也可让幼儿抱着娃娃、撑着小花伞或头顶、肩扛重物走。

10. 闭眼踢球

目的：练习闭眼做动作，提高幼儿的平衡能力。

玩法：用干净的手帕蒙住幼儿的双眼，让其站于房间中央，周围放置一些布球。当家长说"开始"时，幼儿自转1~3圈后立定，在原地摸索着去踢球，以踢中者为胜。

11. 追追逃逃

目的：发展幼儿追逐与躲闪的能力。

玩法：父母亲一人站在房间中当"电线杆"，另一人当追逐者，幼儿绕着"电线杆"逃，灵活地在"电线杆"的前、后、左、右边逃边躲闪，尽量不被别人捉住。也可以由幼儿追，家长逃。

（三）婴幼儿体操

1. 婴幼儿被动操（表5-1）

预备姿势：家长坐在椅子上，婴幼儿坐在家长的大腿上，家长双手握住婴幼儿双腕。以下动作均由家长辅助婴幼儿做。

表 5-1　婴幼儿被动操

儿歌	动作说明
一二三四五	自拍手 3 次
变只大老虎	双手大拇指贴住太阳穴，五指分开，掌心向前，做老虎状
呀呜呀呜叫	双臂前伸做抓人状 3 次
肚子圆鼓鼓	拍肚子数次
二三四五六	自拍手 3 次
变头老黄牛	双手在肩上，五指分开，掌心向前
哞— 哞—	上体前屈，双臂下垂
耕地不停留	双臂自由摆动做耕地状数次
三四五六七	自拍手 3 次
变只小小鸡	双手食指相合，放在嘴前做鸡嘴状
叽叽叽叽叽	上体向左右自然转动数次
快来吃白米	同上
四五六七八	自拍手 3 次
变匹大河马	双手在嘴前五指张开，指尖相对，掌心对嘴
呀—呀—呀	双臂后振数次
张开大嘴巴	双手在嘴前五指张开，指尖相对，掌心对嘴
五六七八九	自拍手 3 次
变只小斑鸠	双臂侧平举
飞呀飞呀飞	双臂上下摆动做鸟飞状
用力快加油	让幼儿双脚直立，双腿屈伸
六七八九十	自拍手 3 次
变只大海狮	双臂在体侧下垂，头左右自然转动
水里来回游	上体前屈低头
跳起顶皮球	上体抬起，抬头，用嘴做顶球状，最后把幼儿托起

2. 拍手歌操（托幼小班）（表 5-2）
预备姿势：自然站立。

表 5-2　拍手歌操

儿歌	动作说明
拍拍小手点点头	拍手 2 下，双手叉腰同时点头 2 次
拍拍小手招招手	拍手 2 下，双臂斜上举同时抖动手腕 2 次
拍拍小手摸摸脚	拍手 2 下，双腿屈膝全蹲同时双手摸脚
拍拍小手弯弯腰	拍手 2 下，双手叉腰同时在体前屈 2 次

续表

儿歌	动作说明
拍拍小手睡睡觉	拍手 2 下，双臂屈肘掌心相合于左（右）耳旁，同时上体向左（右）侧屈 2 次
拍拍小手蹦蹦跳	拍手 2 下，双手叉腰同时原地向上跳 2 次
拍拍小手身体好	拍手 2 下，原地踏步

二 学前儿童体育活动的目标

学前儿童体育活动的目标是指通过一系列锻炼身体的教育活动，使幼儿的身心发展达到应实现的教育结果，对幼儿身心健康发展的方向和水平具有预知和规范的作用，可用以衡量幼儿园体育活动的成效。学前儿童体育活动的目标可分为总目标、年龄阶段目标、单元目标、教育活动的行为目标。

（一）学前儿童体育活动的总目标

作为学前儿童健康教育目标的重要组成部分，学前儿童体育活动的总目标是指通过有目的、有计划的体育活动，在发展幼儿身心方面应实现的终极目标，是制定各年龄阶段目标的必然依据。

① 幼儿喜欢参加体育活动，具有爱运动的良好习惯。

② 幼儿身体正常发育，动作机能协调发展，对环境的适应能力增强。

③ 幼儿具有活泼开朗的良好个性，坚强与勇敢的意志品质，主动、乐观与合作的态度。

④ 逐步形成良好的运动卫生与安全意识，具有一定的自我保护意识和能力。

（二）学前儿童体育活动各年龄阶段目标（表 5-3）

表 5-3　学前儿童体育活动各年龄阶段目标

年龄阶段	教育目标
3—4 岁	1. 能沿地面直线或在较窄的低矮物体上走一段距离 2. 能双脚灵活交替上下楼梯 3. 能身体平稳地双脚连续向前跳 4. 分散跑时能躲避他人的碰撞 5. 能双手向上抛球 6. 能双手抓杠悬空吊起 10 s 左右 7. 能单手将沙包向前投掷 2 m 左右 8. 能单脚连续向前跳 2 m 左右 9. 能快跑 15 m 左右 10. 能行走 1 km 左右（途中可适当停歇）

年龄阶段	教育目标
4—5 岁	1. 能在较窄的低矮物体上平稳地走一段距离 2. 能以匍匐、膝盖悬空等多种方式钻爬 3. 能助跑跨跳过一定距离，或助跑跨跳过一定高度的物体 4. 能与他人玩追逐、躲闪跑的游戏 5. 能连续自抛自接球 6. 能双手抓杠悬空吊起 15 s 左右 7. 能单手将沙包向前投掷 4 m 左右 8. 能单脚连续向前跳 5 m 左右 9. 能快跑 20 m 左右 10. 能连续行走 1.5 km 左右（途中可适当停歇）
5—6 岁	1. 能在斜坡、荡桥和有一定间隔的物体上较平稳地行走 2. 能以手脚并用的方式安全地爬攀登架、网等 3. 能连续跳绳 4. 能躲避他人滚过来的球或扔过来的沙包 5. 能连续拍球 6. 能双手抓杠悬空吊起 20 s 左右 7. 能单手将沙包向前投掷 5 m 左右 8. 能单脚连续向前跳 8 m 左右 9. 能快跑 25 m 左右 10. 能连续行走 1.5 km 以上（途中可适当停歇）

（三）制定目标应注意的问题

1. 明确制定幼儿园体育活动目标的依据

（1）制定幼儿园体育活动总目标的依据

① 依据《规程》确定的保教目标和《纲要》中规定的健康教育总目标。保教目标和健康教育总目标反映了幼儿身心发展的需求和社会对未来人才培养的规格和要求，具有"政策性"和"前瞻性"，因而对幼儿园体育活动目标的制定具有较强的指导性和制约性，是制定幼儿园体育活动总目标的重要依据。

② 依据体育活动自身的性质和发展价值。虽然幼儿园各领域的教育活动在促进幼儿身心发展方面形成了一个相互联系的整体，但由于各领域的具体活动具有不同的性质和发展价值，因而在制定不同领域的教育目标时，应充分考虑各领域活动自身的性质及其在促进幼儿发展方面的价值。

（2）制定幼儿园体育活动年龄阶段目标的依据

① 依据幼儿园体育活动的总目标。年龄阶段目标是总目标的具体化，受总目标的制约。

② 依据各年龄班幼儿身心发展的特点和体育活动内容的性质。以幼儿园体育活动的总目标作为幼儿园体育活动要达成的目标，在具体制定目标时，还要考虑到小、中、大班幼儿的年龄差异。因此，将总目标具体分解成各年龄班

一年要达成的目标时，应充分考虑各年龄班幼儿身心发展的特点。只有这样，才能制定出适应各年龄班幼儿发展水平和发展要求的目标来。另外，就课程内容而言，同一活动主题（如"走"）在各年龄班的具体内容、要求有难易、高低之分。因此，在制定各年龄班幼儿体育活动的目标时，应同时考虑体育活动内容的性质和要求，真正制定出适合该年龄阶段幼儿的发展目标来。

（3）制定幼儿园体育活动单元目标的依据

① 依据年龄阶段目标。单元目标就是将年龄阶段目标按"时间"单元或"主题"单元（事实上它也有时间的规定性且往往以"周"为单位）具体化，将年龄阶段目标划分为若干个单元来逐步实现。实际上，达成了体育活动的单元目标也就实现了体育活动的年龄阶段目标。

② 依据上一单元活动的反馈信息和幼儿的"最近发展区"。上一单元活动目标与下一单元活动目标之间具有延续性和渐进性。上一单元活动的反馈信息是制定下一单元活动目标的重要依据，掌握和利用这些信息有利于我们更直接、更具体地了解幼儿的发展情况，并制定出适合幼儿"最近发展区"的目标来。同时，也有利于更好地实现下一单元活动对上一单元活动的教育"补偿"功能。

③ 依据单元活动内容的性质。单元活动的内容不同时，应根据活动内容的性质，体现活动内容自身的特点或侧重点。这在以"主题"为内容制定"主题"单元目标时尤应重视。

（4）制定教育行为目标的依据

① 依据单元目标。单元目标是通过一个个具体的活动来实现的。反之，一个个具体的、连续进行的活动是围绕单元目标展开的。因此，制定教育行为目标时，必须依据单元目标。

② 依据上次教育活动的反馈信息和幼儿的"最近发展区"。上次教育活动的反馈信息是教师了解幼儿实际发展情况和水平的重要信息源，它有利于教师依据幼儿的"最近发展区"确定活动的具体目标，并有针对性地展开活动。

③ 依据具体教育活动内容的性质。不同的活动内容具有不同的性质和发展价值，对具体活动目标的制定具有制约性。

2. 合理、准确地表述幼儿园体育活动的目标

由于幼儿是一个完整的、能动的有机体，在任何活动中，他们身心各个方面的发展总是相互影响、相互制约、相互促进的，任何一方面都不可能孤立发展，所以幼儿园教育活动的目标最终都要落实到幼儿身心的各个方面。因此，无论哪一层次的目标，在具体叙述时，都要求目标的内容涵盖要全，要立足于促进幼儿身心全面和谐发展。这是幼儿园教育活动目标表述的共性和一般要求。

按照幼儿园体育活动目标的层次，对不同层次的教育活动目标的表述，亦应有不同的具体要求。一般来说，目标层次越高，其内容的表述往往越概括、抽象；反之，则越具体、明确。

在制定具体目标时，首先应紧扣单元目标，为实现单元目标服务；其次，

活动目标的内容应从幼儿的认知、动作和技能及情感和态度几个方面全面考虑；另外，还应挖掘活动内容的多种教育价值，体现活动功能的综合性。

在具体表述活动目标时，每一方面都应尽量分别阐述，避免交叉。但也应注意突出重点，不必面面俱到。

三 学前儿童体育活动的内容与方法

（一）学前儿童体育活动的内容

身体练习是学前儿童体育活动最基本也是最重要的途径和手段，是为锻炼身体、增强体质、增进健康而进行的。幼儿身体练习的基本动作主要包括身体活动的基本动作、体操动作、器械类活动等。

幼儿园体育活动：基本动作训练

1. 基本动作及游戏

基本动作主要包括走、跑、跳、投掷、平衡、钻爬、攀登等。在体育活动中，由于幼儿的基本动作主要是通过游戏来练习的，因此各种动作类游戏，如走的游戏、跑的游戏、跳的游戏、钻爬和攀登类游戏等（图5-1），便成为幼儿园体育活动的主要内容。

基本动作是日常生活所必需的动作，是人体最基本的活动能力。在体育游戏中进行基本动作练习，既能使幼儿的身体得到锻炼，促进各器官系统的生理功能的完善，促进幼儿的生长发育和身体健康，又能调动幼儿活动的积极性，促进心理的发展。

图 5-1　跑、跳、钻爬综合游戏

（1）走步游戏

① 排队走步游戏。常用的有"开火车""南飞的大雁""小小军乐队"等游戏。

② 分队走步竞赛游戏。常用的有"持物竞走""穿大鞋""蚂蚁搬家"等游戏。

③ 花样走步游戏。花样走步游戏也称表演性走步游戏，如传统的"月月花"游戏，创新与表演相结合的"花样走步表演""小动物走步创新表演"等。

④ 传统走步游戏。如"石头剪子布""切西瓜""丢手绢"等。

学前儿童走的游戏

（2）跑步游戏

① 直线追捉跑游戏。常用的有"捉狐狸""老虎狮子""人、枪、虎""老狼老狼几点了""勇敢的好儿童"等游戏。

② 往返跑游戏。有直线往返跑和圆圈往返跑两类。最常用的直线往返跑游戏有"小孩小孩真爱玩""送小动物去玩耍""拉绳""贴花"等。

③ 圆圈跑游戏。常用的有"小动物赛跑""切西瓜""丢手绢""猜拳跑圈""请你来赛跑"等游戏。

学前儿童跑的游戏

④ 曲线跑游戏。常用的有"弯弯的小河""森林里的小路"等游戏。

⑤ 四散跑游戏。常用的有"雪花飘飘""大风和落叶""捉星星""狡猾的狐狸""孵小鸡"等游戏。

⑥ 传统跑步游戏。如"老鹰捉小鸡"游戏是中大班幼儿非常喜爱的跑步游戏，既可以是教师组织幼儿玩，也可以是教师与幼儿一起玩。另外，"接力跑"游戏是幼儿园大型活动中使用频率较高的游戏之一。

（3）跳跃游戏

① 双脚向上跳游戏。常用的有"大皮球""小猴摘桃""摘星星""跳花盆""跳门槛"等游戏。

② 双脚向前跳游戏。常用的有"小青蛙""猜拳跳远""小白兔和大灰狼"等游戏。

③ 单脚连续跳游戏。常用的有"跳房子""花样单脚跳"等游戏。

④ 跨跳游戏。常用的有"过河采花""山沟里的狼""踏石过河"等游戏。

⑤ 向下跳游戏。常用的有"小小跳水员""小伞兵""小花猫"等游戏。

⑥ 传统跳跃游戏。如"跳房子""跳绳""跳皮筋""跳圈""跳竹竿"等，这些游戏对场地、人员等没有较高的要求，在幼儿园可以分小组开展这些游戏。游戏不仅能给幼儿带来快乐与体格的锻炼，同时也会为幼儿的相互协作、沟通交流等提供更多的机会，从而促进幼儿的身心健康。

（4）投掷游戏

① 投远的游戏。"抛小球""投小飞镖""肩上掷远""投沙包"是幼儿喜爱的、经常玩的投掷游戏，是反复进行投击的对抗性游戏。

② 投准的游戏。常用的有"打雪仗""滚球击物""打大灰狼""投篮练习""套圈"等游戏。

③ 传统投掷游戏。如"丢沙包""抽陀螺""打雪仗"及"玩纸飞机"等游戏。

（5）平衡游戏

① 窄道移动游戏。常用的有"过小桥""走小路""走钢丝""踏石过河"等游戏。

② 提踵走游戏。常用的有"踩高跷""跳芭蕾""小小滑冰运动员"等游戏。

③ 旋转游戏。传统的"迷迷转""转悠悠"和近年创编的"小飞行员""小转椅""不怕风暴的小羊""小蝌蚪找妈妈"都属此类游戏。

④ 闭目移动游戏。"摸鼻子""捉迷藏"是传统的闭目（或蒙眼）移动游戏；"小动物找家""黑夜排雪""盲人击鼓""闭目走步比赛"是新编的闭目移动游戏。

⑤ 单脚站立游戏。"大公鸡""木头人""孙悟空""小小雕塑家"都属此类游戏。

⑥ 传统平衡游戏。我国传统平衡游戏种类很多，其中，除了上面提到的"踩高跷""迷迷转""捉迷藏""木头人"等，"踢毽子""滚铁环""攀岩"等

学前儿童跳的游戏

学前儿童平衡游戏

游戏也深受幼儿的喜爱，可以很好地提升幼儿的平衡能力。

（6）钻爬游戏

① 钻的游戏。常用的有"猫捉老鼠""侦察兵""小鹿赛跑""山鹰和野兔""捞鱼""小鱼河里游""钻洞采花蜜""花儿与蜜蜂""编渔网""钻山洞"等游戏。

② 爬的游戏。常用的有"蚂蚁搬家""小猴赛跑""爱斗的小蛐蛐"等游戏。

（7）玩球

玩球是幼儿喜爱的体育活动。它是把玩球与走、跑、跳、投、钻、爬、平衡相结合的综合性体育活动，兼有多种体育活动的发展功能。

① 拍球游戏。拍球游戏还可分为两种类型：一种是竞赛性拍球游戏，如"拍球比快""拍球比多"等，可以是个人赛，也可以是集体赛；另一种是创新性拍球游戏，如"请你来领做"等。

② 传球游戏。"胯下传接球""头上传接球""体侧传接球"是幼儿常玩的传球接力游戏。

③ 踢球游戏。常用的有"踢绳球""踢球比准""小足球比赛"等游戏。

2. 基本体操和队列队形

（1）幼儿基本体操

幼儿基本体操是指幼儿通过身体各部位动作的协调配合，根据人体各部位运动的特点，按照一定的程序，有目的、有节奏地进行各种举、摆、绕、振、踢、屈伸、绕环、跳跃等一系列单一或组合动作的身体练习。

幼儿基本体操主要包括徒手操和轻器械操两大类。

徒手操是指手中不拿任何器械的体操，它是根据人体各部位活动的特点，依照头、颈部、上肢、下肢和躯干的顺序，通过一系列体操动作组合，结合动作的方向、路线、幅度、节奏、用力特点等变化因素而构成的身体练习，如模仿操、一般徒手操、拍手操、韵律操、武术操等。

轻器械操是指手持轻器械，在徒手操动作的基础上，结合器械的特点进行的身体练习，如花操、筷子操、哑铃操、铃鼓操、饮料罐操、圈操、棍棒操等。

（2）队列队形

队列队形是指全体幼儿按统一的口令，站成一定的队形，从事协调一致的动作。它包括动作（站法、移动法、停法、转法、集合、报数、看齐等排队方法）、队形（纵队、横队、圆形队、半圆形队等）、变换队形（分队走、并队走等）的方法和口令、识别方位等内容。

3. 器械类活动和游戏

学前儿童体育活动的基本体操、基本动作和体育游戏等，通常离不开利用运动器械进行练习。通过各种器械与游戏的练习，不仅有利于增加运动负荷，提高动作难度，而且有利于提高幼儿的运动兴趣，调动幼儿参加体育活动的积极性。从运动器械的体积来分，可分为大、中型固定性运动器械（图5-2），

图 5-2　大型固定性运动器械

中、小型可移动运动器械及手持的各种小型运动器械。

（1）大、中型固定性运动器械与游戏

利用大、中型固定性运动器械进行的运动或游戏，如利用攀登架、滑梯、转椅、秋千、"浪船""宇宙飞船"、攀网、肋木、摇马、跷跷板、蹦蹦床、充气床垫、海洋球池、联合器械等，综合锻炼幼儿的攀登、钻、爬、滚、翻、跳、平衡等能力。

（2）中、小型可移动运动器械与游戏

这主要指利用一些能够搬动或移动的中、小型运动器械（如平衡木板或长凳子）、拱形门、投掷架、木制台阶、小梯子、垫子、小三轮车、脚踏车、小手推车、滑板车等）进行相应的游戏活动。

（3）手持的小型运动器械与游戏

这主要指利用各种大小球类（皮球、塑料球、气球、乒乓球、儿童羽毛球、板羽球、木球等）、棍棒、橡皮筋、跳绳、塑料圈、小哑铃、小凳子、小椅子、小沙包、毽子、小高跷、铁环、各种小飞镖等进行的锻炼活动。这些活动不仅能发展幼儿走、跑、跳、投等动作技能，提高幼儿手臂肌肉力量，而且能发展其动作的灵敏性、协调性、准确性等。

除上述内容外，幼儿园还可根据周围的自然和社会环境组织各类活动和游戏。另外，各地、各民族还有许多具有民间和地域特色的体育活动和游戏，这也是幼儿园开展体育活动不可多得的宝贵资源。幼儿园可以根据自身的条件和地域特点，对此类体育活动的内容加以开发和利用。幼儿园还可根据幼儿认知发展的特点和需求，选择有关幼儿身体锻炼和幼儿喜爱的运动项目作为体育活动的内容，帮助幼儿掌握有关身体活动和运动的知识。

在选择和确定各年龄班体育活动的内容时，由于各年龄班幼儿身心发展的特点和培养目标不同，因而体育活动内容的侧重点和具体的教育活动都会有较大的差异。具体内容可参照各年龄班幼儿体育活动的内容加以选择（表 5-4）。

表 5-4　各年龄班幼儿体育活动的内容

内容		小班	中班	大班
基本动作	走	1. 向指定方向走 2. 拖（持）物走 3. 在指定范围内四散走 4. 一个跟着一个走 5. 沿圆圈走 6. 模仿动物走 7. 短途远足	1. 听信号有节奏地走、变速走、变方向走，高举手臂足尖走、蹲着走 2. 跨过低障碍物走，用前脚掌走 3. 倒退走，上下坡走	1. 听信号变速走、变方向走 2. 绕过障碍物曲线走 3. 一对一对整齐走 4. 较长距离远足

续表

内容		小班	中班	大班
基本动作	跑	1. 向指定方向跑、持物跑 2. 沿规定路线跑 3. 在指定范围内四散跑 4. 在指定范围内追逐跑，走、跑交替或慢跑100 m 5. 一个跟着一个跑	1. 有节奏地跑，绕过障碍物跑，在一定范围内四散追逐跑 2. 20 m快跑，接力跑，走、跑交替或慢跑200 m，远足	1. 听信号变速走、变速跑 2. 四散追逐跑、躲闪跑 3. 快跑25~30 m 4. 走、跑交替或慢跑300 m 5. 绕过障碍物跑 6. 接力跑，大步跑
	跳跃	1. 双脚向前跳 2. 双脚向上跳（头触物） 3. 从高25 cm处往下跳	1. 原地纵跳触物，立定跳远 2. 直线两侧行进跳 3. 双脚交替跳 4. 单、双脚轮换跳 5. 单足连续向前跳 6. 助跑跨跳 7. 由高处往下跳（高约30 cm）	1. 纵跳触物，跳远 2. 助跑跨跳 3. 行进向前侧跳、转身跳 4. 改变方向（前、后、左、右）跳 5. 由高处往下跳 6. 助跑跳高 7. 跳绳，跳皮筋，跳蹦床
	平衡	1. 走平行线（窄道） 2. 在中间走 3. 平衡木上走 4. 在斜坡上走	1. 走平衡木（斜坡） 2. 原地自转 3. 闭目行走	1. 闭目起踵自转 2. 单足站立，走平衡木 3. 变换动作走平衡木（斜坡）
	投掷	1. 单手自然向前投物 2. 双手向上、前、后方抛球 3. 双手滚、接、拍球	1. 肩上挥臂投远 2. 滚球击物，抛接球 3. 左右手拍球	1. 半侧面肩上挥臂投远 2. 投准（篮）练习 3. 抛接球 4. 用球击靶（或活动靶） 5. 套物，运球，踢球
	钻爬	1. 正面钻过障碍物 2. 手膝着地爬 3. 倒退爬 4. 钻爬过低矮障碍物	1. 侧面钻过较低的障碍物 2. 手脚着地爬 3. 钻、爬过较长的障碍物（洞）	1. 侧钻低矮障碍物 2. 灵活横爬（侧爬）、爬越
	攀登	上下台阶，玩滑梯，攀登肋木等	攀登各类攀登设备	手脚交替灵活攀登各种设备
基本体操		1. 模仿操 2. 徒手操	1. 徒手操 2. 轻器械操	1. 徒手操 2. 轻器械操
器械类活动或游戏		1. 滑梯，攀登架，转椅等 2. 小三轮自行车，独轮车等 3. 球、绳、棒、圈等各类小型器械	1. 跷跷板，秋千等 2. 小三轮车，带辅轮的小自行车等 3. 球、绳、棒、圈及其他利用废旧材料制作的小型器材	1. 低单杠，秋千等 2. 脚蹬车，轮胎等 3. 高跷，跳绳，皮筋，球，绳，积木等
球类活动		双手拍球，双手滚球，原地拍球	滚接球，抛接球，原地变化拍球，直线运球	单手滚接球，各种抛接球，投准，曲线运球

（二）各年龄班体育活动内容的重点和难点

各年龄班体育活动具体内容可参照表 5-4 的内容。根据年龄和活动项目的不同确定其重点和难点。

1. 小班

① 在基本动作和游戏的练习中，走和跑的内容是活动的重点，尤其是要练习走和跑的方向、步幅、节奏（小班要求不宜过高）及排队走步的能力。上下肢在走和跑的过程中的协调能力更是练习的重点。而平衡、跳跃和投掷不仅是小班幼儿基本动作练习的重点，更是练习的难点。

② 在身体素质练习中，小班可以不安排专门的练习内容，主要是考虑到小班幼儿的身体发育还不适宜专项练习。但在具体进行身体基本动作和基本体操练习时，应重视对幼儿身体素质的锻炼，把练习的重点放在培养和发展小班幼儿的平衡性、协调性、柔韧性和灵敏性等素质上。

③ 在基本体操练习中，小班幼儿活动的重点是模仿操，其目的是培养他们做操的兴趣和习惯及初步的做操能力。

2. 中班

① 在身体基本活动技能的练习中，练习的重点是平衡、跳跃和投掷。在跳跃练习中，练习的难点是"落地"动作和"助跑跨跳"的动作；在投掷练习中，练习的重点是"肩上挥臂"的投掷动作。

② 在身体素质练习中，除平衡、协调、柔韧和灵敏外，力量、耐力和速度素质成为练习的重点，并注重运用诸多综合练习和专门的身体素质练习（以游戏形式）来发展这些素质。

③ 在基本体操练习中，徒手操是练习的重点，而轻器械操是练习的难点。其目的是全面锻炼幼儿的身体，发展幼儿的身体素质，提高幼儿对体操的兴趣及能力。另外，在队列队形练习中，齐步走、跑步走（重点是培养节奏、步幅和速度的调节能力及提高排队走步的能力）和听信号分队走等内容是练习的重点。

3. 大班

① 在身体基本活动技能练习中，提高动作的技能、技巧和全面增强幼儿的速度、力量、耐力、平衡、协调、柔韧、灵敏等身体素质，发展幼儿的体能是练习的重点。运用诸多综合练习和专门的身体素质练习来锻炼幼儿的身体，其目的是更好地发展幼儿的综合体能。跳跃中的"助跑跳高"和投掷中的"投准练习"是动作练习的难点。

② 在基本体操练习中，难度较大的徒手操和轻器械操是练习的重点，其目的在于进一步激发幼儿做操的兴趣和提高幼儿做操的能力，全面锻炼他们的身体。另外，在队列队形练习中，重点练习的内容是向左右转弯走和听信号左右分队走。

（三）学前儿童体育活动常用的基本方法

1. 讲解法

讲解法是指教师用语言组织幼儿的活动，指导他们理解和掌握活动的名称及练习内容，领会活动的要求、动作的要领和具体做法等。

2. 示范法

示范法是指教师以个体（教师或幼儿）的动作为范例（图5-3），使幼儿看到所要练习和掌握的动作或技能的具体形象、结构和完成的先后顺序等。

讲解法、示范法是组织、实施幼儿园体育活动最常用的方法。尤其在新授体育游戏或体操时，正确运用这两种方法显得尤为重要。一般而言，运用这两种方法时应注意以下几点。

图5-3　示范法

① 讲解和示范相结合。在具体的活动中，根据幼儿的年龄特点和幼儿对练习内容的熟悉程度确定讲解和示范的比例，用示范弥补讲解的不足，用讲解补充示范不易表达的内容。在小班活动中，一般示范多于讲解，在中、大班活动中可逐步加大讲解的比重。在幼儿熟悉的动作练习或游戏活动中应减少示范，在新授或相对复杂的活动内容中，讲解和示范的运用应多一些。

② 讲解要语言清楚，生动有趣，形象逼真，以引发幼儿积极参与身体锻炼的兴趣。讲解的语言要起到示范作用，便于幼儿理解活动的内容、方法和规则，掌握正确的活动方式及动作要领和方法。讲解要突出重点，少而精。例如，讲立定跳远的动作要领时，预备姿势和腾空动作方法，可以通过示范传授给幼儿，重点讲起跳和落地动作的方法、要领，起跳时"腿蹬直、臂摆起"，落地时"屈膝"。注意讲解的时机和效果，例如，在幼儿情绪高涨地游戏时、注意力分散时就不宜讲解。讲解要富有启发性，可结合提问引发幼儿积极思考、相互交流，促进幼儿注意力、思维能力和语言能力的发展。

③ 示范要正确、优美，要给幼儿留下美好的印象，以激发幼儿参与练习的愿望，帮助幼儿建立准确的动作表象和感受体态美。教师在示范时，不要模仿幼儿的错误动作，也不要让有错误动作的幼儿出来做动作，以免伤害这些幼儿的自尊心及其他幼儿因好奇而模仿错误动作。教师要注意示范的位置和方向的选择，保证每个幼儿都能看清示范的动作。教师要根据动作的特点和让幼儿观察的部位选择示范方向。例如，为了让幼儿看清跑步时的上肢动作，教师可采用正面示范的方法；为了让幼儿看清下肢的迈腿动作，可采用侧面示范的方法。幼儿的站位应尽量背风、背阳。

3. 练习法

练习法是教师通过讲解示范，在幼儿初步建立与动作有关的表象和概念的基础上，让幼儿在教师的指导下进行各种身体练习，以实现活动目标的一种方法。它是体育活动中最基本，也是最重要的方法。幼儿园常用的练习法有以下几种。

（1）重复练习法

重复练习法指在固定不变的条件下反复练习游戏或动作的方法。如重复某个动作或游戏，在学习新操的体育活动中主要是重复做某节操等。

（2）条件练习法

条件练习法指设置一定的具体条件或在改变先前练习条件的情况下，让幼儿进行练习的方法。如在规定"目标"的条件下让幼儿练习投准，或在改变钻"山洞"的练习宽度、高度或练习动作后，让幼儿按改变后的要求进行练习等。

（3）完整练习法和分解练习法

前者是把整个动作或活动过程完整地进行练习的方法，后者是指将动作或活动过程合理地分成几个部分，按部分逐次进行练习，最后再组合成完整动作的练习方法。例如，练习跳跃动作，可让幼儿先原地练习摆臂动作，再结合下肢动作，最后完整练习整个动作。

完整练习可使幼儿形成完整的动作的概念和掌握整个活动的结构和过程，一般用于较易掌握的动作练习、简单的游戏或复习活动中。但这种练习过程往往不能突出重点和难点。分解练习能使复杂的动作练习和活动内容有序化和简单化，并能突出练习的重点和难点，一般用于较难的动作练习和较复杂的活动内容，或用于改进较薄弱的环节和强调重点环节。但使用不当时，往往会破坏动作或整个活动过程的完整性。因此，在实际活动中，应根据活动内容的具体特点，将两种方法结合使用，取长补短。

（4）循环练习法

循环练习法是指依次做几个不同类型和性质的动作，或依次进行几项活动的锻炼方法。多用于早操和户外体育活动。

在使用练习法时，应注意以下几点。

① 运用多种练习方法，以帮助幼儿正确掌握练习的内容和动作技能，增强幼儿的体质，激发幼儿练习的兴趣。

② 练习的目的要明确，要求要具体。不同的练习内容或练习性质要有不同的要求。不同的练习阶段，要求要有变化并注意逐步提高。每次练习要分清主次，突出重点和难点。

③ 练习时，教师要及时纠正幼儿的错误，要认真分析错误产生的原因。可用语言提示和具体帮助的方法有针对性地加以纠正，必要时可通过领做或中断练习，重新讲解、示范的方法，帮助幼儿掌握正确的动作概念。

④ 练习过程中要注意贯彻循序渐进的原则，耐心细致，不要操之过急。对不同幼儿的练习，既要有一般的要求，又要注意区别对待和因人施教。此外，要合理安排好练习时间，注意动静结合，并及时了解幼儿的体力等状况，灵活调节练习的内容和过程，保证练习具有合理的运动量。

⑤ 把练习过程与思维活动有机结合起来，逐步培养幼儿在活动中积极思考的习惯。及时了解幼儿在练习中的情绪、品德等诸方面的情况，并有针对性地引导，使幼儿在练习中得到全面发展。

4. 语言提示和具体帮助法

前者是指在幼儿进行身体练习时，教师用简短明确的语言，提示或指导幼儿正确完成动作或进行活动的方法。例如，在幼儿排队走步时，教师提醒幼儿

"抬头、挺胸、迈大步",做操时提醒幼儿"手臂要伸直、用力"等,都是采用了语言提示的方法。后者是指教师直接而具体地帮助幼儿改正错误、掌握正确的练习要求和方法。这两种方法往往相结合使用,多用于重复练习时,教师帮助幼儿防止和纠正错误。它也是实施个别指导的有效方法。

5. 游戏法

游戏法是指以游戏的形式组织幼儿进行身体锻炼的方法。这种方法能将幼儿难以理解或枯燥的动作和身体素质等练习,变成有趣的模仿活动或具体的游戏情节,提高幼儿练习的兴趣,使幼儿在轻松、愉快的氛围中开展活动并达到锻炼和增强体质的目的。

在体育锻炼活动中采用游戏法经常可以利用以下几种形式。

① 直接将有情节的体育游戏作为身体锻炼的主要内容。体育游戏一般有围绕角色而展开的故事情节或活动主题,可以让幼儿通过扮演角色(图5-4),围绕游戏情节的发展或主题的深入而展开各种身体锻炼活动,并能使幼儿具有身临其境的感觉,沉浸在活动之中,自然而然地展开活动,轻松而愉悦地练习各种身体动作,发展有关身体素质,培养幼儿良好的道德和个性品质。

② 在活动的开始或结束部分,可让幼儿练习各种模仿性动作,如小兔跳、大象走、小鸟飞、马儿跑、小乌龟爬、火车开等。这种内容或活动

图5-4　有情节的体育游戏

形式能满足幼儿爱模仿的天性,从而激发幼儿参与身体锻炼的兴趣和愿望,同时也能起到准备活动和放松、整理活动的作用。

③ 用游戏的口吻,或利用头饰、玩具或新颖、变化的活动器材来吸引幼儿,激发幼儿参加身体锻炼的欲望和积极性。

④ 对中、大班幼儿来说,在活动过程中适当增加一些竞赛成分,能增强活动的趣味性,提高幼儿活动的积极性。但活动时应强调遵守竞赛的规则,以免幼儿重竞赛结果而轻身体练习的要求。

⑤ 给幼儿自由活动的时间,鼓励幼儿在自由活动中创造新的玩法。自由活动时间往往能使幼儿感到轻松而没有约束,也使幼儿更敢于大胆、主动地探索和创造自己的玩法。在自由活动结束后,幼儿相互交流自己的玩法,有利于持续对活动的兴趣,增强进一步参与活动的主动性和积极性。

除以上方法外,在幼儿园体育活动中,还经常采用以下方法。

比赛法。比赛法是指在比赛条件下进行身体练习的方法。在比赛中幼儿争取胜利的强烈愿望有利于激发幼儿的愉快情绪和提高其参与身体锻炼的积极性,增加运动强度。在小组比赛中,幼儿间团结、合作的精神是发展幼儿社会性和良好品德的有利契机。但在比赛中要注意确保幼儿动作姿势的准确性及活动过程的有组织性。一般在幼儿还未形成准确的动作姿势,还没有完全掌握活动的全过程时,不宜采用比赛法。另外,小班一般不采用此法。教师对比赛结果的评判应公正合理，并以鼓励为主。

领做法。领做法是指教师边示范边讲解边组织幼儿按教师要求进行练习的方法（图5-5）。这种方法能较好地调动幼儿视觉、听觉、运动觉等多种感觉和两个信号系统[①]的共同活动来建立有关动作的概念和整个活动过程的条件反射，提高活动和学习的效率。

图5-5　教师领做法

信号法。信号法是指用口令、哨音、音乐、鼓声等声响来帮助和引导幼儿进行身体锻炼的方法。口令是身体锻炼活动中常用的信号，在组织幼儿排队和变换队形及做操时经常使用。使用时应做到声音洪亮、清晰、有节奏、有感情，并正确分清动令和预令。其他信号有利于发展幼儿动作的节奏感，活跃活动的气氛，培养幼儿分辨信号的能力。但在使用时，应注意根据动作的特点和活动情节的变化，改变信号的节奏和速度。

总之，幼儿园体育活动的方法是多种多样的，在开展具体活动时，应注意综合运用多种方法，并根据幼儿的情况、活动的不同内容和组织形式、幼儿不同的活动方式及环境、器材等条件具体灵活运用。

📖 **延伸阅读**

身体练习的类型、功能与动作要点

1. 走步的类型、功能与动作要点（表5-5）

表5-5　走步的类型、功能与动作要点

类型	功能	动作要点
自然走步	是走步的基本方式，能锻炼有氧运动能力，是形成正确身体姿态的有效方法	步幅大而均匀，摆腿方向正，落地轻柔，脚跟内侧在一条直线上，脚尖稍向外，约为10°。头正，颈直，眼向前看。躯干正直，自然挺胸，肩臂放松，双臂前后自然摆动，与下肢协调一致，注意力集中
前脚掌走	能增强小腿及脚掌力量，发展平衡能力，培养正确的躯干姿势	脚跟尽量提起，直腰，挺胸，步幅小。双臂自然摆动，也可叉腰、胸前交叉平屈，或放在背后
脚跟走	能培养平衡能力	步幅小，落地要轻，支撑腿稍屈，双脚跟间距稍宽
后踢步	能提高膝关节灵活性、柔韧性和屈小腿肌肉力量	后踢腿，膝放松，动作要快，上体正直

[①]　第一信号系统与第二信号系统是巴甫洛夫学派生理学专门术语。第一信号系统是现实的具体的刺激，如声、光、电、味等；第二信号系统是现实的抽象刺激，即语言文字。

续表

类型	功能	动作要点
拍响走	除具有一般走步的锻炼价值外，还能培养节奏知觉，激发活动兴趣，振奋精神。拍打穴位还可疏通经络、活络气血	五指自然微屈，手心要空，拍击动作要快而小，有节奏，声音要清脆响亮，拍打穴位要准。可手拍手，也可用手拍打身体其他部位，还可持器械击响
持物走	除具有健身价值外，还能帮助幼儿掌握持物移动的生活技能	各种持物走均有其用力特点，但都应注意如何用力、省力和保持身体平衡。推、拉、背物走时上体要前倾，单手提物和单肩背物时上体应向异侧倾斜
协同步	能发展集体走步能力，培养协同意识和注意力	注意力要集中，动作协同一致，要注意调节步幅、步频和节奏，以保持队形和步伐整齐

2. 跑步的类型、功能与动作要点（表5-6）

表5-6　跑步的类型、功能与动作要点

类型	功能	动作要点
自然跑步	能全面发展速度、耐力等运动素质，增强供氧、供能系统的机能	步子要迈开，落地要轻柔，躯干正直稍前倾，双臂弯曲，前后自然摆动，肩部放松，抬头，眼向前看，呼吸自然，注意力集中
圆圈跑	除具有自然跑步的健身功能外，还能发展平衡能力	跑时脚要贴着圆圈，整个身体向内倾斜，不要歪着身子跑
往返跑	除有自然跑的功能外，还能发展灵敏素质	到达转弯处前2~3步的步子要大，上体直或稍后仰，后腿蹬力减弱，最后一步着地时脚向内扣，转体360°，重心移至转身后的前脚，然后起跑
后踢小腿跑	能较好地发展腿后侧屈肌力量和膝关节灵活性，多在舞蹈中表现欢乐的情绪和幼儿活泼的性格	膝部放松，有意后踢小腿，加大幅度，前摆幅度小，步幅小，步频高，前脚掌先着地，上体直，注意保持平衡
前脚掌跑	能较好地发展小腿后侧和脚掌肌肉力量，提高动作速度	前脚掌着地，脚跟提起，步幅小，步频高，直腰，挺胸
后退跑	能较好地发展大腿后侧和背部肌群及本体感	腿后摆方向要正，脚尖先着地，上体正直，步幅小，步频高，靠本体感和眼看前方固定目标控制后退方向
持物跑	能增加身体负荷，增强锻炼效果，能帮助幼儿掌握持物移动技能，提高生活和运动能力，还能提高幼儿活动兴趣	持物方法要便于用力，承受负荷时要注意保持平衡。单手提物和单肩扛物时，上体应向异侧倾斜。背物时，上体应前倾。跑时步幅要小，步频要高，重心起伏要小
接力赛跑	接力跑能发展奔跑能力，培养合作和竞赛精神，增强集体感和责任感	持物和传递连接器械的方法，一不要使器械脱掉，二要便于交接。迎面接力时，传递人应用同侧手传接，同方向接力跑时应用异侧手传接。接物后可以换手持物，也可不换。传递人接传时要错开，以免碰撞；传接时应把注意力集中在传接动作上

续表

类型	功能	动作要点
协同跑	能培养协作精神，发展奔跑能力	跑时要协同一致，注意力集中，保持队形。可由一人指挥
模仿跑	除发展奔跑能力外，还能满足幼儿模仿、创新、表现、审美等多种需要，发展模仿、创新、审美能力，激发和培养活动兴趣	要在观察和熟悉对象的基础上模仿。模仿要形象神似，不苛求形象逼真

3. 跳跃的类型、功能与动作要点（表 5-7）

表 5-7 跳跃的类型、功能与动作要点

类型	功能	动作要点
原地双脚向上跳	训练跳跃能力的基本方法，能有效地发展起跳和落地动作	预备——腿稍屈，臂后摆，上体稍前倾；起跳——臂上摆，腿蹬直；落地——前脚掌先着地，屈腿，上体稍前倾。注意力集中在主要动作上，并随动作变化而变化
立定跳远	能帮助幼儿掌握双脚跳的基本要领，发展弹跳力和灵敏素质	预备——腿稍屈，臂后摆，上体稍前倾，也可弹动一次；起跳——腿蹬直，臂向前上摆，展体，使身体向前上方跳出；落地——屈腿全蹲
双脚连续向前跳	训练弹跳力、下肢的耐力和平衡能力	预备——腿稍屈，臂垂于腿前；起跳——蹬腿，臂向前上摆，使身体向前跳出；落地——稍屈腿，前脚掌先着地，动作轻，臂自然下放，不停顿地继续前跳。注意身体平衡和动作节奏
双脚向下跳	改进落地和起跳动作，提高平衡素质和力量素质	直接向下跳时，腿可先向上蹬伸下落，也可直接跳下；落地时可稍屈或深屈，注意身体平衡；先向上跳时，要点基本同原地双脚向上跳，但应稍向前，落地时屈腿的程度应随跳下的高度改变
双腿连续向侧跳	训练弹跳力和灵敏素质	要点基本同向下跳，只是向侧面用力
跨跳水平和垂直障碍	训练弹跳力，掌握单脚起跳和单脚落地的动作，发展深度和力度知觉，提高调节步幅的能力	助跑——短距、中速、放松，不倒步；起跳——蹬地腿要快速、有力、充分，摆腿方向要正，幅度大，膝放松；落地——轻柔并继续前跑几步，不要有停顿，双臂自然摆动。跨跳垂直于障碍物时，起跨角度要稍大
单脚连续跳	发展弹跳力和下肢力量的耐力，增强平衡素质	起跳蹬摆协调，自然放松，上体稍偏向起跳脚；落地轻柔，并有连续起跳的意识，不停顿地继续前跳。动作要连贯，有节奏，稳定性好
跳山羊	提高弹跳力、灵敏素质、平衡素质，培养勇敢、果断等品质和深度、幅度知觉，以及调节步幅能力	助跑基本同跨跳，上板（起跳板）步子要小，离地低，速度快；起跳——双腿用力蹬地，摆臂展体；腾空——跳起后双手撑跳箱面，同时双腿左右分开，提臂，上体前倾；落地——将落地时，双腿并拢，双脚同时落地，屈腿，上体稍前倾，双臂上举或前平举，帮助保持身体平衡

续表

类型	功能	动作要点
蹲撑跳	提高弹跳力、屈腿和双臂支撑力量	双手向远处撑,双腿用力蹬地、收腹、屈腿;使双腿落于双手之间,或蹲撑,然后双手前移,继续前跳
跳绳(圈)	提高弹跳力、灵敏素质、协调素质和节奏知觉	握绳(圈)要松,摇绳手腕要活,摇跳要协调一致;跳时多用脚掌和脚腕力量,腰要直,肩要松,眼前看
夹包	提高下肢爆发力、灵敏素质和平衡素质	要用双脚蹋趾内侧夹沙包的一角;用蹬腿、摆臂、提腰力量夹包跳起;甩包时快速屈髋、屈脚腕将沙包甩出;落地屈腿缓冲
协同跳	促进跳跃能力,协同能力,注意能力和调节动作节奏、幅度、速度能力的提高	跳跃时注意力集中,动作节奏、幅度要相同

4. 投掷的类型、功能与动作要点(表 5-8)

表 5-8　投掷的类型、功能与动作要点

类型	功能	动作要点
双手腹前投掷	发展蹬腿和挥臂力量与协调能力,培养方位、深度、力度知觉与协同意识	双手持物于腹前,双腿稍屈;蹬腿、展体、快速挥臂,将物向前上方抛出
双手头上投掷	功能基本同双手腹前投掷	双手持物在头后,双腿稍屈,上体稍后仰;蹬腿、收腹,挥臂将物向前上方投出
双手胸前投掷	功能基本同双手腹前投掷	双手持物于胸前,双肘下垂,五指自然分开稍屈,手腕后仰;蹬腿、转体,快速伸臂,将物向前推出
单手低手投掷	功能基本同双手腹前投掷	双脚前后站立,后腿稍屈,投掷臂后引,重心偏于后腿;蹬腿、转体,快速向前挥臂,在膝前将物投出
挥击	功能基本同双手腹前投掷	棒击地面物时后腿稍屈,上体向投掷臂一侧转动,投掷手持器械后引,眼看投击物;蹬腿、转体,挥动器械击放在地上的投击物。手击自抛物时侧面站立,后腿稍屈,挥击臂后引,身体重心稍偏后腿,另一手持物于身前;挥击时,将物向上抛起,蹬腿、转体,挥击臂快速前摆,用手掌或拳击挥击物

5. 平衡活动的类型、功能与动作要点(表 5-9)

表 5-9　平衡活动的类型、功能与动作要点

类型	功能	动作要点
窄道移动	发展平衡能力,培养勇敢、自信、沉着的品质	注意力集中在调节身体平衡上。走步时要步幅小,摆腿低,单腿支撑时间短,上体直,眼看前方道路,双臂自然摆动或侧举,可双脚交替前走或并步走。跑步时要步幅小,频率快,支撑腿弯曲较大,上体较直

类型	功能	动作要点
缩小自身支撑面积的走动	发展平衡能力,增强下肢支撑力量	提踵走,脚跟尽量提起
旋转	掌握旋转技能,增强前庭器官的机能,提高平衡能力	双脚踏步旋转:边踏步边旋转,上体正直,颈直头正。以单(双)脚为轴旋转:以前脚掌为轴旋转,脚跟提起;脚腕用力挺直,上体正直,头正,以髋、腰转动带动上体,双臂自然摆动帮助身体转动。跳转:双脚离地,向上跳起,以腰带动上体转动,颈直头正,落地稍屈腿保持平衡
闭目移动	发展方位觉、体位觉、幅度觉、平衡觉和听觉,提高平衡能力	闭目摸固定目标时,先对正目标后闭目,记住目标方位,走时身正,颈直,脚正,向前移动步幅小,注意肌肉感觉,利用它调整走动方向。捕捉移动目标时,要根据声音正确判断目标方位,迅速向目标移动

6. 爬、钻的类型、功能与动作要点(表5-10)

表5-10 爬、钻的类型、功能与动作要点

类型	功能	动作要点
手膝爬	发展力量、协调、灵敏和速度等	依靠跪撑、腿蹬伸力量和异侧或同侧臂推撑力量推动身体前进。爬时仰头前看
手脚爬	功能与手膝爬同	主要依靠腿的蹬伸和臂的推撑力量前进。爬时仰头前看
匍匐爬	功能与手膝爬同	蹬伸腿时,膝部应边蹬边转,防止臀部隆起。爬时应仰头前看,用鼻呼吸
正面钻	适于钻过较高的障碍物	低头,弯腰,屈腿
侧面钻	适于钻过较低的障碍物	侧对障碍物,离障碍物远的腿蹲,靠近障碍物的腿向障碍物下伸出,低头,弯腰,然后伸后腿,屈前腿前移重心,同时转体钻过障碍物

7. 玩球的类型、功能与动作要点(表5-11)

表5-11 玩球的类型、功能与动作要点

类型	功能	动作要点
拍打球	发展上肢力量,提高腕、指关节的灵活性;发展力度、速度、方位、深度和节奏等知觉,提高手控制球能力、手眼协调能力	正确判断球弹起的方向、速度和高度,腕指放松,五指自然分开,用伸肘屈腕、屈指力量拍打球

类型	功能	动作要点
按压球	功能基本同拍打球	正确判断球弹起的方向、速度和高度，伸臂迎球，触球后屈肘、伸腕指缓冲来球，控制球弹起高度，然后用伸肘、屈腕指力量按压球。原地拍球时，手拍打或按压球上部。移动向前运球时，则按推球的后上方。要用手指和指根触球
滚球	发展腕指肌群和腕指关节的灵活性，发展手的触觉和动觉的敏锐性和准确性，提高手控制球能力	手心对球，用手指和指根触球，用屈腕指力推拨球的后部。滚球移动时，人与球的移动速度要一致。双手滚球时，双手用力要均衡
抛传球	发展力量和协调素质，发展深度、方位、力度知觉和注意力；培养协同用力意识	双手握球的两侧，持球于腹前，双腿稍屈，上体稍前倾；抛出时，蹬腿、展体、挥臂屈腕指将球抛出
双手胸前传球	功能基本同抛传球	双脚左右或前后开立，腿稍屈，双臂屈肘，双手持球两侧放于胸前；蹬腿伸腰，伸臂屈腕指将球推出
双手接球	发展速度、深度、方位和力度知觉及判断能力，增强力量、动作的准确性和手控制球能力	正确判断来球的方位、速度、距离，及时向来球方向伸臂迎球，做好接球手型，各种接球动作的手心都应正对来球，球触手后，双手要及时后移以缓冲来球
踢球	发展下肢爆发力和动作准确性，发展速度、深度和力度知觉	踢静止的球时，支撑脚应站在球侧 10 cm 左右。踢球时，腿放松外摆。前摆时，大腿带小腿，快速摆动。用脚尖踢球时，脚尖应翘起，脚腕用力弯曲。用正脚背踢球时，脚面要绷直，脚趾扣紧。踢球后，腿要随球前摆，注意保持平衡。踢滚动的球时，要判断好球的速度和距离，及时摆腿踢球。用大力踢球时，支撑腿要撑住、站稳
抛接球	发展上肢力量，发展力度、速度、方位、深度等知觉，提高手眼协调能力和手控制球能力	抛球方向要正，高度要符合自己接球能力。接球时，手张开，掌心向上。接高球时，球触手后要缓冲

8. 幼儿体操基本动作（表 5-12）

表 5-12 幼儿体操基本动作

头颈动作	屈：颈椎关节的弯曲动作
	转：以颈椎为轴的转动
上肢动作	举：以肩为轴向上提举，将臂举至指定的位置
	振：以肩为轴，臂做弹性动作
	屈、伸：屈是指肘关节弯曲动作；伸是指由屈肘部位伸直关节的动作
	绕：指臂的活动范围在 180° 以内的弧形动作
	绕环：指臂的活动范围为 360° 的圆形动作
	摆：以肩为轴向不同方向放松摆动

续表

躯干动作	屈：以髋为轴的弯曲动作
	转：以脊柱为轴的躯干转动
下肢动作	蹲：双腿弯曲的动作
	踢：一腿支撑，另一腿以髋或膝为轴，做快速摆动的动作
	弹性屈伸：双腿利用肌肉弹性连续屈伸
	各种站法（略）

四 学前儿童体育活动的实施

（一）学前儿童体育活动的特点及应遵循的规律

1. 学前儿童体育活动的特点

（1）幼儿基本动作的特点

① 走步。3—4岁幼儿已能平稳、熟练地走步，并能初步控制走步的方向，但步幅小而不稳定，摆臂幅度小，膝关节不够灵活，上下肢配合尚不够协调，腰部转动不够灵活，走步时爱东张西望，注意力易分散，排队走步时保持队形和调节节奏、步幅能力较弱。4—5岁幼儿步幅较稳定，上下肢配合协调，个人走步特点已初步形成。在教育影响下，幼儿能保持队形，并能随节拍走，但调节节奏的能力尚弱，注意力仍易分散。

② 跑步。3—4岁幼儿跑步动作仍保留较多的早期跑的特点：步幅小而不均匀，跑速慢但提高得快，控制跑动方向的能力仍较弱，直线跑不直，跑动中改变方向费力而迟缓，起动和制动都较慢。此时期跑的稳定性明显提高，但稍有碰撞或地面凹凸不平时还是容易摔倒，跑的耐力不足，速度意识和竞赛意识缺乏，对他人和自身跑速的知觉和评价能力弱，对自身跑速调节的意识也弱，对竞赛胜负不甚关心，跑步目的性、计划性和抗疲劳能力及克服困难的精神较弱。4—6岁幼儿跑步能力发展迅速，在跑的技能、速度和耐力及心理素质诸方面都有明显的变化。6岁幼儿早期跑的特点已基本消失，男女步幅分别达到99.46 cm和98.84 cm，步幅/下肢长已接近12岁儿童的水平。步频仍保持较高水平，男女分别是4.03次/s和3.77次/s。动作比较协调、放松，控制跑的方向的能力和跑的稳定性都有明显的提高。在集体教育环境下，5—6岁幼儿的速度和竞赛意识很强，特别是男孩爱比赛，对胜负的情绪反应较强。跑动中能有意识地克服疲劳和其他一些困难，表现出较强的意志力。跑步的目的性和计划性也比较明确了。

③ 跳跃。3岁前后的幼儿已能双脚跳起，但蹬地力量小，弹跳能力弱，跳得低，动作不够协调，手臂的摆动与腿的蹬伸配合不好，落地时缓冲能力弱，落地较重，不会屈膝。4—5岁幼儿跳跃能力发展的特点是：远度、速度增长

得快，能较熟练地掌握各种徒手和持器械的单双脚跳技能，跳跃动作日益丰富，在成人指导下能初步掌握立定跳远和单脚连续跳等跳跃和落地的技能，协调性明显优于3—4岁幼儿。6岁幼儿在成人指导下，不仅能使已初步掌握的动作更趋合理、熟练，在各种连续跳方面都能表现出合理而稳定的节奏，而且能掌握跳跃、跳圈、跳竹竿、跳皮筋、跳山羊、跳蹦床、助跑跳远、跨越式跳高等较复杂的跳跃技能。起跳时，能有意识地摆臂助跳，蹬腿和摆臂配合较协调；落地时，能有意识地屈腿缓冲、保持平衡；跨跳落地时，能不停顿地前跑几步以缓冲和保持平衡。对跳跃结果比较关心。此时期立定跳远的远度仍以较高的速度发展。

④ 投掷。3岁幼儿已能掌握原地单手肩侧、肩上、低手投掷和双手头上、腹前等投掷的动作，但动作不协调。投掷时，主要是上肢用力，下肢和躯干不能协调配合，肌肉较紧张，多余动作多，力量小，方向和出手角度不稳定，不准确，投掷距离近。4—5岁幼儿在正常教育条件下，投掷能力发展较快。在6岁前后，幼儿已能掌握单手肩上、肩侧、低手投掷动作和双手头上、胸前、腹前投掷动作，而且全身较协调用力，投掷远度与准确性明显提高。但多数幼儿肩上投掷动作尚不够协调，出手角度和方向仍不稳定。5—6岁时，男女孩投掷能力差异明显，男孩优于女孩。

⑤ 平衡。3岁幼儿已有一定的平衡能力，日常活动中，在他们已适应的运动环境中和较稳定的心理状态下，能平衡地走、跑和跳跃，但在快跑、转弯、急停、斜坡跑、跳跃落地和不平坦的场地上跑时易失平衡、摔倒。很多幼儿在较高的平衡木或摇晃的器械上走动时害怕、精神紧张、稳定性不足。4—5岁幼儿随着力量、灵敏等素质、平衡觉和中枢神经调节能力的发展，平衡能力发展很快。在正常的教育条件下，幼儿能在10~15 cm宽、30~45 cm高的平衡木上走、跑、跳、跨越低矮障碍物、转身、钻圈。经过系统教学，不少幼儿能在平衡木上做出较复杂的平衡动作，能跳绳和滚翻，能学会对平衡能力要求较高的滑雪、滑冰动作。幼儿阶段平衡能力发展具有发展快、锻炼效果好、男女孩有差别等特点。

⑥ 钻。幼儿喜爱钻"洞"。3岁幼儿做正面钻时多是低头、弯腰钻过，屈腿程度较小。由于空间知觉和体位知觉较弱及害怕碰到障碍物，在钻"洞"时常常过早地低头弯腰，过"洞"后过早直立以致身体触及障碍物。经过教学，3岁幼儿也能掌握侧面钻过低矮障碍物的动作。幼儿钻"洞"的灵活性和速度都是随年龄和运动经验的增长而增长的。

⑦ 爬行。爬行是幼儿最早掌握的身体移动方式。8—9个月的婴儿就会爬行，以后便学会手膝着地爬。直立后，虽然较少用爬行作为移动方式，但直到6—7岁仍然喜爱爬行。他们所掌握的爬行动作的数量、合理程度及爬行速度都随年龄的增长、身心成熟程度的提高而发展。

⑧ 攀登。3—4岁幼儿在攀登各种器械时，往往是五指并拢扣握横木，并手、并脚攀上爬下，动作不灵活、不协调，姿势不正确。经过不断练习和指导，5—6岁幼儿已能做到用大拇指与其他四指分开抓握横木，并能比较灵活、

幼儿园体育
活动：投掷

熟练地攀上爬下。

⑨ 小球。在一般教育环境中，3 岁幼儿能初步掌握拍球、滚球、踢定位球、双手头上和腹前抛掷球，以及接难度较低的空中来球和滚来的球等技能。他们判断球的方位、距离、速度的能力弱，动作的协调性、准确性、力量不够，拍球和接球时难以主动伸臂去"找"球。但他们玩球能力的发展潜能是较大的，在科学、系统的指导下，他们双手都能连续多次拍球并有一定的节奏，能主动伸臂去"找"球。5—6 岁幼儿双手能熟练地、连续地、有节奏地做原地和移动拍球；能用多种姿势拍球；能初步掌握胸前传接球、传接反弹球、踢滚动的球、挥棒击定位球、连续拍空中的球、双手同时拍球、一手抛另一手接等对注意分配能力和控球能力要求较高的技能；动作的力量、协调性、准确性也较 3 岁幼儿有很大的提高，但与学龄儿童相比尚有明显的差距。这一时期幼儿如能接受科学、系统的指导，他们中的多数人能掌握运球、颠球等复杂的玩球技能。

（2）幼儿基本体操和队列队形的特点

3—4 岁幼儿做操主要是为了满足运动、模仿、审美、交往等需要。活泼、优美、新颖的体操动作，节奏鲜明、欢快活泼的乐曲，形象生动有趣、音韵和谐的儿歌和色彩鲜艳的器械，是他们做操的主要诱因。他们喜欢动作模仿操、轻器械操、律动操和游戏操。他们喜欢的体操动作简单易学，方位明确，以正前方、双侧和上方为主，双侧对称，速度较慢，变化较小，节奏鲜明，活泼有趣，模仿性强。他们喜新爱变。他们的动作准确性、节奏性、协调性、力度和速度差，学习新动作慢。

随着幼儿身心发育水平的提高和正确而系统的体操教育的开展，幼儿做操能力也获得了较快的发展。5—6 岁幼儿做操兴趣已包含着运动、发展动作、模仿、审美、表现、交往等多种内容，发展体操动作、提高做操本领已成为他们的重要动机。他们仍喜爱模仿操、律动操和轻器械操，但兴趣内容扩展了，对武术操、韵律操、多种多样的轻器械操及双人操都感兴趣。他们能掌握举、摆、快速屈伸、振、弹性屈伸、较简单的绕环和较精细的手腕动作，能较快地学会 6 节以上的操及简单的变化队形的方法，动作的准确性、协调性、节奏性、力度和速度都会比 4 岁的幼儿有明显的提高。他们也能在教师的引导下想出新的体操动作，特别是模仿动作。

幼儿体操动作与走、跑、跳、投等自然动作的发展有很大的不同，它与教育环境相关程度更高，在不同体操环境中相同年龄幼儿的体操能力会有显著的差异。

小班幼儿入园时间不长，还不习惯于集体生活，不懂得排队，空间概念较差，不能清楚地记住自己排队的位置。通过教师的帮助和不断练习，逐渐学会做简单的排队动作，但幼儿的注意力很不稳定、易分散以致保持不了队形，活动中需要教师经常提醒。中班幼儿已具有初步的集体意识，逐步习惯于排队活动，空间知觉也有了初步的发展，控制自己行为的能力有所增强，能按口令排队并学会了基本的队列队形变换，多数幼儿初步学会调节自己的步幅、步频。

大班幼儿集体意识和空间知觉有明显发展，通过学习与练习，能掌握一些较复杂的队形变换，如分队走、并队走、螺旋走、开花走等，已具有一定的调节节奏、步幅、步频的能力。

（3）学前儿童体育游戏的特点

① 小班幼儿体力较弱，身体的基本活动能力较弱，动作不够平稳、灵敏、协调；思维活动带有具体形象性，喜欢模仿，对游戏中的情节、角色、动作过程容易产生兴趣，自控能力弱，注意力不易集中；对游戏的结果不太注意，没有较强的胜负意识。

② 中班幼儿在体力、智力及社会性等方面都有明显的发展，体力逐渐增强，动作比以前显得灵活、协调；空间知觉有了一定的发展，注意力也比较集中，具有一定的自控能力；初步学会了与同伴友好合作，集体观念有所增强；对游戏的结果已开始有所注意，喜欢自己能获胜。

③ 大班幼儿基本活动能力已发展较好，动作更加灵活、协调，体力较充沛；知识范围扩大，理解能力有所发展，具有较强的自控能力，有一定的责任感和集体观念，相互合作的能力有所提高；较注意游戏结果，喜欢有胜负的结果。

📖 **延伸阅读**

大带小民间体育游戏的实施策略[①]

一、选择适合大带小的游戏素材

民间体育游戏虽然内容多样，富有趣味性。但有些活动只适合单一年龄段的幼儿，如"丢手绢"，由于不同年龄的幼儿反应速度、奔跑速度差距比较大，就不适合以大带小的形式开展。所以，在游戏素材的选择上，教师要对收集的各种民间体育游戏进行梳理，选择出能同时满足不同发展水平幼儿需求，适合大带小开展的游戏素材，以发挥其重要的教育价值。

二、制定针对性的大带小游戏目标

大带小民间体育游戏是由不同年龄段幼儿在教师的统一指导下，共同参与完成、互相促进的体育活动。因此教师必须事先根据幼儿的年龄特点和发展水平来制定相应的活动目标。如活动《1、2、3木头人》中，教师根据不同年龄段制定出不同的目标要求，在活动中贯彻实施。小班目标：（1）能理解基本的游戏规则，学会玩游戏；（2）能听懂口令，有基本的反应能力和平衡能力；（3）体验和哥哥姐姐一起游戏的快乐。大班目标：（1）能遵守游戏规则，学会自我控制；（2）能够根据口令较为迅速地做出动作并创编动作；（3）在游戏中能照顾弟弟妹妹，带领他们一起游戏。针对性目标的确定利于活动的有效开展，促进不同年龄段幼儿的发展，更好地达到大带小活动的教育价值。

---

① 官熙娟.开展"大带小"民间体育游戏的思考与实践［J］.福建教育学院学报，2021，22（08）：104-105.

三、创设大带小游戏情境引发对子互动

大带小落实到具体的形式，就是一大一小结对子。教师在开展民间体育游戏时必须创设通过大带小才能完成的任务情境，帮助幼儿自觉自主地形成大小对子。如"老鹰捉小鸡"游戏，根据游戏情境的设置，通过教师的引导，大孩子会自发产生保护幼小的意识，主动担当起鸡爸爸和鸡妈妈的角色，小孩子则扮演小鸡角色。在游戏中一大一小组成一对，小孩子就能和大孩子形成亲密的合作意识，强化对子关系。同时教师要善于引发对子幼儿间的互动，以对子为单位进行指导，这样可以帮助幼儿摆脱自我中心意识，自觉自愿地加入"大带小"的关系中来。

2. 学前儿童体育活动应遵循的规律

（1）人体生理机能变化规律

在运动过程中，人的生理活动能力是在不断变化的，并且呈现出一定的规律性。即身体运动开始时，人体的机能活动能力较弱，然后随着身体的运动而逐渐提高，达到最高水平，并在一定时间内保持最高水平，而后随着疲劳的出现，活动能力呈下降趋势，从而形成"上升—稳定—下降"的规律。

人体生理活动变化的规律及幼儿在此方面的特点，对于学前儿童体育活动的组织是很重要的，是组织早操和体育课的重要依据。

（2）动作技能形成规律

动作技能也称运动技能，是指人能掌握和有效地完成专门动作的能力，也可以理解为按一定的技术要求完成动作的能力。

动作技能的形成有一定的规律，通常要经历相互联系的三个阶段。

① 粗略掌握动作阶段。在这个阶段中，大脑皮层中的兴奋和抑制过程都呈现出扩散的状态，条件反射的暂时性神经联系不稳定、不精确，会出现"泛化"现象，故此阶段也称为"泛化阶段"。动作通常表现为比较僵硬、紧张、不协调、不准确，缺乏灵活的控制能力，多余的动作较多，动作较费力、不够自然。这一阶段幼儿在认识上处于感知和表象阶段，主要依靠视觉表象来控制和调节动作。

因此，在幼儿学习动作技能的初期，教师要抓住动作的主要环节进行必要的示范与讲解，使幼儿对动作的整体性有一个初步的、全面的印象。同时，提供给幼儿较多的练习机会，让幼儿亲自去体验和实践，初步学会做此动作。此时不要过多地强调动作的细节或是过多地纠正幼儿的错误动作，只要幼儿做得基本正确即可。

② 改进和提高动作的阶段。在幼儿粗略掌握动作的基础上，通过经常不断的练习，其大脑皮质运动中枢的兴奋和抑制过程逐渐集中，尤其是抑制过程得到了发展而逐渐加强，使动作由"泛化"进入"分化"阶段，故此阶段也称为"分化阶段"。在这一阶段中，幼儿紧张的动作或多余的动作明显减少，大部分的错误动作得到纠正，身体的控制能力有所增强，能较顺利、较正确地完成整个动作，逐步形成了动作概念。这时，可以认为幼儿已初步建立起了动力

定型。但这种动力定型还不稳定，动作仍不够熟练和巩固，在一些复杂、变化的情况下（如遇到新异刺激或活动条件发生了较大的变化等）仍较容易出现动作变形的现象，原有的多余动作或错误动作有可能重新出现。

因此，在这一阶段，应让幼儿多进行练习，注意对幼儿错误动作的纠正，帮助幼儿逐步掌握动作的细节，促进分化抑制的进一步发展，提高幼儿动作的节奏感，使幼儿能轻松自如、协调正确地完成动作，促进动作日渐完善。

③ 动作的巩固和运用自如阶段。在幼儿经常、反复练习的基础上，其大脑皮质的兴奋和抑制在时间和空间上变得更加集中和精确，从而形成了较为巩固的动力定型。这一阶段的动作表现是：幼儿能较准确、熟练、协调、省力地完成动作，甚至能出现动作的自动化（即在做动作时，不需要有意识地去加以控制也能顺利、正确地完成）。

这一阶段教学活动的主要任务是巩固和发展已形成的动力定型，设置各种变化的环境和条件，使幼儿能在各种变化的条件下自如地运用这些动作技能，提高幼儿动作的适应性。如果中断或停止对动作的复习和巩固，那么，已经形成的动力定型也有可能会出现消退的现象。

上述动作技能形成过程的三个阶段的划分是相对的，实际上它们是有机联系的，各个阶段之间并没有明显的界线，是逐步过渡、发展的。每个阶段的出现及持续时间的长短，与幼儿的发展水平、特点及教材内容的特点、教师的教学方法等有很大的关系，不能一概而论或是统一要求。

📖 延伸阅读

开展幼儿园足球活动的支持策略

首先，幼儿园要准确把握教育部办公厅《关于开展足球特色幼儿园试点工作的通知》（以下简称《通知》）精神，理解任务要求。

《通知》要求幼儿园通过足球等各类游戏活动提高幼儿感知、体悟、躲避危险和伤害的能力。幼儿园要创建激发幼儿探究足球兴趣、强健体魄、自主游戏的教育环境，调整幼儿园活动区域设置，合理利用室内外环境，创设开放的、多样的区域活动空间，为幼儿提供有利于激发学习探索、安全、丰富、适宜的足球游戏材料和玩教具，防止盲目攀比、不切实际。幼儿园要充分利用本地足球资源，遴选、开发、设计一批符合幼儿身心特点的足球游戏活动，丰富游戏资源，满足幼儿开展足球游戏活动的基本需要。充分发挥幼儿园家长委员会作用，鼓励家长共同参与足球等多种游戏活动。

其次，教师要认真进行实践探索，将开展幼儿园足球活动落到实处。

1. 教师应明确幼儿园足球活动既要遵循幼儿学习与发展特点，又要尊重体育运动规律。教师要了解足球运动是一项融合了多种基本动作的复杂运动，在开展幼儿园足球活动前，应先了解幼儿的生理特点与经验水平，选择符合幼儿身心发展特点的足球活动内容。

2. 教师应通过"体能"与"游戏"相结合的方式开展幼儿园足球活动，避免直接引入成人足球的内容及方式。游戏是幼儿的主要学习形式。教师可以通过各种带有游戏性质的玩法让幼儿对足球产生兴趣，同时也要将走、跑、跳、投、踢等各种基本动作的练习与足球游戏相结合，促进幼儿身心全面发展。

3. 教师要结合幼儿体验式学习的亲历性、情境性、实践性和情感性的特征，在足球活动中调动幼儿学习的积极性、推进幼儿内化经验，激发幼儿参与足球活动的内驱力。教师要优化幼儿园足球活动环境、创设足球活动情境、提供丰富的材料、开展多样化的足球文化生活等来丰富幼儿园足球活动。

4. 教师在组织幼儿园足球比赛时，在比赛的内容、形式、规则及与其他课程整合等方面，力求让足球比赛更符合幼儿身心发展特点和规律，让幼儿爱上足球，充分体验足球活动的魅力。

（二）学前儿童体育活动的组织原则与形式

1. 学前儿童体育活动的组织原则

（1）经常化原则

《幼儿园工作规程》中明确规定："幼儿园应当积极开展适合幼儿的体育活动""正常情况下，每日户外体育活动不得少于 1 小时"。幼儿园体育活动应渗透在幼儿一日生活的各个环节，避免"三天打鱼，两天晒网"的现象。

（2）适量运动负荷原则

适量运动负荷原则是指在组织幼儿进行身体锻炼活动时，教师应合理安排并注意调节幼儿身体和心理所承受的负荷量，保证幼儿在运动后能取得超量恢复的最佳效果，提高身体运动的机能，达到增强体质的目的。这既是人体机能适应性规律的要求，也是人体生理机能变化规律的要求。

贯彻这一原则，应注意如下几个方面。

① 要根据身体锻炼活动的内容、活动项目的特点及幼儿年龄的差异，合理地确定身体锻炼时的"量"，包括练习的距离、练习的次数、练习的时间和间隔时间、持续活动的总时间、练习的密度、活动的强度等。一般要求"强度小些，密度大些（50%~70%），时间短些，节奏强些"，以有助于身体锻炼达到合理的负荷。

② 根据人体生理机能变化规律，注意使身体锻炼活动的活动量由小到大逐步增加，并在活动结束前逐步下降。例如，在编操时，一般从活动量较小的头颈部动作或上肢的伸展动作开始，逐步由上肢、扩胸、转体（或体侧屈）、腹背动作过渡到活动量较大的全身和跳跃动作，最后是放松、整理动作。在其他类型的身体锻炼活动中，一般开始部分做一些活动量不大的身体活动或开展一些活动量不大的游戏，这样既可克服身体器官系统的惰性，提高人体的活动能力，又可避免因活动量过大而过早地导致幼儿身体疲劳。在活动的中间部分，一般可安排一些活动难度和强度较大的身体练习，使活动量增加，并出现

适宜生理负荷的高峰。在结束部分，一般可安排走步、活动量较小或较安静的游戏，或做一些模仿性动作和有利于肢体放松的体操、律动、简单的舞蹈等，使活动量逐渐减少。

③ 教师在组织指导幼儿参加身体锻炼活动时，要注意精讲多练，并严密安排好身体锻炼活动的组织环节，避免过多的排队及不必要的调队等；要克服因器材少、活动内容贫乏或分组太少而导致的等待时间过长的弊病。但也要注意讲练结合、动静交替，避免活动量过大。要善于调动幼儿参与体育锻炼活动的主动性和积极性，但也要严格控制幼儿活动过度。另外，教师应注意根据幼儿的体力状况区别对待，既要有一般要求，又要因人而异，还要根据季节、气温、营养、卫生等条件灵活安排活动量。

④ 教师要注意合理安排和调节幼儿的心理负荷。一般在一次身体锻炼活动中，要注意新旧内容的合理搭配，避免因新授内容过多而造成认知负荷过大，新授内容的难度要适中，活动中对幼儿所提的要求要合理，以防止不合理的意志负荷出现。在安排活动时，前半部分宜安排认知负荷较大的内容，后半部分宜安排趣味性强、较剧烈的活动内容或形式，使情绪负荷达到高峰。要避免因情绪高潮出现过早而影响后面活动的顺利开展。此外，教师要注意自己的教态和教法，努力用积极的情绪、饱满的精神、富有兴趣和启发性的讲解及准确、优美的动作示范去感染和激发幼儿的积极情绪，要尊重和热爱幼儿，以鼓励表扬为主，不恐吓和随便训斥幼儿。

⑤ 要利用测心率和观察幼儿在活动中的表现等方法，了解运动负荷是否合理，以便灵活地调节活动的内容和方法。在活动中，平均心率在每分钟 130～160 次是比较合理的（恢复正常心率的时间为 3～5 min）。面色稍红，汗量不多，呼吸中速、稍快，动作协调、准确，注意力集中、反应快，情绪愉悦，这些都表明幼儿正处于轻度疲劳状态。这时结束活动，幼儿能获得比较适宜的运动负荷。

（3）多样化原则

多样化原则是指教师应灵活运用多种途径、多种组织形式和方法来开展幼儿园体育活动。虽然幼儿园体育活动的开展途径、组织形式和组织方法是多种多样的，但都各具特点，都有不可替代的作用。因此，想用一种开展途径、组织形式和方法去完成全部的幼儿园体育活动任务是不现实的。只有多种开展途径、组织形式和方法相互补充、相互配合、灵活运用，才能实现幼儿园体育活动的目标。

（4）全面发展原则

全面发展原则有两层含义。一是幼儿园体育活动应促进幼儿身心全面发展，即体育活动不仅要促进幼儿身体的健康，而且要促进幼儿心理的健康和发展；不仅要增强幼儿的体质，而且要促进幼儿在认知、情感、社会性和个性方面的良好发展。二是在幼儿的身体锻炼活动中，应尽量使幼儿身体的各个部位、各个器官系统的机能、各种身体素质和基本活动技能等，都能得到全面协调的发展，尽量避免身体锻炼的片面性和不平衡性。

贯彻这一原则应注意如下几个方面。

① 在利用游戏等形式组织幼儿进行各类动作练习和器械练习时，应重视发展幼儿的身体素质。

② 在幼儿园体育教学活动中，除了要避免机械的动作练习和单调枯燥的身体素质专项练习，以及克服活动的小学化和成人化倾向外，教师还应注意选择多样化的内容和手段，使幼儿身体的各部分都得到全面锻炼。例如，在以投掷、平衡练习为主要内容的活动中，应结合跑、跳等活动内容来促进全身运动负荷的平衡，避免出现在一次活动中身体某部位的运动负荷偏大而其他部位的运动负荷不足的情况。

③ 在幼儿自选、自由进行的户外体育活动中，教师不仅要注意为幼儿提供丰富多样的活动器材，而且要经常指导幼儿选择或更换不同的活动内容，避免幼儿只选择自己喜欢的器材或运动项目，克服锻炼的片面性。

④ 选编幼儿基本体操时，应包括上肢、下肢、躯干（腹部、背部、胸部）、头颈部等身体各部位的不同类型的动作内容，注重在体操中发展幼儿灵敏、协调、柔韧、平衡、力量等身体素质和良好的身体姿势。

⑤ 在身体锻炼活动中也应注重帮助幼儿掌握粗浅的、有关身体锻炼的知识和技能，发展有关概念，丰富他们的认知经验；提高幼儿在身体锻炼活动中从事智力活动的技能和品质；发展幼儿团结友爱、互相合作、负责、服务、宽容、热爱集体的社会情感和态度，提高幼儿的社会交往能力；培养幼儿遵守纪律、爱护公物的道德行为；发展幼儿勇敢、不怕困难、持之以恒的意志品质；培养幼儿积极参加身体锻炼活动的兴趣和习惯，养成幼儿活泼开朗的性格。

幼儿园体育活动除了应遵循上述主要的活动原则外，还应遵循和贯彻直观性原则、兴趣性原则、幼儿主体与教师主导相结合的原则、有组织的教育活动与幼儿自选自由活动相结合的原则，等等。只有将学前儿童体育活动固有的原则与幼儿园教育活动的一般原则和规律有机地结合起来，灵活运用，才能更好地实现幼儿园体育活动的目标。

2. 学前儿童体育活动的组织形式

按照不同的分类标准，学前儿童体育活动的组织形式有多种分类方式。例如，按照体育活动地点的不同，可以分为园内体育活动和园外体育活动，或室内体育活动和室外（户外）体育活动；按照体育活动组织的严密程度和教师指导方式的不同，可以分为正规性体育活动和非正规性体育活动。

按照幼儿在园一日活动中参与体育活动的时间和内容的不同，通常把幼儿园体育活动的组织形式分为以下几种。

（1）早操活动

这里所指的早操活动，并非一般意义上所指的晨间体操活动，而是做操和晨间其他体育锻炼活动的总称。在天气晴好的情况下，通常在幼儿园户外场地上进行早操活动（户外不适宜做活动时，可在教室内做操或利用走廊开展体操和小型游戏活动；在天气炎热或寒冷的季节，有条件的幼儿园可在专门的体育活动室中进行早操活动）。活动时间约半小时，且要求每天都按时进行，活

动形式大多采用集体活动（如集体做操等）（图
5-6）和自选活动（如利用运动器械，尤其是利
用各种小型器材进行的小型多样的体育游戏和活
动）相结合的方式。这种活动方式在全面锻炼身
体、培养幼儿养成良好的身体姿态、自觉参与和
积极参加身体锻炼活动的良好习惯等方面，都有
十分重要的作用。坚持每天做操，还有利于培养
幼儿持之以恒、不怕寒暑等意志品质，并能有效
地提高幼儿机体对环境的适应力，增强对疾病的
抵抗力。

图 5-6　集体做早操

　　早操活动的内容一般是幼儿基本学会和掌握的内容，不学习新的内容（除
器材的不同玩法外）。基本体操的内容一般应一学期更换 1~2 次，以提高幼儿
做操的积极性和做操的能力。另外可根据季节和气候变化灵活调节早操活动的
时间和内容。做操时教师应注意幼儿动作姿势是否正确、到位，如发现错误应
及时用语言提示或具体帮助的方法予以纠正，并注意引导幼儿做操时动作和呼
吸相互配合。为避免幼儿憋气和提高幼儿做操的兴趣，教师有时可采用以声助
力的方法，保证早操活动的安全和卫生。

　　（2）体育课

　　体育课是幼儿园体育活动的基本组织形式，通常采用集体（全班或小组）
教学活动的方式。如无特殊情况（主要指空气污染、下雨或天气过热、过冷），
体育课要求在户外场地上进行。幼儿园并非每天都上体育课，各年龄班的体育
课一般每周安排 1~2 次，并大多采用游戏的方式。体育课的主要任务是：全
面锻炼幼儿的身体，增强幼儿体质；传授简单的体育知识和技能；发展幼儿智
力；培养优良品质，锻炼意志，发展个性。

　　体育课的结构是指一节体育课的教学活动环节的安排及各环节中教学活动
的内容、组织工作的安排顺序和时间的分配等。根据人体生理机能活动变化的
规律和幼儿身心活动变化的特点，体育课的结构一般分为三个部分。

　　① 开始部分。

　　任务：组织幼儿，集中幼儿的注意力；使幼儿明确活动的内容和要求，激
发他们参与身体锻炼活动的兴趣和愿望；通过身体锻炼活动，克服各器官、组
织的惰性，提高其活动能力，发展主要肌群；根据基本部分的内容，做一些有
针对性的准备活动，为下面的活动做好适应性准备。

　　内容：排队和队列队形练习；向幼儿说明活动的要求和主要内容；做一些
基本体操或模仿活动；开展一些运动负荷不大、有利于发展幼儿体能的游戏；
也可进行一些简单的舞蹈和律动等。

　　时间：一般占总时间的 10%~20%。

　　② 基本部分。

　　任务：基本部分的主要任务是完成此节课的主要教育和教学任务，学习新
的或较难的活动内容，巩固和提高已学过的各类动作和游戏等，并通过幼儿自

身的练习，提高幼儿的身体素质，发展幼儿的能力，培养幼儿良好的心理品质等。

内容：发展体能的游戏，基本体操等；其他各类游戏。一次活动一般安排1~2项活动内容，并注意新旧搭配，急缓结合，全面锻炼幼儿的身体。

如果这节课有新的教学内容，根据幼儿认知活动特点，应该将此内容安排在前半部分，以使幼儿能有较集中的注意力、饱满的情绪和充沛的体力去学习和练习；能引起幼儿高度兴奋或活动量较大的游戏活动，则应放在后半部分，以便与幼儿身体机能活动的水平相适应。

时间：一般占总时间的 70%~80%。

③ 结束部分。

任务：降低幼儿大脑的兴奋性；使幼儿的身体由运动时的紧张状态逐渐恢复到相对安静状态，放松肢体；合理地小结评价，有组织地结束活动；收拾和整理器材。

内容：轻松自然地走步；徒手放松肢体；简单、轻松的操节或舞蹈；较安静的游戏等；肯定和称赞幼儿的努力和成功，同时继续激发和保持幼儿参与体育活动的兴趣和积极性。

时间：一般占总时间的 10% 左右。

以上三个部分之间是相互联系的。虽然各个部分都有自己的主要任务、内容，但它们又是一个紧密结合的统一整体，前一个部分是后一个部分的准备，而后一个部分又是前一个部分的自然延续或发展，它们的中心目标是共同完成本节课的教育任务。

体育课的结构也不是固定不变或千篇一律的。各部分的内容、时间等，都应该根据具体的活动目标、任务、幼儿的实际情况、季节气候的特点、场地及条件等灵活地组织和安排，其着眼点就是更好、更有效地完成幼儿园体育活动的任务。

除此之外，体育课的结构还有一些其他类型。例如，按照某个体育游戏活动的结构或由两个游戏组成的结构；由几个围绕游戏情节或主题展开的活动环节所组成的结构；按教材顺序设计体育课的结构等。总之，幼儿园体育课的结构是多种多样的，但是，都应遵循体育活动的基本规律。

幼儿园体育教学活动方案的表述，一般包括以下几个部分，这几个部分既可以采用文字叙述的方式，也可以采用表格式。

① 活动名称（班级）。

② 活动目标（认知、技能、情感态度）。

③ 活动准备（场地、器材、知识准备等）。

④ 活动过程（开始部分、基本部分、结束部分）。

⑤ 活动延伸（不一定每个都有）。

⑥ 活动评析或建议。

（3）户外体育活动

户外体育活动也是幼儿园体育活动的重要组织形式。在正常情况下，户外体育活动必须在幼儿园户外场地上进行（如遇特殊情况，可利用室内专门的"体育活动区域"，如"室内海洋球池""感觉综合训练室"等，或在专门的室内体育活动场地进行活动）并确保每天活动的时间。《幼儿园工作规程》规定：幼儿"正常情况下，每日户外体育活动不得少于 1 小时。"在时间安排上，户外体育活动一般有两个时间段，一是晨间或上午的某个时间段，二是下午的某个时间段，活动的内容主要是器械运动或利用小型器材进行自主游戏和活动，有时也安排做操（如幼儿午睡后的户外活动）。活动的形式多种多样，但通常采用自选活动的方式。因此，户外体育活动更能发挥幼儿活动的积极性、主动性和创造性，也更有利于教师因人施教。

除上述基本组织形式外，幼儿园体育活动还有"幼儿运动会""幼儿远足或短途旅游""室内幼儿体育活动"等形式。

📖 延伸阅读

幼儿园户外运动环境与材料的准备

幼儿是通过直接感知、实际操作和亲身体验，在与环境的积极互动中自我建构经验的。幼儿园户外运动环境的科学创设与运动材料的合理准备，能够使幼儿喜欢运动，激发幼儿的运动热情，满足幼儿的运动需要，促进幼儿身心全面发展。

一、运动环境的准备

1. 创设安全的环境氛围，为幼儿提供身体、心理上的安全保障。如选择安全环保的材料、多利用由自然材料制作成的器材，不同区域地面材料软硬适宜；对于挑战性设施要考虑幼儿身体、心理安全，在增加游戏挑战性的同时，使幼儿身体各部位得到安全保障；经常排查运动场地的安全性，消除安全隐患；制定各区域的安全运动规则，鼓励幼儿以图文并茂的形式，制作安全运动标志、规则海报等并张贴在适宜的位置。有序划分室内外区域，满足幼儿不同天气时运动的需要，满足个人、小组、集体活动的需要；在每个运动区域张贴方向指示标志，保证幼儿运动安全。

2. 拓展运动空间，满足幼儿多样化的运动需要。如利用大树、楼梯、夹角等空间创设运动区域；利用狭长形的场地，设置攀爬、触跳、投掷、钻、平衡等运动环境；进行双层运动空间设计，使幼儿的运动空间由平面变得立体，解决园所面积小的局限性，实现小园所运动空间最大化，为幼儿提供更加丰富的游戏、运动等环境。

二、运动材料的准备

1. 运动器材要便于操作。根据幼儿的年龄与能力特点准备运动材料。幼儿在户外自主活动时，根据自己的需要选择器材。器材的制作与选择要既轻便又牢固，既便于操作又安全。将材料按运动类型、材质等分类，分别放置于不同区域，并贴上标签，便于取放。

2. 运动器材要满足需要。对于同一器材，设计不同造型、尺寸，供幼儿自主选择，满足不同年龄班和不同发展水平幼儿的需要。同一器材也可通过不同的摆放方式达成不同目标。注重材料的低结构化、多样性和可操作性特点，提供低结构材料，让幼儿通过自由搬动、任意拼摆或组合器材，引发不同的运动游戏，实现不同的学习与发展。

（三）学前儿童体育活动应注意的问题

幼儿阶段是个体身体及心理成长的关键期，激发幼儿积极参加体育活动的兴趣并养成科学锻炼身体的好习惯至关重要。

1. 幼儿园体育教学活动应注意的问题

① 教师要做好活动前的准备工作，包括幼儿的知识准备，活动前的场地、器材和玩具的置备与布置，熟悉活动计划，做好活动前幼儿及场地的安全、卫生工作。

② 教师的情绪、语调和姿态等将直接影响幼儿的情绪和兴趣。教师要注意自身的言行对幼儿情绪和兴趣的影响和感染，要以积极的态度和高昂的情绪投入活动的组织和指导中去，要有高度的责任心，要有灵活性。

③ 灵活运用多种指导方式，既面向全体，又注意个体差异，做好个别教育。

④ 控制好活动的时间。一般小班为 15～20 min，中班为 20～25 min，大班为 30 min 左右。

⑤ 重视在活动中发展幼儿的能力，并通过建立活动常规，利用活动的有关内容，培养幼儿良好的品质和个性，促进幼儿身心全面健康地发展。

⑥ 注意做好活动后的复习辅导和检查评价工作，总结经验教训，不断提高自身的组织指导能力和教育质量。

2. 幼儿园早操活动应注意的问题

① 做好活动前的准备工作。

② 给幼儿提供足够的活动器材，并为幼儿提供自选器材、自由活动的机会和条件。

③ 在活动的不同时间，指导幼儿利用同一器材或选用不同的器材开展各种活动，培养幼儿活动的创造性，全面锻炼幼儿的身体。

④ 丰富早操活动的内容。早操活动的内容一般是幼儿已经掌握或基本掌握的内容，一般不学习新的内容（除器材的不同玩法外）。基本体操的内容一般应一学期更换 1～2 次，以提高幼儿做操的积极性和做操的能力。做操时教师应注意幼儿动作、姿势是否正确、到位，如发现错误应及时用语言提示或提供具体的帮助方法予以纠正，并注意引导幼儿做操时动作和呼吸相互配合。为避免幼儿憋气和提高做操的兴趣，教师有时可采用以声助力的方法。

⑤ 根据季节和气候变化灵活调整早操活动的时间和内容。注意早操活动的安全和卫生，即应保证场地整洁，所用器械安全和卫生，播放音乐的音量不宜过大，等等。

⑥ 做好个别教育工作。

3. 幼儿园户外体育活动应注意的问题

户外体育活动与早操活动有一定的相似之处，但由于户外体育活动与早操活动相比，其活动的内容和形式的灵活性更大，因此在指导时应注意如下几个方面。

① 保证幼儿有足够的户外体育活动时间。每天为幼儿安排户外体育活动的时间不少于 1 h，季节交替时要坚持，但要选择温度适当的时间段进行，只有保证幼儿的户外体育活动时间，才能有效地提高幼儿适应季节变化的能力。

② 提供足够的活动器械和活动内容，提供幼儿充分的自由活动的机会和条件。在活动的不同时间，应注意投放新的、不同的活动器械和丰富多彩的活动内容。通过走平衡木、玩跳房子等多种游戏发展幼儿的身体平衡能力；鼓励幼儿进行跑跳、钻爬、拍球、跳绳等游戏发展幼儿动作的协调性和灵活性，但在拍球及跳绳等技能性活动中，不要过于要求数量，更不能机械地训练幼儿，以免幼儿对体育活动产生逆反心理；经常带幼儿玩拉手转圈、秋千、转椅等游戏活动，让幼儿适应轻微地摆动、颠簸、旋转，促进其平衡器官机能的发展。

③ 活动前应向幼儿提出活动的具体要求和注意事项。活动中要注意观察和了解每个幼儿的具体情况，有针对性地、灵活地予以指导，注意因人施教，做好个别教育工作。

④ 启发幼儿在活动中积极思考，尤其是在小型多样的体育游戏活动中，要鼓励和引导幼儿创造多种玩法，发展幼儿活动的创造性，增进幼儿的智力。同时，应要求幼儿遵守活动规则，爱护活动器材，团结合作，处理好同伴间的相互关系，以促进幼儿社会性和良好品德、个性的形成。活动结束时，要求幼儿整理好活动器材。

⑤ 灵活运用多种活动和指导方式开展幼儿园户外体育活动。尤其应加强对幼儿自选活动的指导，避免活动的失控。为此，教师一方面应限制幼儿的不当或过分活动，另一方面又要调动那些态度消极的幼儿积极参与活动，达到锻炼身体的目的。

⑥ 注意户外体育活动的内容与其他形式的身体锻炼活动的密切配合。

⑦ 保证户外体育活动的安全和卫生。

📖 **延伸阅读**

关于幼儿动作发展的教育建议

动作发展目标

目标1 具有一定的平衡能力，身体动作协调、灵敏

教育建议

1. 利用多种活动发展身体平衡和协调能力。如：
- 走平衡木或沿着地面直线、田埂行走。
- 玩跳房子、踢毽子、蒙眼走路、踩小高跷等游戏活动。

2. 发展幼儿动作的协调性和灵活性。如：
- 鼓励幼儿进行跑跳、钻爬、攀登、投掷、拍球等活动。
- 玩跳竹竿、滚铁环等传统体育游戏。

3. 对于拍球、跳绳等技能性活动，不要过于要求数量，更不能机械训练。

4. 结合活动内容对幼儿进行安全教育，注重在活动中培养幼儿的自我保护能力。

目标2　具有一定的力量和耐力

教育建议

1. 开展丰富多样、适合幼儿年龄特点的各种身体活动，如走、跑、跳、攀、爬等，鼓励幼儿坚持下来，不怕累。

2. 日常生活中鼓励幼儿多走路、少坐车；自己上下楼梯，自己背包。

目标3　手的动作灵活协调

教育建议

1. 创造条件和机会，促进幼儿手的动作灵活协调。如：

● 提供画笔、剪刀、纸张、泥团等工具和材料，或充分利用各种自然、废旧材料和常见物品，让幼儿进行画、剪、折、粘等美工活动。

● 引导幼儿生活自理或参与家务劳动，发展其手的动作。如练习自己用筷子吃饭、扣扣子，帮助家人择菜叶、做面食等。

● 幼儿园在布置娃娃家、商店等活动区时，多提供原材料和半成品，让幼儿有更多机会参与制作活动。

2. 引导幼儿注意活动安全。如：

● 为幼儿提供的塑料粒、珠子等活动材料要足够大，材质要安全，以免造成异物进入气管、铅中毒等伤害。提供幼儿用安全剪刀。

● 为幼儿示范拿筷子、握笔的正确姿势以及使用剪刀、锤子等工具的方法。

● 提醒幼儿不要拿剪刀等锋利工具玩耍，用完后要放回原处。

案例评析

案例一　渔趣（大班）

设计意图

大班幼儿的走、跑、跳、钻爬、攀登能力基本形成，但在腰腹肌力量及协调性方面还有待提高。该活动以"打鱼"为主题，通过"钓鱼""捞鱼""烤鱼""运鱼"等游戏环节，锻炼幼儿的手臂肌肉力量，让幼儿尝试翻滚，在尝试的过程中学习侧滚翻的方法，这将有助于增强大班幼儿的运动能力和运动素质，同时培养幼儿团结合作、勇于挑战的精神。

活动目标

1. 锻炼手臂肌肉力量、腰腹肌力量，提高动作的协调性和灵活性。
2. 初步养成勇敢、自信、坚强、敢于挑战困难的意志品质，培养团结合作精神。
3. 体验体育活动的快乐，乐于参加体育锻炼。

活动准备

经验准备：对钓鱼、烤鱼的方法有一定了解。

材料准备：垫子4块（每块尺寸1.5 m×1.8 m）；热身运动音乐和放松音乐。

活动过程

1. 热身运动：律动——钓鱼记。

教师播放音乐，带领幼儿做热身运动；听音乐变换钓鱼动作。

此环节教师设置"钓鱼"活动，激发幼儿参与游戏活动的兴趣。该谐有趣带说词的音乐《钓鱼记》响起，幼儿在轻松而富有情趣的说唱氛围中表演钓鱼的不同动作，舒展身体的各部位肌肉。该环节活动量适宜，让幼儿的身体迅速调整到运动状态，为接下来的体育活动做好充分准备。

2. 体育游戏：捞鱼、烤鱼、运鱼。

教师用4块垫子创设出各种场景："大海"（4块垫子两两合并）、"烤箱"（两块垫子排成一长条搭建成一个烤箱，4块垫子可搭两个烤箱）、"推车"（每块垫子变成一辆大推车），带领幼儿开始游戏。

（1）开展"捞鱼"游戏，锻炼双臂肌肉力量与发展坚持性。

教师讲解示范捞鱼的动作：幼儿两两合作，一人扮演鱼俯卧在垫子上，双手紧抓垫子边缘，身体不离开垫子；另一人扮演捞鱼者，抓住"鱼"的双脚脚踝并扰往后拉，注意不要抓鞋子或裤子。

第一轮游戏，教师扮演捞鱼者，幼儿扮演鱼。

第二轮游戏，幼儿分男女组轮流"捞鱼"。

此环节难度较小，主要是锻炼幼儿的手臂肌肉力量，也是"钓鱼"之后的热身运动，运动量逐渐提升，为后面的大活动量的运动做好铺垫。

（2）开展"烤鱼"游戏，在翻滚动作中锻炼腰腹肌力及发展动作的协调性和灵活性。

幼儿自由探索"烤鱼"的方法，教师巡回观察，引导幼儿设计不同的翻滚动作。

师幼集中交流，总结"烤鱼"的方法（即正确的翻滚动作），并以此开展游戏。

动作一：手脚伸直侧滚翻——"烤长带鱼"（长长、直直），把垫子排成一长条，幼儿连续地侧滚翻。要求不滚出垫子，双手举过头，双脚伸直，学会用腿轻蹬调整身体。

动作二：幼儿双手抱膝侧滚翻——"烤多宝鱼"（短短胖胖）。要求头和身体协调配合，教师辅助幼儿翻滚。

动作三：幼儿两两合作——"烤双鱼"，双手环抱同伴一起侧滚翻，进一步练习侧滚翻。

此环节以幼儿日常生活中感兴趣的"烤鱼"活动再次掀起游戏高潮。教师先让幼儿说出自己"烤鱼"的方法动作，并一一尝试，在自由探索中享受挑战创新带来的乐趣；接着以"烤长带鱼""烤多宝鱼"的游戏引导幼儿分别学习手脚伸直侧滚翻和双手抱膝侧滚翻；最后让幼儿挑战两人合作"烤双鱼"，这个动作要求幼儿两两配合、动作正确协调完成。动作难度慢慢加大，符合幼儿身心发展规律，既增强幼儿勇于挑战困难的自信心，培养其坚持的意志品质，又锻炼幼儿与同伴合作的能力。

（3）开展"运鱼"游戏，加强推、拉动作练习。

幼儿6人一组自由组合，合作用不同方法"运鱼"。教师适时指导幼儿活动，根据活动情况可让幼儿尝试运两条"鱼"或3条"鱼"，并讲评分享幼儿分组"运鱼"的不同方法。

此环节旨在让幼儿加强推、拉动作练习，锻炼幼儿手臂肌肉力量；同时期望幼儿通过此环节的游戏，初步学会协商分组、分配角色，体验团结合作的力量。而进一步挑战运两条"鱼"或3条"鱼"，增加了难度，需要幼儿继续改进"运鱼"方法、动作，伙伴间相互配合，推动推车把"鱼"运走。幼儿从中学习解决问题的方法，享受解决问题成功后的喜悦。

3. 放松活动：律动——彩虹的约定。

教师播放音乐《彩虹的约定》，坐在垫子上带领幼儿随律动做放松肌肉动作，之后全体幼儿簇拥教师"运鱼"回家，感受师幼间浓浓的爱。

活动评析

1. 活动设计精巧，以"钓鱼"游戏引入，以"运鱼"游戏结束，"打鱼"的主题贯穿活动始终。

活动设计符合大班幼儿兴趣特点，从幼儿感兴趣的生活情节"打鱼"出发，展开游戏的各环节。游戏情节生动有趣，使幼儿在快乐的游戏情境中自然掌握各项运动技能，体现了游戏性。活动从"钓鱼"开始，进行简单的热身运动，继而是运动量稍大的"捞鱼"，再到活动量和难度最大的"烤鱼""运鱼"等游戏，动作从易到难，由浅入深，层层递进，环环相扣，体现了递进性。游戏从自由探索侧滚翻到双人合并侧滚翻，需要幼儿准确掌握侧滚翻的动作，并与同伴配合蹬脚完成，这要求幼儿具有一定的臂力，腰腹肌的力量及与同伴配合、共同协作的能力。"运鱼"环节从运一条"鱼"到运两条"鱼"或3条"鱼"，增加重量，具有挑战性。幼儿经过努力收获成功，增强了自信心，身心愉悦。

2. 教师适宜指导，收放自如，高效完成活动目标。

教师能根据游戏情节的发展适时调节活动量，分组运动和鱼贯式运动互相交替，做到在活动量从小逐步递增又逐步递减的同时关注幼儿的实际表现，在活动量较大时整体调节活动速度，让幼儿分组轮流休息或全体休息。游戏中侧滚翻环节有部分幼儿有困难时，教师适当帮助，指导其运用正确动作，完成单人侧滚翻和双人侧滚翻，使活动顺利进行。设计的体育活动目标自然融入各个游戏环节，且能高效完成，效果良好。

案例二 抢圆盘（中班）

活动目标

1. 初步学会往返接力跑，能够用击掌的方式完成接力跑。
2. 乐于参加抢圆盘游戏，体验团结合作的快乐。

活动准备

材料准备：哨子1个、圆盘30个、三角锥4个、热身音乐。

活动过程

1. 引导幼儿对身体各部位进行热身。

师：小朋友们好，现在请小男生与小女生排成两列，我们一起跑步，一个跟着一个跑，不要推挤。

师：跑完步，我们站成4列，做一下热身操。（播放热身音乐，引导幼儿活动身体各部位。）

2. 讲解往返接力跑动作，引导幼儿学会往返接力跑动作。

（1）引导幼儿排成两列，讲解往返接力跑动作。

师：小朋友们，现在请你们4列变两列，小男生一列，小女生一列，再看向我。

师：今天，老师要教大家往返接力跑，小眼睛看这里，老师的前面有一个三角锥，我们快速地跑过去绕过它，再跑回来和下一个小朋友击掌，这样就轮到下一个小朋友跑过去了。（教师边讲解边示范。）

师：现在我想请一些小朋友跟我一起试一试，让我看看谁的小眼睛看得最仔细，就请他来试试。

（2）引导幼儿排成两列进行比赛。

师：现在我们请小朋友看这里，你们的前方有一个三角锥，我们来试一试。

师：小朋友们都学得很快，现在老师想请小男生和小女生来比赛，看看哪队跑得快。准备好了吗？出发！

（3）加入圆盘道具，增加练习难度。

师：现在游戏要升级了，老师给你们准备了漂亮的小帽子，你们想要吗？

师：那游戏规则是什么？谁来猜猜这个游戏要怎么玩？

师：操场中间有老师为你们准备的小帽子（圆盘），但是帽子的数量不多，不是每个人都有。老师把你们分成两队，每队派一个小朋友过去拿一顶帽子，回来和下一个小朋友接力，哪个队的帽子多哪个队就获胜，听清楚了吗？

师：老师已经给你们准备好红旗了，获胜队有一面小红旗，我们来看看今天哪个队的小红旗最多。

师：好，现在我们变成4列到三角锥后面站好。小队长组织自己的队员，为接力跑的队员加油。

师：你们准备好了吗？出发！

3. 引导幼儿放松肌肉，自然结束游戏。

师：今天哪个队抢到的帽子最多？我们一起来数一数。

师：现在快速回到老师这里，我们一起做放松操。

活动结束。

活动评析

1. 教师根据幼儿的身心发展特点采用适当的教学方式。教师根据幼儿的思维特点，直接带领幼儿练习，在幼儿初步掌握动作后，由易到难层层递进地开展集体接力比赛，再逐步加入新的道具，增加游戏难度。

2. 教师较好地处理游戏规则与竞争关系，培养幼儿的规则意识。教师让幼儿在简单的接力活动中领会游戏规则，感受比赛的刺激与紧张，然后再逐步加入抢圆盘等元素，逐步提高游戏难度，增加挑战性，使比赛充满变数，让幼儿更加投入地参与到精彩刺激的比赛中。当幼儿出现破坏游戏规则的行为时，要及时提醒幼儿并进行"处罚"（如扣掉犯规队的圆盘数量），使他们无法通过犯规轻松获胜。

资料来源：王惠涵，张玉敏.中班体育活动"抢夺圆盘"案例诊断［J］.福建教育，2020（1）：51-53，有删改.

案例三　远足活动（小班）

活动目标

1. 发展幼儿走、跑、攀登等动作技能，提高幼儿动作的灵敏性、协调性，增强其平衡能力和应变能力。
2. 提高幼儿适应自然环境的能力，并对幼儿进行认识秋天的教育。
3. 对幼儿进行礼貌教育、遵守交通规则教育、安全教育，使幼儿养成良好的行为习惯。

活动内容

秋季远足登山与游戏。

活动准备

1. 教师先勘察、熟悉地理环境，选择、确定活动及教育内容，并进行现场备课。
2. 准备好猫、狗、兔头饰若干及这三种小动物"家"的标志各一个，沙袋若干（比幼儿人数多一些），猴、狼头饰各一个，小塑料袋若干（每人一个）。
3. 检查幼儿的服装、鞋，以利于活动，提醒幼儿如厕。

活动过程

1. 教师讲解活动的目标与要求，调动幼儿参加活动的积极性。要求幼儿跟着队伍行进，不掉队；遵守交通规则，注意安全；懂礼貌。
2. 教师带领幼儿出发，沿途进行随机教育。如沿着行走路线教幼儿认识路标上的字，"昆山道""天山里"等；过路口时，教会幼儿先看左边，再看右边，注意来往车辆，不抢道，保证安全；让幼儿走一段便道沿，比比谁走得稳，谁的平衡能力强；随机进行礼貌教育，向路上遇到的老年人及园林工作人员问好。
3. 来到公园，教师要教育幼儿尊重园林工人的劳动，爱护公共场所的设施及一草一木；让幼儿观察秋天的景色、落叶、人们的服装变化等，使他们初步感受秋高气爽、景色宜人；利用"土山"组织幼儿玩登山游戏——"小动物聚会"。

游戏前分配角色：教师出示猫、狗、兔头饰，引起幼儿的兴趣，请幼儿自选角色并戴上头饰，教师扮演"猴王"。教师讲解游戏玩法，并要求幼儿勇敢、顽强、克服困难、团结互助、注意安全。

玩法一：小动物找家

教师先在"山上"不同的树林处，挂上三种小动物"家"的标志。小动物们听到信号后迅速上山找自己的"家"，以同一种小动物都找到自己的"家"为准，最先找到"家"的小动物为胜。反复进行快速登山、下山活动（根据幼儿体力情况玩 2～3 次）。

玩法二：看看谁能追上我

请一位教师或幼儿戴上头饰，扮演"猴王"。"猴王"忽然高喊："小动物们，看谁能追上我呀！"喊声未落，小动物们迅速行动，紧追"猴王"，在山上充分利用地形做躲闪、追跑的游戏。大家群策群力，围追堵截，"猴王"终因寡不敌众被包围了，小动物们欢呼雀跃，游戏结束。

4. 最后做放松活动，发给每个幼儿一个小塑料口袋，让他们四散在山上、山下、公园里捡落叶。

5. 组织幼儿有序地返回，注意沿途进行几项随机教育活动。

活动延伸

下午起床后，教师引导幼儿用捡回来的落叶，在纸上粘贴小鱼、小帆船、小猫头等；用沿途学过的路标字卡，玩接龙组字游戏，引导幼儿谈秋天的景色及感受，发展他们的口语表达能力。

活动评析

该活动目标明确、具体、切合实际；教师准备充分、细致；活动内容丰富多彩，且因地制宜；活动形式新颖、独特，符合幼儿身心发展特点，充分体现了在教师引导下的幼儿主体活动，使幼儿自始至终情绪高涨、余兴未尽。

教师能根据幼儿的实际能力，变化活动的内容与形式。在增强幼儿体能的活动中，不仅注意了随机礼貌教育、爱护公物教育等，而且有意识地培养了幼儿的观察能力、应变能力、审美能力及口语表达能力等。它实为融德智体美劳全面发展为一体的、极好的一次远足教育活动。

资料来源：人民教育出版社体育室. 幼儿园体育活动的理论与方法［M］. 人民教育出版社，2013.

岗位对接

一 素材与分析

（一）素材

生活中常见的一些东西往往蕴含着丰富的教育价值，报纸就是其中的一种。通过玩报纸的游戏，幼儿知道过期的报纸可以被利用、可以作为游戏的材料。请根据上面内容设计一次中班体育活动。

（二）分析

幼儿喜欢玩的东西并不一定有多么昂贵。一张纸、一堆土、一块石头都有可能是幼儿的宝贝。过期的报纸在生活中比较容易得到。玩报纸的游戏，比较贴近幼儿的生活。通过玩报纸的游戏，中班幼儿自由地尝试，集思广益，体验报纸的多种玩法，感受大家一起进行一物多玩的快乐，从而培养创新意识，发展创造性思维，真正实现玩中学与学中玩。

二　活动设计与实施

好玩的报纸

（一）活动目标

1. 认知目标：知道玩报纸的方法及常见动作变换的指令。
2. 能力目标：发展身体的灵敏性及协作探究能力。
3. 情感目标：体验玩报纸的乐趣。

（二）活动准备

报纸若干、《和纸玩游戏》《进行曲》《水族馆》音乐、企鹅妈妈及宝宝胸饰、鲨鱼头饰；幼儿事先观看神舟十六号宇宙飞船及南极企鹅生活视频；幼儿身穿运动服装等。

（三）活动重点与难点

1. 活动重点：幼儿体验玩报纸的乐趣。
2. 活动难点：幼儿协作探究能力的发展。

（四）教学方法

讲解法、示范法、游戏法、体验探究法、讨论法等。

（五）活动过程

活动过程包括开始部分、基本部分和结束部分。

1. 开始部分——快乐热身与激趣：教师扮演企鹅妈妈带着幼儿——小企鹅们在大海里自由游泳。

2. 基本部分——达成目标。

（1）魔术棒游戏。

教师引导幼儿将报纸变成魔术棒，伴随着《进行曲》做游戏：火箭升空——上肢运动；飞船对接——侧身运动；变成神舟十六号宇宙飞船——飞翔运动；太空行走——放松运动；摆动魔术棒，向着圆心走——整理运动。

（2）探究报纸的多种玩法。

幼儿自由尝试与别人不一样的玩法，教师巡视并及时给予鼓励。请幼儿展示自己的玩法，并与其他幼儿分享。

鼓励幼儿探索两个或多个人一起玩的方法，教师随时注意观察幼儿的运动情况，适时调节运动强度。请幼儿表演，其他幼儿跟着一起玩。

（3）"南极冰块"游戏。

将一些报纸铺在地上表示冰块，然后播放《水族馆》音乐，教师扮演企鹅妈妈，带着企鹅宝宝们在大海里游泳。当音乐停止时，大鲨鱼（另一教师扮演）就会出来抓企鹅宝宝，但是只要企鹅宝宝站到冰块上，鲨鱼就吃不到企鹅宝宝了。随着环境的破坏，南极的冰块逐渐融化（拿走一张报纸），然后再做上述游戏……南极的冰块又融化了（报纸逐渐减少），教师引导幼儿站在报纸上。为了企鹅宝宝的家，为了我们的家，教育幼儿要保护环境。

3. 结束部分——放松运动：将报纸铺在地上当作床，伴随着音乐，小企鹅们相互挠挠头、摸摸脸、拍拍胳膊、拍拍腿。

（六）活动延伸

将报纸做成球送给小班幼儿。

三 说课训练

（一）说活动内容

中班幼儿已经具备了一些体育技能，但有些幼儿不爱运动。有些幼儿有较强的探究欲望，当保育员用报纸擦玻璃时，幼儿对地上的报纸团会产生兴趣。报纸的多种玩法可以很好地锻炼幼儿的体能及反应能力，培养幼儿团结协作的意识及自主探究的能力。

（二）说活动目标

认知目标：知道玩报纸的方法及常见动作变换的指令。
能力目标：发展身体的灵敏性及协作探究能力。
情感目标：体验玩报纸的乐趣。

（三）说活动准备

报纸若干、《和纸玩游戏》《进行曲》《水族馆》音乐、企鹅妈妈及宝宝胸饰、鲨鱼头饰；幼儿事先观看神舟十六号宇宙飞船及南极企鹅视频；幼儿身穿运动服装等。

（四）说活动重点与难点

1. 活动重点：体验玩报纸的乐趣。
2. 活动难点：协作探究能力的发展。

（五）说教学方法与策略

本次教学活动主要运用讲解法、示范法、游戏法、体验探究法、讨论法等。以幼儿探究报纸玩法为主线，请幼儿分别扮演小企鹅、魔术师等，激发幼儿参与游戏的兴趣。运用讲解法、示范法及游戏法等，为幼儿打开探究的大门，激发幼儿探究的欲望与热情。

（六）说活动过程

1. 课前热身：教师扮演企鹅妈妈带着幼儿——小企鹅们在大海里自由游泳，实现快乐热身与激趣的目的。

2. 基本部分包括以下三个游戏。第一个是魔术棒游戏。教师引导幼儿将报纸变成魔术棒，伴随着《进行曲》做游戏，变火箭、神舟十六号宇宙飞船等进行四肢活动的游戏。此游戏可激发幼儿玩报纸的兴趣，同时也启迪幼儿思考报纸的多种玩法，初步达成活动目标。第二个游戏是探究报纸玩法。幼儿先独自尝试多种玩法，教师适当给予鼓励，之后请幼儿与其他幼儿分享自己的玩法。然后再请幼儿两人或者多人协作探究报纸的玩法，同样在探究之后与其他幼儿进行分享。此游戏给予幼儿自由探究与展示自我的空间，进一步达成活动目标。第三个游戏是"南极冰块"游戏。教师将一定数量的报纸铺在地上，代表南极冰块，同时播放《水族馆》音乐，教师扮演企鹅妈妈，幼儿扮演企鹅宝宝。在音乐开始的时候，企鹅妈妈会带领企鹅宝宝在大海里游泳；当音乐停止的时候，另一位教师扮演的大鲨鱼会出来抓企鹅宝宝，只要企鹅宝宝站在"南极冰块"上就会安全。随着环境的破坏，南极冰块逐渐融化，教师就会拿掉一部分报纸，之后重复游戏。教师在此时要注意幼儿的安全。此游戏不仅可以更好地达成活动目标，而且还可以让幼儿亲身体会环境遭到破坏的后果，提高幼儿保护环境的意识。

3. 结束部分：教师播放轻松的音乐，幼儿将报纸视为床，互相轻轻拍打做放松运动，使原来兴奋的神经逐渐恢复到相对安静的状态，在轻松愉快的气氛中结束活动。

（七）说活动延伸

将报纸做成球，送给小班幼儿玩。体会废旧报纸再利用，培养幼儿的爱心。

四　活动评价

（一）活动目标评价

1. 活动目标符合《纲要》《指南》精神及中班幼儿年龄特点，切合幼儿的发展水平和发展需要。

2. 活动目标全面，能围绕给定主题，难度适当，对整个活动具有导向作用。

3. 活动目标陈述简洁清晰、突出幼儿的主体性，可操作性较强，不仅充分体现了健康领域特点，同时也体现了各领域间的相互渗透。

（二）活动准备评价

1. 恰当而充分的物质准备：充足的报纸，有利于保证每个幼儿进行自由探究的活动；

体育活动过程中，播放与游戏内容相关的音乐，可以更好地烘托游戏的氛围；身穿运动服不仅可以保证幼儿的安全，而且可以让幼儿在游戏过程中体能得到更好的发挥；胸饰的准备，不仅可以更好地实现角色扮演，而且也可以防止因头饰脱落等影响游戏的开展。

2. 有效利用现代化教学手段，提前让幼儿观看相关视频，尤其是与国家重大事件相关的视频，不仅增强了活动的实效性和趣味性，同时也能让幼儿感受到国家的强大。

（三）活动过程的评价

1. 过程设计结构严谨，层次清晰，各环节之间过渡自然流畅，循序渐进。体育活动的开始部分既实现了热身，也实现了在短时间内的快乐激趣。

2. 教学方法和活动组织形式选择适宜，教师只是引导者和参与者，充分发挥幼儿的主体性，给予幼儿更多的讲解示范机会、独自与协作探究的空间等，将活动目标的实现融入游戏活动中，体现了体育活动价值的最大化。

3. 提问具有思考性、启发性、开放性特点；能预测教学活动过程可能出现的问题并能设计出相应的教学活动策略。

4. 活动详略得当，能较好地突出重点，突破难点；教学手段设计针对性强，既符合幼儿的认知特点，支持幼儿的学习，又有利于学习目标的达成。

赛场直击

一、单项选择题

1. 户外活动时，明明扭伤了脚，下列错误的处理方法是（   ）。
   A. 24 小时内用冰块或冷毛巾反复多次冷敷（20~30 分钟，检查皮肤的温度，间隔 10~20 分钟）
   B. 24~48 小时后热敷或涂活络油，促进血液循环
   C. 怀疑骨折应去医院检查
   D. 揉按受伤部位

2. 户外活动时，涛涛不小心扭伤，出现充血、肿胀和疼痛现象，王老师应对涛涛采取的措施是（   ）。
   A. 停止活动，热敷扭伤处   B. 停止活动，冷敷扭伤处
   C. 按摩扭伤处，继续活动   D. 清洁扭伤处，继续活动

3. 幼儿的户外活动时间在夏、秋季可安排多一些，冬季可适当缩短。一般每天的户外活动时间为（   ）。
   A. 1~2 小时   B. 2~3 小时   C. 3~4 小时   D. 4~5 小时

4. 幼儿教师在组织活动尤其是户外活动时，要考虑幼儿的生长发育特点。下面关于幼儿生长发育说法错误的是（   ）。
   A. 容易疲劳   B. 疲劳后容易恢复

C. 容易损伤 D. 大肌肉发育晚，小肌肉发育早

5. 在正常情况下，幼儿户外活动时间（包括户外体育活动时间）每天不得少于（　　）小时，寄宿制幼儿园不得少于（　　）小时；高寒、高温地区可酌情增减。

　　A. 2.5，3 　　　B. 3，3 　　　C. 2，3 　　　D. 3，3.5

6. 教师组织全体幼儿一起到户外玩"捕蝴蝶"的游戏以发展幼儿跳的动作，这种户外体育活动形式是（　　）。

　　A. 集体封闭式 　　B. 分散开放式 　　C. 分组式 　　　D. 分组轮换式

7. 教师在组织幼儿进行身体锻炼活动时，需要合理安排以及注意调节幼儿身体和心理所承受的负荷，从中体现的幼儿园健康教育的原则是（　　）。

　　A. 适量的运动负荷原则 　　　　　　B. 全面发展的原则
　　C. 经常化原则 　　　　　　　　　　D. 多样化原则

8. 学前儿童体育活动最主要的目的是（　　）。

　　A. 掌握知识 　　　B. 发展智力 　　　C. 培养能力 　　　D. 增强体质

二、活动设计

主题活动1——大班"学做小战士"

1. 游戏：打雪仗

玩法： 天突然下雪，"小战士"要灵活躲避雪球，不被砸到。雪停了，"小战士"可以自由在森林里打雪仗。（教师提醒幼儿注意躲避，追逐幼儿并用雪球砸幼儿屁股。）

提醒： 不能直接对着"小战士"的脸砸雪球，引导"小战士"对着身体轻轻扔雪球。

2. 游戏：运雪球炮弹

玩法： "战士们"接到了首长的任务，需要将雪球运送到前线，"小战士"一边运雪球，一边捡雪球，将雪球投到"炮弹手"（老师扮演）的篮子里。

提醒： 要一边运雪球一边捡起雪球投进"炮弹手"（老师扮演）举高的篮子里。"炮弹手"适当进行移动，避免"小战士"扎堆推挤。

3. 游戏：开战进攻啦

玩法： 标明开战线，"小战士"分成三组，进行鱼贯式练习，尝试2~3次。要求必须站在投掷线前，听从发射指令，将雪球向前方投出。

4. 游戏：炸开矮城门

玩法： 用中空的圆柱体状塑料玩具做"火箭炮"，两个1.5 m高的单杠和迷彩网组成敌人城门，城门距离"小战士"4 m远。"小战士"并排站在起投线，听从口令将"火箭炮"投掷过城门。

游戏步骤：

① 幼儿尝试投掷，并请个别幼儿分享。

② 教授动作，教师正、背面示范，分步讲解与总结动作要领：前后开立，"火箭炮"放肩上、重心往后、后脚蹬地、转体挥臂。

③ 幼儿徒手练习2~3次，教师提醒、强调练习重点。

④ 教师邀请动作标准的幼儿进行展示，幼儿同伴互助纠正，教师巡回纠正。

⑤ 幼儿手拿投掷物，重复投掷游戏，理解与掌握动作要领。

5. 游戏：轰炸碉堡

玩法： 提高投掷高度，两个 2 m 高的单杠和迷彩网组成敌人碉堡，城门距离"小战士"4.5 m 远。"小战士"分组鱼贯式练习，听从口令将"火箭炮"投掷越过碉堡。

游戏步骤：

① 引入游戏闯关，教师提出城门已经被炸掉了，下一关是"轰炸碉堡"。

② 启发幼儿，提出问题并探讨投掷角度。

③ 幼儿分组探索最佳投掷角度：瞄准下方；瞄准上方；瞄准前上方。

④ 幼儿分成 5 个小组进行两轮竞赛，组内幼儿接力轮流投掷。

任务要求： 根据主题素材与年龄段，任选一个游戏，设计 1 课时（30 分钟左右）集体教学活动的教案。教案格式完整规范，语言清晰、简洁、明了，目标设计、内容选择、方法运用等符合幼儿年龄特征和领域特点。

（选自：2022 年全国职业院校技能大赛（高职组）"学前教育专业教育技能"赛项赛卷"幼儿园教育活动设计"第 5 卷）

主题活动 2——小班"猫和老鼠"

游戏：一只大猫走来了

规则： 将班上幼儿分成两组，每组手拉手围成一个圈，每组选三个小朋友当"猫"，站在圈外，五个小朋友当"老鼠"，站在圈内，其他小朋友围起来做"老鼠洞"。

步骤： ①游戏开始时，"老鼠"从洞口钻进钻出，扮演"猫"的小朋友要赶快去捉钻出洞的"老鼠"。"猫"去捉"老鼠"时要边走边唱：一只大猫走来了，肚子饿得咕咕叫，看到了小老鼠，啊呜啊呜吃掉它。

②"老鼠"们要赶快逃回"老鼠洞"里。一旦"老鼠"钻进洞里，"猫"就不能再捉"老鼠"了；如果"老鼠"被捉住就站在圈上做"老鼠洞"，待全捉到后可重新换角色玩。

③如果"老鼠"全部都钻进洞里，"猫"连一只"老鼠"也没有捉到，就算"猫"输了，"老鼠"们欢乐地跳起舞蹈来。然后重新换角色玩。

任务要求： 根据素材与年龄段，设计 1 课时（20 分钟左右）集体教学活动的教案。教案格式完整规范，语言清晰、简洁、明了，目标设计、内容选择、方法运用等符合幼儿年龄特征和领域特点。

（选自：2022 年全国职业院校技能大赛（高职组）"学前教育专业教育技能"赛项赛卷"幼儿园教育活动设计"第 6 卷）

主题活动 3——中班"我们的节日"

亲子活动：过节了

准备： 各色气球 10 个，放在距起跑线 10 米处的桌子上。

玩法： 家长站在放气球的桌旁，幼儿站在起跑处。发令后，幼儿跑向家长，家长将气球吹鼓扎好和幼儿一起跑回终点后，下一个幼儿继续出发。

任务要求： 根据主题素材与年龄段，设计 1 课时（20 分钟）集体教学活动的教案。教案格式完整规范，语言清晰、简洁明了，目标设计、内容选择、方法运用等符合幼儿年龄特征和领域特点。

（选自：2023 年全国职业院校技能大赛（高职组）"学前教育专业教育技能"赛项赛卷"幼儿园教育活动设计"第 4 卷）

国考聚焦

一、真题及典型例题

（一）单选题

1. 根据《幼儿园教育指导纲要（试行）》规定，幼儿园体育的重要目标是（　　）。

 A. 培养运动人才   B. 获得比赛奖项

 C. 培养幼儿对体育的兴趣   D. 训练技能

2. 幼儿体育过程中最主要的环节是（　　）。

 A. 激发幼儿活动兴趣阶段   B. 身体准备阶段

 C. 掌握动作技能阶段   D. 结束阶段

3. 为了让幼儿在户外运动中一物多玩，最适合的做法是（　　）。

 A. 教师集体示范   B. 幼儿自主探究

 C. 教师分组讲解   D. 教师逐一训练

4. 幼儿动作发展的一般规律为（　　）。

 A. 从整体动作到局部动作   B. 从局部动作到整体动作

 C. 从整体混乱动作到局部混乱动作   D. 从局部混乱动作到整体混乱动作

5. 婴幼儿动作发展过程，抬头—俯撑—翻身—坐—走。这表明婴幼儿动作发展遵循的规律是（　　）。

 A. 首尾规律   B. 近远规律   C. 大小规律   D. 无有规律

6. 幼儿教师在教授动作示范时往往采用"镜面示范"，原因是（　　）。

 A. 幼儿是以自身为中心来辨别左右的   B. 幼儿好模仿

 C. 幼儿分不清左右   D. 使幼儿看得更清楚

7. 幼儿体育活动量是否适当，教师可通过在活动中和活动后观察幼儿的（　　）来判断。

 A. 面色、汗量、视力、动作   B. 面色、汗量、呼吸、视力

 C. 听觉、汗量、呼吸、动作   D. 面色、汗量、呼吸、动作

8. 幼儿在户外运动中扭伤，出现充血、肿胀和疼痛，教师应对幼儿采取的措施是（　　）。

 A. 停止活动，冷敷扭伤处   B. 停止活动，热敷扭伤处

 C. 按摩扭伤处，继续活动   D. 清洁扭伤处，继续活动

（二）简答题

1. 从幼儿发展角度，简述幼儿户外体育运动的价值。

2. 教师在户外体育活动中，如何保障幼儿的安全？

3. 在体育活动中、活动后，教师分别可以从哪些方面判断幼儿的活动量是否适当？

（三）材料分析题

1. 材料：幼儿园只有一架秋千，幼儿都很喜欢玩。大二班在户外活动时，胆小的诺诺走到正在荡秋千的小莉面前，请小莉把秋千让给他玩。小莉没理会他。诺诺就跑过来向教师求助："老师，小莉不让我荡秋千。"

对此，不同的教师可能会采取下面不同的回应方式。

教师A：牵着诺诺的手走到小莉面前，说："你们的事情我知道了，我现在想看小莉是不是个懂得谦让的孩子。小莉你已经玩了一会儿了，现在能不能让诺诺玩一会儿呢？"小莉听了后，把秋千让给了诺诺。

教师B："你对小莉怎么说的呢？"诺诺："我说我也想玩一会儿。"想到诺诺平时说话总是低声细气的，教师就说："是不是你说话声音太小了，她没有听清楚呢？现在去试试大声地对她说我真的想荡秋千，我已经等了很久了！如果这样说了她还没给你，你就回来，我们再想别的方法。"

问题：请分析上述两位教师回应方式的利弊，并说明理由。

2. 材料：小班张老师观察发现，小明和甘甘上楼时都没有借助扶手，而是双脚交替上楼梯；下楼时，小明扶着扶手双脚交替下楼梯，甘甘则没有借助扶手，每级台阶都是一只脚先下，另一只脚跟上慢慢下。

问题：

（1）请从幼儿身心发展角度，分析小班幼儿上下楼梯的动作发展特点。

（2）分析两名幼儿表现的差异及可能原因。

（四）活动设计题

根据下面案例，设计一个亲子运动会方案，要求写出亲子运动会的设计意图、两个运动项目（运动项目的名称、材料和玩法）、家长工作要点及实施注意事项。

在与本班家长沟通中，大三班教师发现，不少家长平时很少和幼儿一起运动，因为不知道可以和幼儿玩什么。为此，教师准备举行一场亲子运动会，让家长体验到生活中随手可得的一些废旧材料可以用来开展有趣的运动游戏，从而促进幼儿发展。

参考答案

二、拓展练习

项目一　观摩基本动作教学活动并评析（小班）

实训目标

1. 培养学生的观察能力及分析能力。

2. 培养学生对所学知识的综合运用能力。

内容与要求

到幼儿园或利用多媒体、录像资料观摩以幼儿基本动作为内容的体育教学活动。要求对活动目标的达成、活动材料及环境的创设、幼儿参与活动程度、教学环节设计等方面做出评析。

项目二 基本动作教学活动的设计（小班）

实训目标

1. 培养学生运用理论知识指导实践的能力。
2. 培养、训练学生具有缜密的思维能力。

内容与要求

根据中班幼儿的基本动作活动目标及动作发展特点设计一次基本动作教学活动。结构要求：活动名称（班级）、活动目标、活动准备（场地、器材、知识准备）、活动过程（开始部分—基本部分—结束部分）、活动延伸。

项目三 观摩小球教学活动并评析（中班）

实训目标

1. 培养学生的观察能力及分析问题的能力。
2. 培养学生对所学知识的综合运用能力。

内容与要求

教学实训：
小小乒乓球

到幼儿园或利用多媒体、录像资料观摩以幼儿小球活动为内容的体育教学活动。要求学生观察记录活动的全过程，重点观察活动的组织形式和各环节的衔接，学习教师的指导语和教学方法的运用。

项目四 小球教学活动的设计（中班）

实训目标

1. 培养学生运用理论知识指导实践的能力。
2. 培养、训练学生具有缜密的思维能力。
3. 掌握小球教学活动的组织形式和环节的衔接。

内容与要求

根据中班幼儿小球活动的目标及小球活动能力发展的特点设计一次小球教学活动。结构要求：活动名称（班级）、活动目标、活动准备（场地、器材、知识准备）、活动过程（开始部分—基本部分—结束部分）、活动延伸。

项目五 观摩远足活动并评析（大班）

实训目标

1. 培养学生的观察能力及分析问题的能力。
2. 培养学生对所学知识的综合运用能力。

内容与要求

到幼儿园或利用多媒体、录像资料观摩以幼儿基本动作为内容的远足活动。要求学生观察记录活动的全过程，重点观察活动的组织形式和各环节的衔接，学习教师的指导语和教学方法的运用。

项目六　远足活动的设计（大班）

实训目标

1. 培养学生运用理论知识指导实践的能力。
2. 培养、训练学生具有缜密的思维能力。
3. 掌握远足活动的组织形式和环节的衔接。

内容与要求

根据大班幼儿基本动作的目标及基本动作活动能力发展的特点设计一次远足活动。结构要求：活动名称（班级）、活动目标、活动准备（场地、器材、知识准备）、活动过程（开始部分—基本部分—结束部分）、活动延伸。

项目七　完成游戏设计

1. 完善表中的游戏设计（活动提示、活动目标、活动准备、活动方法、活动延伸等）。
2. 可以根据不同器材类别设计游戏（纸箱类、报纸类、皮筋类、椅子类等）。

类别	游戏名称	适宜年龄	适宜场地	玩法
球类	青蛙跳井	4—6岁	室内	幼儿双手拿球向前方地面投球，弹起后准确入"井"
	传球比赛	4—6岁	室内	幼儿分队进行头上、胯下、左右、"S"形等传球比赛
垫子类	小老鼠钻洞	2—3岁	室内	幼儿扮小老鼠在垫子上快速爬，听到"猫"叫快速爬入用垫子搭起的"鼠洞"
	滚翻传电	5—6岁	室内外	幼儿手臂上举，腿伸直躺在垫子上。听到信号，排头幼儿滚向第二个幼儿，第二个滚向第三个，以此类推
袋子类	蚂蚁搬豆	2—3岁	室内	幼儿扮小蚂蚁双手双膝交替快速爬过用袋子铺成的"小路"，将豆子搬回家
	海狮运球	4—6岁	室内外	幼儿扮海狮，双手着地于袋子一端，双膝慢慢前移，推球到双手
瓶罐类	保龄球	3—6岁	室内	幼儿站在2~5 m远的线后，滚球击倒竖起的易拉罐
	赶猪进圈	4—6岁	室内	幼儿用棍拨动小瓶（猪），将小瓶（猪）"赶"进圈
沙包类	踢包	3—6岁	室内外	利用沙包完成踢、抛接、投掷、平衡、爬等不同动作
	抛接沙包	3—6岁	室内外	

续表

类别	游戏名称	适宜年龄	适宜场地	玩法
棉棒类	捉尾巴	3—6 岁	室内外	幼儿把"尾巴"（棉棒）别于后腰，在规定范围内相互追逐跑，被捉掉"尾巴"者下场
	跳棉棒	4—6 岁	室外	幼儿双脚跳过不同距离、不同摆放形状的棉棒
纸板类	月亮绕着太阳转	4—6 岁	室内外	幼儿绕太阳光进行单脚、双脚、夹包等不同动作的跳跑游戏
	小猫过河	5—6 岁	室内外	幼儿拿两片"荷叶"，将第一片放好跳在上面，将第二片放好跳在上面后，再取第一片放在前边跳在上面，以此类推
圈类	跳圈游戏	4—6 岁	室内外	幼儿按照摆放的图形双脚跳、单脚跳、分跳合跳、左右行进跳等
	占圈游戏	4—6 岁	室内	教师摇铃鼓，幼儿顺时针转圈跑。鼓声停，教师发信号"两人一组"，幼儿便按指令站到圈内

参考文献

［1］顾荣芳，侯金萍．学前儿童健康教育［M］．北京：人民教育出版社，2020．

［2］庞建萍，柳倩．学前儿童健康教育与活动指导［M］．3版．上海：华东师范大学出版社，2023．

［3］汪超．学前儿童体育［M］．2版．上海：复旦大学出版社，2020．

［4］吴琼．学前儿童健康教育［M］．长春：东北师范大学出版社，2021．

［5］教育部基础教育司．幼儿园教育指导纲要（试行）解读［M］．南京：江苏教育出版社，2017．

［6］人民教育出版社体育室．幼儿园体育活动的理论与方法［M］．北京：人民教育出版社，2013．

［7］孙文．幼儿心理健康教育［M］．2版．北京：中国轻工业出版社，2021．

［8］王英．试论体育游戏对幼儿心理健康的影响［J］．南昌师范学院学报，2020，41（05）：83-86．

［9］范玉玲．家园合作促进幼儿健康教育有效性的分析［J］．天津教育，2021（24）：176-177．

［10］俞国良，张亚利．大中小幼心理健康教育一体化：人格的视角．教育研究，2020，41（06）：125-133．

［11］何兰兰，谢华．幼儿园实施性教育的方法与途径探析．教育观察，2020，9（44）：1-3．

［12］黎革霞．幼儿园一日生活中安全预控工作的价值与策略．学前教育研究，2023（09）：79-82．

［13］俞国良．大中小幼心理健康教育一体化：道德认知视角．国家教育行政学院学报，2020（12）:3-10．

［14］官熙娟．开展"大带小"民间体育游戏的思考与实践．福建教育学院学报，2021，22（08）：104-105．

郑重声明

高等教育出版社依法对本书享有专有出版权。任何未经许可的复制、销售行为均违反《中华人民共和国著作权法》，其行为人将承担相应的民事责任和行政责任；构成犯罪的，将被依法追究刑事责任。为了维护市场秩序，保护读者的合法权益，避免读者误用盗版书造成不良后果，我社将配合行政执法部门和司法机关对违法犯罪的单位和个人进行严厉打击。社会各界人士如发现上述侵权行为，希望及时举报，我社将奖励举报有功人员。

反盗版举报电话　（010）58581999　58582371

反盗版举报邮箱　dd@hep.com.cn

通信地址　北京市西城区德外大街 4 号　高等教育出版社知识产权与法律事务部

邮政编码　100120

读者意见反馈

为收集对教材的意见建议，进一步完善教材编写并做好服务工作，读者可将对本教材的意见建议通过如下渠道反馈至我社。

咨询电话　400-810-0598

反馈邮箱　gjdzfwb@pub.hep.cn

通信地址　北京市朝阳区惠新东街 4 号富盛大厦 1 座　高等教育出版社总编辑办公室

邮政编码　100029

防伪查询说明

用户购书后刮开封底防伪涂层，使用手机微信等软件扫描二维码，会跳转至防伪查询网页，获得所购图书详细信息。

防伪客服电话　（010）58582300

资源服务提示

授课教师如需获得本书配套教辅资源，请登录"高等教育出版社产品信息检索系统"（http://xuanshu.hep.com.cn/）搜索下载，首次使用本系统的用户，请先进行注册并完成教师资格认证。

学前教师课程交流 QQ 群号：69466119